KB022545

NGO를 넘어서

이익정치의 이론화와
민주화를 위한 탐색

국립중앙도서관 출판시도서목록(CIP)

NGO를 넘어서 : 이익정치의 이론화와 민주화를 위한 탐색 /
지은이: 정상호. -- 파주 : 한울, 2006 p. ; cm. . --
(한울아카데미 ; 904)

ISBN 89-460-3635-4 93330
ISBN 89-460-3636-2 93330(학생판)

339-KDC4
369-DDC21 CIP2006002400

NGO를 넘어서

이익정치의 이론화와
민주화를 위한 탐색

정상호 지음

NGO

한울
아카데미

머리말
새로운 시대가 오래된 지혜를 다시 발견하다

이 책을 관통하는 하나의 키워드를 선택하라면 단연 이익(interest)이다. 이익정치를 연구해 온 전문 연구자로서 볼 때 한국사회가 갖고 있는 이익에 관한 이중적 태도는 대단히 흥미로운 현상이다. 대다수 시민들의 실제 생활과 행동은 철저하게 사적 이익과 집단이익을 중심으로 이루어지고 있다. 단적인 예로 단군 이래 가장 높은 학력 수준, 정치적 경험, 문화적 교양을 쌓아온 386세대들의 교육과 부동산에 대한 대응은 너무하다 싶을 정도로 이기적이다. 그들뿐만 아니라 우리 시대 자체가 공적 영역, 공익, 공공선의 형성과 추구에 대체로 무감하다. 하지만, 개인들의 언술과 사회적 담론은 너무나 고상한 천상의 하모니로 가득 차 있다. 늘 공익의 명분으로 집단이익을 비난하고, 공공선의 잣대로 개별 이익을 부정한다.

이 책이 지닌 첫 번째 문제의식은 민주화 이후 오히려 심화되고 있는 한국사회의 反정치·脫이익 경향에 대한 고발과 비판이다. 좀 더 차분하게 말하자면 이 글의 일차적 배경은 사적 이익과 공적 이익이 조화롭게 매개될 수 있는 다양한 제도와 방식을 모색하는 데 있다. 그러한 가능성에 대한 탐색이 결사체 민주주의를 연구하게 만들었고, 박사 논문 이후 5~6년의 모색 속에서 시민참여 책임정치라는 결론에 이르게 만들었다.

또 하나의 집필 의도는 이론적 수준에서 NGO에 대한 통합적 연구 방법론을 제시하는 데 있다. 필자는 세 영역에서의 통합을 제안하고 있다. 첫 번째 통합은 앞서 설명한 것처럼, 공익과 사익의 엄격한 분리와 대립이 아닌 조화로운 공존이다. 이러한 인식의 기원은 직업의 윤리와 규범 확립을 통해 사회적 협력과 신뢰가 증진된다는 뒤르켐으로 거슬러 올라가며, 결사체 민주주의에 의해 가장 구체적인 형태로 체계화된다. 두 번째는 이익 문제 해결의 제도적 기제로서 무엇보다도 정당정치가 활성화되고 정부의 능력이 신장되어야 한다는 입장, 즉 이익정치에 대한 책임정당정부의 관점이다. 오늘날 한국사회에서 집단 간의 첨예한 갈등은 당사자끼리의 협의에 의한 다원주의적 접근만으로는 해결될 수 없다. 그렇다고 사회적 신뢰도가 높은 시민단체의 개입이나 사법부의 법률적 판정으로 해소될 수 있는 것도 아니다. 이익 문제 해결의 일차적 책임은 정당과 정부에 귀속되어야 한다는 것이 이 글의 분명한 입장이다. 세 번째 통합은 이익과 NGO의 통합이다. 이론적 차원에서 이 둘의 통합은 NGO 연구에 있어서 이익집단을 포함한 결사체 연구와 사회운동론의 축적된 방법론과 성과를 적극 수용해야 한다는 의미이다. 실천적 차원에서 그것의 의미는 NGO의 활성화가 대의 민주주의의 결함을 보완하고 나아가 사회적 갈등의 해결 능력을 증진시킨다는 시민사회 패러다임을 적극 수렴하는 것이다. 아울러, NGO 연구와 활동 역시 현대 민주주의에 있어 이익집단의 역할과 기능에 대해 더욱 긍정적으로 평가하고, 갈등 수단으로써 정치의 우선성을 적극 인식해야 한다는 메시지를 담고 있다. NGO와 거버넌스가 이론적 헤게모니를 쥐고 있는 21세기에 이익정치라는 낡은 패러다임을 제시하고 있는 이 책은 어쩌면 시대착오적으로 보일 수도 있다. 그렇지만 필자는 속도전의 한국사회에서 이익갈등을 해결할 시민참여 책임정치라는 오래된 지혜야말로 더 없이 필요한 대안이라는 확신을 갖고 있다. 결사체주의에 대한 허스트(P. Hirst)의 표현을 빌리자면, 오래된 생각(Old thinking)을 찾는 쪽은 다름 아닌 그것을 간절히 필요로 하는 새로운 시대(New Ages)인 것이다.

이 책은 또 한편으로는 한국의 NGO 연구와 활동에 대한 몇 가지 도발적 문제 제기로 채워져 있다. 이 글이 명시적으로 비판하고 있는 첫 번째 대상은 NGO에 대한 특수주의적 접근이다. '특수주의'라고 명명한 까닭은 그러한 방법론과 인식론이 한국적 맥락에 대한 강조보다는 보편성을 결여한 예외주의적 입장에 치우쳐 있다고 판단하였기 때문이다. 여기에는 NGO가 NPO와 엄연히 분리된 이질적 실체이며, NGO 개념의 내포는 주창 활동을 위주로 하는 시민운동 부문이라는 독특한 사유가 해당된다. 이러한 예외적 인식의 단점은 횡적으로는 국가가 비교 연구를 가로막으며, 시민사회의 대척 영역이 국가가 아닌 사적 이익이라는 오해, 즉 공익으로 충만한 도덕적 시민사회론을 은연중 유포시킨다는 점이다. NGO의 개념과 비교 연구로의 확장을 통해 시급히 보편성을 제고해야 한다는 것이 제2부의 문제의식이다.

또 하나의 제안은 NGO의 실천적 활동인 정치 영역과 맞닿아 있다. 보수 성향의 뉴라이트 그룹의 활동이 본질적으로 정치 활동인 것처럼 어떤 잣대를 적용하든 낙천낙선운동 역시 정치적 성격을 갖는다. 물론 여기에서 정치의 의미는 권력을 획득하기 위한 정당 활동이 아니라 공공 정책에 영향력을 행사하기 위한 집합적 행위를 의미한다. 국가보안법 폐지, 사학법 개정, 전시작전통제권, 북핵 문제 등에 있어서 나타난 보수 언론의 행태는 너무나 이중적이다. 과거 진보적 시민단체의 정치적 관여와 정책적 개입을 정부에 종속된 관제 홍위병으로 몰아붙였던 보수언론들은 최근 보수적 시민단체의 정치세력화 움직임에는 침묵을 넘어 노골적으로 홍보에 나서고 있다. 동서고금을 막론하고 이중 잣대는 늘 공정성과 일관성을 훼손하는 강자의 비겁한 무기이다.

필자의 제안은 뉴라이트이든 참여연대이든 일체의 정치적 관여를 피하고 엄정한 중립이나 비정치를 고수해야 한다는 것이 아니다. 오히려 해답은 그 반대로 정치적 연계의 활성화와 다양화에 있다. 대신 그 관계는 연줄보다는 정책에 근거한 제도적 형태이어야 하며, 명망가의 개별 영입보다는 상호 정체성을 강화시키는 공식적 연대이어야 하고, 밀실야합이 아닌 공식적이고 투명한 공론화 과정을 수반하여야 한다. 이제 누구도 대변하지 못하는 시민후보론과 실체와 부합하지 않는 정치적 중립의 도그마는 폐기되어야 한다. 미국식의 정치활동위원회(PAC)이든 아니면 유럽식의 정당협약이든 정책과 정당을 매개로 한 다양한 형태의 공개적이고 제도적인 연계가 바람직하다.

이 부분에서 이 책에 미친 세 분 선생님들의 커다란 영향을 고백하는 것이 도리일 것 같다. 주의 깊은 독자라면 쉽게 알 수 있겠지만 이 글의 주장과 인식은 고려대 정치외교학과 최장집 교수님으로부터 깊은 영향을 받아 형성된 것이다. 필자는 최장집 교수님을 박사논문의 지도교수로서, 고려대 아세아문제연구소와 대통령자문 정책기획위원회에서는 직장 어른으로서 근 10여 년을 모실 수 있었다. 그 10년이 한국정치와 정치학에 대해 비로소 눈을 뜨게 해준 개안(開眼)의 시기였음은 분명하다. 또 한 분은 한양대학교 제3섹터연구소의 주성수 교수님이다. 주 교수님으로부터는 NGO 영역뿐만 아니라 한눈팔지 않고 부지런하고 성실하게 정진하는 연구자로서의 진지한 자세를 배우고 있다. 끝으로 선배 연구자이자 많은 정책자문 활동을 함께 해온 성공회대의 정해구 교수님께 감사를 드리고 싶다. 정해구 교수님은 다소 말이 앞서는 내게 연구의 영역을 넘어 진정한 선생의 길과 자유로운 인간의 길을 깨우쳐 주시고 있다.

끝으로 사랑하는 세 여성에게 이 책을 바친다. 못난 내게 어머니·아내·딸아이만큼 나보다 나를 잘 아는, 자상하고 무서운 선생님은 세상 어디에도 없다.

2006년 11월

정상호

차례

| 제1부 |

이익집단 연구의 이론화

제 1 장

한국의 이익집단 연구의 궤적: 분석적 개괄*

1. 이익과 집단에 대한 근대적 사유의 뿌리를 찾아서

최근 이익집단 연구는 국내외를 막론하고 정체된 양상을 보이고 있다. 츠지나카(辻中豊)의 분류에 따르면, 미국 정치학회보에서 집단 연구의 중심을 차지하였던 이익집단이나 결사체 관련 논문 수는 1990년대 이후 급격하게 감소하거나 정체를 보이고 있는 반면, 시민사회와 NGO 연구는 급격한 증가 양상을 보이고 있다.[1] 이익집단 연구의 발생지인 미국에서는 이익집단 연구가 중심적 주제에서 주변적 소재(topics)로 전락한 이유에 대해서 다양한 진단과 처방이 제시되고 있다. 유력한 해설 중 하나는 중심적 문제를 회피하고 편협한 미시이론에 매몰됨으로써 비교 연구와 일반화의 가능성이 제약되었고, 개별 주제에 대한 단편적 연구가 주류를 이룸으로써 포괄적이고 집합적인 결론의 축적이 이루어

* 이 장은 ≪한국정치학회보≫(2006. 봄)에 게재되었던 논문이다.

1) 辻中豊, 「世界政治學の文脈における市民社會, NGO 硏究」, ≪レヴアイアサン≫, No.31(木鐸社, 2002), p.11.

지지 않았다는 것이다.[2)]

그런데 한국의 경우 정체 원인에 대한 정확한 규명도, 적실성 있는 대안도, 학문적 논쟁도 찾아보기 어렵다. 더욱 놀라운 사실은 이익집단과 관련하여 적지 않은 연구가 있었음에도 불구하고, 체계적인 문헌 정리와 독자적 해석을 찾아보기 어렵다는 것이다. 본 연구는 학술적으로나 민주주의의 발전에 있어서 대단히 중요함에도 불구하고 부차적인 연구영역으로 밀려난 한국에서의 이익집단 연구에 대한 분석적 개괄을 목표로 하고 있다. 이에 따라 각 시기별로 이루어진 연구의 특성과 한계를 분석하고, 그에 기반하여 이를 극복할 이론적 방향을 제시하고자 한다. 이론과 방법론은 당대 사람들의 지배적인 사유 경향과 정치사회적 맥락을 반영하는 거울이라 할 수 있다. 대략 반세기 동안의 이익집단 연구를 체계적으로 정리하는 것은 이익과 집단 개념에 대한 한국인들의 사유 체계를 엿보는 것이자 그것에 대한 사회적 인식의 변화를 추적하는 것이기도 하다.

2. 권위주의 체제(1945~1987): 압력집단 연구

1) 1950년대: 이론의 도입 단계

이 시기에 이르러 미국의 이익집단 연구가 국내에 처음으로 소개되었다. 가장 먼저 눈에 띄는 점은 저널은 물론이고 대부분의 학술 논문에서도 이익집단보다는 압력집단이라는 개념이 압도적인 빈도로 사용되

---

2) Frank R. Baumgartner and Beth L. Leech, *Basic Interest*(Princeton University Press, 1998), p.5.

고 있다는 점이다.[3)]

그리고 이론과 현실, 연구자와 대중적 인식 사이에 화해하기 어려운 이중의 간극이 존재한다는 것은 매우 흥미롭다. 먼저, 이론과 연구자의 관점에서 이익집단은 자유민주주의 혹은 미국식 민주주의의 본질적 요소로 이해되고 있다. 당시 진보적 사회과학 잡지로 널리 알려진 ≪사상계≫는 압력집단에 대한 특집을 구성하면서 다음과 같이 편집취지를 밝히고 있다.[4)]

> "이익의 균형을 최후의 이상으로 하는 근대 민주주의가 제도적 제 모순에도 불구하고 아직도 최선의 정치기술이 되고 있는 이유는 압력단체로 나타나는 이익집단의 발달에 있다. 분화된 개인이익의 집중적 표현 및 그 일반적 특징인 정치적 중립성은 정쟁의 순화에도 큰 역할을 하는 것으로서 우리 사회에서도 압력단체의 정상적 발전이 시급히 요청된다."

한국전쟁 이후 압력집단과 관련된 최초의 연구 중 하나는 김정실(金正實)이 ≪新思潮≫에 쓴 「政黨의 後繼者」(1953)라는 논문이다. 이 논문에서 그는 미국의 다원주의 이론, 특히 벤틀리의 압력단체에 관한 연구를 소개하면서 집단분출 현상이 현대 민주주의의 한 특질이라고 주장하고 있다. 아울러, 키(V. O Key) 교수의 연구를 인용하여 "압력단체의 활동은 민주정치하에서 전통적인 대표의 형태를 보충하는 중요한 의미

---

3) 압력집단과 이익집단을 구분하지 않는 관행은 전문 연구자들도 마찬가지였다. 한국의 이익집단 연구의 1세대라 할 수 있는 李廷植은 사회집단, 압력단체, 이익집단 혹은 정치적 이익집단 등의 개념이 광의로 볼 때 동일 개념이라고 설명하고 있다. 李廷植의 논문 [「壓力政治의 硏究方法論: 壓力團體의 理解」, ≪思想界≫, 7권 8호(1959), 159~173쪽]은 한국에서 이익집단에 대한 최초의 학술논문이라는 연구사적 의의를 갖고 있다.

4) 金成熺, 「議會, 政黨, 壓力團體: 壓力團體의 理解」, ≪思想界≫, 7권 4호(1959.4).

를 갖고 있으며, 지역적으로 분포된 투표권자들이 직접 선출 대의원의 능력이 미치지 못하는 대표기능을 행함으로써 我國의 형식적 정치조직에 존재하는 결함을 보충하는 것"으로 옹호하고 있다.[5)]

이 시기 연구의 특징은 전문 학술서적이 아니라 ≪사상계≫를 비롯한 진보적 매체들이 미국을 비롯한 선진국가의 이익집단 이론을 민주주의의 긍정적 요소로서 선도적으로 소개하고 우리의 현실에도 적극 도입할 것을 권장하고 나섰다는 점이다. 이는 한창 한국전쟁의 복구 와중에 있었던 1950년대의 대학이 당시로는 첨단의 전공 분야인 이익집단 이론을 제대로 소개하지 못하였다는 데 일차적 원인이 있다.

아무튼 1959년 4월 ≪사상계≫에는 그라지아(Alfred de Grazia) 교수의 논문이 번역되어 실렸는데 여기에서 그는 흥미롭게도 오늘날의 NGO를 연상시키듯 이익집단을 '비정부적·비법률적·비권력적 조직체'로 규정하고, '합리적인 제 이익에 기반한 민주적 사회를 다원주의'라고 정의하고 있다.[6)] 미국 민주주의의 활력과 시민참여의 동력으로써 이익집단을 거론하고 미국에서 활용되고 있는 미국집단의 활동 양식을 세부적으로 설명하고 있는 터너(H. A. Turner)의 논문 역시 이즈음 ≪사상계≫를 통해 소개되었다.[7)]

이 시기에 발표된 국내 연구자의 논문 역시 대개는 압력집단과 이익정치를 일부의 문제에도 불구하고 한국사회가 지향해야 할 선진 민주정치의 전형으로 주장하고 있다. 미국 민주주의의 한 특성을 로비와 로비스트 제도로 설명하고 있는 한 논문은 압력단체는 사회구성원들의 연대와 통합을 증진시킬 뿐만 아니라 단일한 특정 집단이 공동체의 전

---

5) 金正實, 「政黨의 後繼者」, ≪思想界≫, 7권 2호(1953).

6) 알프레드 드 그라지아, 「壓力團體의 本質과 展望: 壓力團體의 理解」, ≪思想界≫, 7권 4호(1959.4).

7) H. A. 터너, 「壓力團體의 機能活動方式」, ≪思想界≫, 7권 8호(1959.8).

체 이익과 의사를 독점할 수 없도록 견제함으로써 '최대한의 민주적 역할을 수행'한다고 그 긍정적 기능을 정리하고 있다.[8)] 이정식 역시 정치에 있어서 압력단체의 등장은 상극인 단체 간 첨예한 대립관계를 사회화함으로써 공동체와 구성원의 참여를 확대하는 역할을 한다고 설명하고 있다.[9)]

그러나 압력단체를 바라보는 대중의 인식과 현실에서의 압력단체의 활동은 위의 평가와는 극명한 대조를 보이고 있다. 압력단체의 관제어용화를 비판하고 있는 신상초의 글은 1950년대 압력단체에 대한 일반 국민들의 인식과 평가를 가장 잘 보여주고 있다. 그는 이 논문에서 한국의 압력단체가 실질적 역할을 수행하지 못하는 이유를 세 가지 차원(壓力集團無用論)에서 설명하고 있다. 첫째는, '수백년래 거의 고질화되어버린 대립파쟁의 민족성'인데, 이로 인해 집단이 요구하는 특수이익을 달성하기 위해 대동단결을 해치고 영도권 다툼이 집단의 분열을 촉진하고 있으며, 둘째는, 부패와 관료화 현상으로 '성원을 위한 단체가 아니라 그 핵심 간부의 생활 수단 내지는 그 정치적 기반의 동기로 이용되고 있으며, 셋째는, 한국적 정치상황의 특성으로 압력단체가 십중팔구는 여당과만 결탁되어 있어 그 자금원이 되어 있는 동시 그 조직기반의 중요한 일익을 담당하고 있다는 점을 들고 있다.[10)] 한태수 역시 '관료독재'라는 개념을 빌어 한국의 후진적인 압력집단 현상을 혹독히 비판하고 있다. 그는 압력단체의 분출로 말미암아 현대 관료는 이것과 결탁하고 소수자 지배를 가능케 하고 있으며 그 결과 민주정치는 본래의 의도에서 변질되고 있다고 진단하면서, "한국과 같은 후진 민주주의 국

8) 金成熺, 「議會, 政黨, 壓力團體: 壓力團體의 理解」.

9) 李廷植, 「壓力政治의 硏究方法論: 壓力團體의 理解」.

10) 申相楚, 「壓力團體의 韓國的 現象: 壓力團體의 理解」, ≪思想界≫, 7권 4호(1959.4), 149~158쪽.

가에서 관료는 그 기성세력을 유지하기 위하여 망령적인 압력단체를 다수 조성하고 매스 커뮤니케이션에 의한 대중의 조작을 감행"하고 있다고 비난하였다. 그리고 이를 극복하기 위한 방안으로 선동에 속지 않을 만한 대중의 비판력 제고와 현실정치에 대한 적극적 참여를 당부하고 있다.[11]

2) 1960년대: 이익집단 연구 1세대의 등장

정치 환경의 차원에서 본질적 차이점이 없었기 때문에, 1950년대에 형성되었던 일반의 인식, 즉 '압력단체라기보다는 정부의 압력을 받는 단체'[12]라는 사회적 통념은 근본적 변화 없이 지속되었다. 김왕석은 압력단체가 민주주의에 보탬이 된다는 학자들의 주장은 "한국에서의 선거나 의회정치의 추악한 현실에 이상화시킨 압력단체의 활동을 첨부 비교시킨 것에 불과하다"라고 혹평하면서 실제로 압력단체의 활동은 "유권자들의 우매성에 근거한 대표선출의 왜곡, 압력단체 대표들의 부패, 가장 심각한 문제로서 사회적 분규의 우려가 농후"하다고 비판하고 있다.[13]

---

11) 韓太壽, 「壓力團體와 官僚制度」, ≪思想界≫, 7권 8호(1959.8), 147~152쪽.

12) 申相楚, 「壓力團體의 韓國的 現象: 壓力團體의 理解」, 155쪽.

13) 김왕석, 「한국의 압력단체들」, ≪세대≫(1966.6), 148~150쪽. 이미 당시에 정부와의 관계, 즉 단체의 자율성 여부를 중심으로 압력단체를 분류하고 있음이 흥미롭다. 그는 압력단체를 세 가지 유형으로 구분하고 있는데, 첫째는, 명실 공히 압력단체로서 정치권력을 겁내지 않고 활동하는 단체(예: 신문발행인협회, 편집인협회, 기자협회 및 변호사협회, 일부 종교단체). 둘째는, 압력단체 같기는 하나 언제나 정부·여당 측에서 움직이는 단체들(예: 경제인협회, 상공회의소, 중소기업연합회, 대한교련, 상이용사회, 부인단체 등). 셋째는, 압력단체가 될 수 있는데도 자율성을 잃어 정치적으로 움직이지 못하는 단체(예: 농협, 노조 등)로 구분하고 있다.

이익집단과 관련하여 1950년대와 1960년대를 구분 짓는 기준은 이익정치의 새로운 패턴이 아니라 이를 학문적으로 수행할 전문적 연구집단의 등장이었다. 이들 중 가장 주목할 만한 연구자는 박문옥(朴文玉) 교수와 안해균(安海均) 교수이다. 먼저, 박문옥의 연구는 두 가지 점에서 자주 인용되고 있는데, 첫 번째 이유는 처음으로 한국의 이익집단 수를 나름대로의 근거에 의해 추산하였다는 점이다. 그는 1959년 8월 현재 정부에 등록된 한국의 이익집단의 수를 총 426개로 추정하였는데, 이 자료는 이후 한국의 이익집단의 증가 추이를 보여주는 출발점으로 평가되고 있다. 그렇지만 연구사에 끼친 더 중요한 영향은 당시의 한국적 상황에서 던진 문제제기와 이에 대한 설명이다.[14] 그는 먼저, 왜 자본주의적 발전 수준과 그에 따른 기능적 분화가 아직 완전치 못한 한국에서 이토록 다양한 많은 단체가 생기게 되었는지에 대해 질문하고 있다. 그리고 이에 대한 해답을 다음과 같이 정리하고 있다.[15]

> "그러한 현상은 한국사회가 급격히 시민사회로 변모함에 따른 기능의 분화과정에서 대중의 이익을 대표하려는 욕구에서가 아니라 정치에 참여할 의욕을 가진 자들이 집단을 기반으로 정계에 진출할 때에만 비로소 타인의 관심을 집중시킬 수 있다는 일종의 브로커 정치적 전략이 작용하여 결과적으로 정객들의 영도권 분열현상과 함께 동일한 압력단체에 속해야 할 단체들이 여러 개로 분열되는 현상을 초래하게 되었으며 더 나아가

14) 1950년대와 1960년대의 많은 연구자들이 압력단체의 수는 "과소가 아니라 사회발전 단계에 걸맞지 않게 과대하다"라고 평가하고 있음도 흥미롭다. 박문옥과 마찬가지로 안해균 역시 한국의 이익집단의 일반적 특성을 수적 과다에서 찾고 있다. 그는 그 원인으로 민주정치의 경험에서 오는 과도한 참여의식, 산업화에 의한 기능분화 없는 서구문화 모방현상, 그리고 한국인의 붕당과 파당을 선호하는 전통적인 사회적 성격으로 설명하고 있다. 安海均, 「政策形成과 利益團體와의 關係: 韓國的社會狀況에서」, ≪行政管理≫, 5권 1호(1966), 11쪽.

15) 박문옥, 『한국정부론』(博英社, 1963), 557쪽.

서는 우리나라 압력단체의 성장배경이 하향식 일방연결성의 정치와 결부되어서 집권당이나 관료의 옹호하에서 이루어진 것이다."

안해균의 논문은 서구의 이익집단 이론을 한국에 체계적으로 적용한 최초의 학술적 연구라는 점에서 주목할 만하다. 그가 소개한 알몬드와 포웰(Almond & Powell)의 네 가지 이익집단 분류(결사적/비결사적/제도적/아노미 집단)는 이후 1980년대 후반까지 가장 대표적인 분류 방식으로 자리 잡았고, 분류 방식(실업집단/노동집단/농민집단) 또한 압력집단을 연구하는 연구자들에게 많은 영향을 끼쳤다. 그러나 안해균의 논문의 가장 중요한 의미는 비록 그것이 한정된 빈도 분석과 제한된 인터뷰이기는 하지만 이익집단의 투입 활동에 대한 최초의 경험적 연구였다는 데 있다. 그는 중앙부처의 국장급이상의 경제관료 엘리트(1955~1967) 272명의 해당자 중 191명의 퇴임 후 사회 각 부문으로의 진출양상을 조사하고, 한국의 이익단체의 활동 방향이 주로 행정부에 집중하고 있음을 밝혀냈다.[16]

아울러 그의 연구는 한국의 이익정치가 안고 있는 두 가지 특성을 해명하였다는 점에 학문적 의미가 있다. 그는 산업화된 서구와 달리 한국사회는 선진국에서 가장 강력한 이익집단인 노동과 농민단체가 제2선으로 물러나고 실업단체, 관료, 학생, 군대 등의 단체가 제1선으로 나타나고 있다고 보았다. 동시에, 그는 서구 정치과정과 비서구 정치과정이 '이중적인 구조로 착종'되어 있는 상황을 한국의 이익집단정치의 특성으로 규정하였다. 그에 따르면 도시 지역은 이른바 동질적 세속화된 정치문화권을 이룩한 서구형의 정치과정에 접근한 반면 농어촌 지역의 결사적 이익집단은 직능의 미분화로 인해서 거의 원시적 상태를

---

16) 安海均, 「韓國行政過程에의 利益投入에 관한 硏究」, 서울대학교 행정대학원, ≪행정논총≫, 9권 1호(1971), 110~116쪽.

면하지 못하고 있고 정책형성의 주체가 아니라 정책집행의 객체로서 정치과정에서 소외된 채로 한국의 발전과정에 참여 아닌 참여를 하고 있다고 보았다.[17]

박문옥과 안해균의 연구는 단순한 서구 이론의 소개를 넘어 한국적 상황에의 적용으로 연구자들의 관심을 확장시키는 계기로 작용하였다. 이들의 연구에 힘입어 실업·노동·농민집단이라는 분류방식이 등장하였고, 한국의 이익집단은 압력집단의 성격보다는 압력을 받는 집단이라는 공통성을 지니며 압력활동의 적극성 정도는 실업이 가장 크고, 노동과 농민집단이 비슷하다는 유사한 결론들이 제시되었다.[18]

개념과 관련하여 이 시기에 이르러 가장 광의의 수준에서 이익집단 개념이 사용되었음을 발견할 수 있다. 1950년대와 마찬가지로 여전히 압력집단과 이익집단이 구분없이 사용되었으며, 사회학에서 보편화된 2차 집단이나 중간집단의 개념도 함께 통용되었다. 특히, 알몬드와 포웰의 이익집단 분류방식이 소개되면서 거의 모든 사회집단이 이익집단이라는 인식이 확산되었다.[19] 김철수는 '학생조직체는 산발적인 존재로서 한국에서 가장 중요한 압력단체의 역할을 수행'하고 있다고 평가했으며,[20] 안해균은 '제도적 이익집단'의 개념을 빌어 한국을 비롯한 후진국

---

17) 安海均, 「政策形成과 利益團體와의 關係: 韓國的社會狀況에서」, 10쪽.

18) 李宇鉉, 「憲政十七年과 利益團體: 壓力政治를 中心으로」, 國會事務處, ≪國會報≫, 통권46호(1965), 39~43쪽; 이상민, 「主要國의 利益團體와 國會議員」, 國會圖書館 立法調査局 編, ≪立法調査月報≫, 39호(1969), 17~28쪽.

19) 이러한 분류도식의 적용에 따른 개념 확장은 1980년대에까지도 이어졌다. 해방 이전 한국의 이익집단의 역사를 정리한 유석렬은 홍경래의 난(1881)과 동학란(1884)을 비합법적 이익집단의 활동으로, 조선조 군인과 관리를 제도적 이익집단으로, 상인과 부보상을 결사적 이익집단의 개념을 빌어 설명하고 있다. 그는 나아가 일제하 독립운동을 이익집단의 투쟁으로 해석하고 있다. 柳錫烈, 「政府樹立以前의 韓國利益團體의 役割」, ≪한국정치학회보≫, 통권 17호(1983.12), 147~159쪽.

20) 金哲洙, 「組織的 學生團體와 그 現況, 壓力團體로서의 學生組織」, ≪世代≫(1964),

에서 압력집단으로서 군부와 관료의 정치적 역할을 설명하였다.[21]

3) 권위주의의 강화와 이익집단 연구의 침체기(1972~1986)

야당과 반체제운동뿐만 아니라 이익 결사체의 자유로운 활동조차도 용인하지 않았던 유신체제하에서 이익집단 연구 또한 일부 석사논문을 제외하고는 점차 자취를 감추는 양상을 보였다. 유신체제에서 1987년 민주화 이전까지의 강성 권위주의는 이후 한국의 이익정치에 두 가지 구조적 성격을 각인시켜 놓았고 연구자들의 관심 역시 이러한 현상에 대한 해석을 둘러싸고 전개되었다.

첫째, 오늘날까지도 지속되고 있는 행정부 권력의 비대화와 이에 따른 이익활동의 행정부 집중 현상이다. 이익집단의 접촉 채널이 행정부에 집중되는 '한국적 현상'에 대해 안해균은 다음과 같이 그 원인을 분석하였다.[22]

> "정치적 결정이 주로 행정권의 상부에 집중되어 있을 뿐더러 정치권력의 권위성, 관료체제의 비중립성 등의 요인은 행정부처를 이익갈등의 주요 결전장으로 만들었다. 관료정치가 경제적 내지 사회 생활영역의 대부분과 직접적인 관계를 맺고 있음으로 이익의 침투 또한 주로 이에 그 목표를 두고 있다."

안중기의 논문은 로비 및 로비스트의 개념을 처음으로 한국에 적용한 사례 연구인데, 그는 여기에서 압력단체의 이익투입 활동을 분석하

131쪽.

21) 安海均, 「政策形成과 利益團體와의 關係: 韓國的社會狀況에서」, 8~10쪽.

22) 安海均, 「韓國行政過程에의 利益投入에 관한 硏究」, 111쪽.

기 위해 제헌국회부터 6대국회에 걸쳐 제출된 총 청원 건수(2,127건)를 내용별로 분류하였다. 그의 분석에 따르면, 경제관계위원회(농림·재경·상공·교체·건설)에 제출된 청원 수는 1,100건으로 전체의 52%를 차지하며, 청원내용을 보면 법제정 및 개폐, 이익침해의 구제, 국민부담의 경감, 국고보조 및 융자, 원호사업 등등 경제적 이익표명이 거의 전부에 해당된다고 한다. 그는 한국의 압력단체가 행하는 역할이란 건의문, 진정서, 청원서 등의 형식을 통하여 정부의 이익에 배치되지 않은 범위 내에서 입법과정에 이익을 주장하는 정도이며, 이러한 요구투입은 침해된 이익의 구제를 위한 것이지 적극적 이익반영을 위한 활동이 아니었다고 정리하고 있다. 결론적으로 한국의 압력단체가 갖는 '事後救濟的 原始的 性質'은 정치권력의 집적성, 행정부 우위현상, 정당, 특히 여당의 소속의원에 대한 통제력의 강화에 기인한 것이라고 설명하였다.[23]

둘째, 강성 권위주의 정권의 장기 지속은 이익집단 연구의 대상을 기업과 연관된 실업단체로 한정시키는 결과를 초래했다. 노동, 농민, 도시빈민 등의 연구는 계급과 집단에 대한 내재적 방법보다는 국가에 의해 일방적으로 동원되는 관변단체의 관점이거나 아니면 사회운동의 관점에서 다루어지기 시작했다. 대부분의 논문이 정치적 위험성이 적고 어느 정도 축적된 자료가 있는 전경련·대한상공회의소·중소기업협동조합중앙회 등 사업자단체만을 다루었고, 이들 또한 대개는 학습과정에 있는 대학원생들의 석사논문이었다.

흥미로운 점은 이 시기의 논문들이 대체로 유사한 결론, 즉 압력집단으로서 경제단체의 무능력을 지적하고 있다는 점이다.[24] 안해균은 한국

---

23) 安重基, 「韓國立法過程에의 利益投入에 관한 연구: Lobbist 活動을 中心으로」, 서울대학교 행정대학원 석사학위논문(1972), 75~77쪽.

24) 물론 반대의 주장도 제기된 바 있다. 한 논문은 전경련이 정부에 대하여 제출한 정책건의는 약 70% 정도가 어떠한 형태로든 정책결정에 반영되었다고 평가하고

의 경제적 이익집단의 특성으로서 재벌체제를 주목하였다. 그는 "재벌 형태의 기업결합은 대개 동종의 직능적 이익집단이나 혹은 실업인 연합단체를 통하여 자기이익을 반영시키기보다는 오히려 자기의 사조직을 동원하거나 혹은 재벌의 실력자가 직접 권력 엘리트나 관료 엘리트에 압력을 투입하는 경향"이 뚜렷하며, 그 방식 또한 "특수이권 수혜라는 사적 목표 달성에 치중함으로써 그 접근방법이 보다 내밀적·잠재적·실리적이며 사용 수단 역시 선전·중재·거래보다는 뇌물·모략·암계(暗契) 등이 난무"한다고 설명하였다.[25] 서태형은 이익집단들의 강력한 반대에도 불구하고 무역자유화 정책의 일환으로 negative list system이 채택되는 과정을 분석하였는데, 그는 그 원인을 두 가지로 정리하고 있다. 하나는, 정부의 특혜 속에서 자라난 우리나라의 기업풍토 탓에 경제단체들이 정부의 실질적 결정에 영향을 미칠 자율적이고 독립적인 활동을 전개하지 못하였다는 점이다. 다른 하나는 전경련이나 대한상의와 같은 경제단체는 다양한 업종으로 구성되어 있어 업종별 이익을 대변하기 어렵고, 따라서 개별 기업의 사적 투입활동이 더 효과적인 수단으로 인정되기 때문에 이익집단의 집단행동이 제한받고 있다는 점이다.[26] 기병수 역시 세제개혁 과정에서 전경련을 비롯한 경제단체의 압력활동이 별 영향을 미치지 못했음을 설명하고 있다. 그는 그 이유로 여당을 비롯하여 누구와도 상의 없이 비공개 속에서 진행된 비밀주의적 정책과정과 당과 행정부를 모두 지배하는 대통령 일인중심의 통치체제를 지적하였다.[27]

있다. 옥원호, 「한국정책결정에 있어서 이익집단의 기능에 관한 연구」, 연세대학교 석사학위논문(1982), 64쪽.

25) 安海均, 「韓國行政過程에의 利益投入에 관한 硏究」, 110쪽.

26) 徐泰亨, 「政策決定過程에 있어서의 利益團體의 역할: 한국 경제이익집단을 중심으로」, 서울대학교 행정대학원 석사학위논문(1977), 64~65쪽.

27) 奇秉秀, 「稅制改革에 있어서 政黨과 壓力團體의 役割」, 연세대학교 행정대학원 석

이익집단의 개념 및 사회적 인식과 관련하여 이 시기 역시 앞 시대로부터의 강력한 연속성이 발견된다. 압력집단이 빈도에 있어서 다소 우위를 차지하였지만 이익집단의 개념과 별다른 구분없이 사용되었다.[28] 아울러, 이익집단에 대한 사회의 부정적 인식은 권위주의 정권에의 종속현상이 심화되면서 더욱 강화되는 양상을 보이고 있다. 한국의 압력단체는 관제적·어용적 성장 때문에 압력행사기관이 아니라 받기만 하는 '관외청기관'이라는 비난[29]이나 한국의 압력단체의 특징은 하향식 조직으로 인한 '어용단체 또는 집행부의 앞잡이 노릇'이라는 조롱이 줄곧 제기되어 왔다.[30]

압력단체를 부정적으로 보는 인식은 비단 일반 국민들만이 아니었다. 실질적 정책결정이 대통령과 행정부에 의해 독단적으로 이루어지면서 정당의 소외감은 깊어져 갔고, 입법기관인 국회의원과 압력집단 혹은 유권자 집단과의 관계와 상호 인식 또한 괴리되어 갔다. 1970년대 중반에 행해진 설문조사는 압력단체에 대한 의원들의 부정적 인식의 정도를 잘 보여주고 있다(<표 1-1>). 눈에 띄는 점은 야당 의원들의 평가가 집권당 의원들보다 훨씬 혹독하다는 점이다. 이는 당시 압력단체들이 여당의 외곽단체로서 정부부처의 압력과 회유 때문에 각종 진정·청원·건의안을 국회에 빈번히 제출되었던 당시의 관행에 근거한다고 추정할 수

사학위논문(1977), 49~51쪽.

28) 李憲雨는 압력단체와 이익단체를 다음과 같이 구분하고 있다. "비정치집단인 이들의 명칭을 臨床的으로 보면 이익단체라 부르며, 비판적 눈으로 본다면 압력단체가 되고, 직접 의회에 압력을 가할 경우는 로비활동이 된다." 李憲雨, 「英·美壓力 團體에 관한 比較硏究, 그 政黨 과의 關係를 中心으로」, 『忠北大學校 論文集』, 20호(1980), 72쪽.

29) 金世鎬, 「한국의 압력단체 總師 30명」, ≪政經文化≫(1984), 164쪽.

30) 吳乙壬, 「政策形成에 있어서의 壓力團體의 投入機能에 關한 硏究」, 朝鮮大學校社會科學硏究所, 『社會科學硏究』(1978), 118쪽.

〈표 1-1〉 압력단체 활동에 대한 의원들의 인식

(단위: %)

압력단체의 입법과정에의 활동을 권장하는 것이 어떤가	공화당 의원	신민당 의원	계
좋다	48.7	36.7	45.4
좋지 않다	44.7	56.7	48.1
나쁘다	6.4	6.7	6.5

자료: 김운태, 『한국정치론』(박영사, 1976), 320쪽.

있다.

한편, 이 시기에 이르러 가장 주목할 만한 연구는 대한교육연합회의 이익표출 방식을 분석한 윤형섭의 논문이다.[31] 그의 논문은 이후 이익집단과 관련된 논문들에게는 하나의 전형으로 여겨지는데, 그 영향은 논문의 구성과 방법론이라는 이론적 차원과 학파의 형성이라는 두 가지 수준에서 접근될 수 있다.

첫째, 그의 논문에서 나타난 내용의 구성, 즉 집단의 내적 동태(조직의 구조·조직·정책결정유형) 파악에서 출발하여 이익표출 방식과 양태를 확인하는 논리 전개는 이후 이익집단의 사례 분석에서 거의 예외 없이 나타나고 있다. 그러나 더욱 중요한 의미는 이 논문에서 처음으로 소개되고 본격적으로 적용된 듀베르제[32]의 이익표출 양태(권력수준의 직접행동 對 대중수준의 간접행동)가 이후 한국의 이익집단을 다루는 글들에 미친 뚜렷한 효과이다. 또한, 이 논문은 이후 유사한 방법론의 양산뿐만 아니라 비슷한 결론을 도출하는 파급 효과를 낳았다. 그는 대한교련의 이익표출활동은 권력수준의 직접행동이 압도적임을 밝혀냈는데 그 원

31) 윤형섭, 「대한교육연합회의 구조와 이익표출에 관한 연구」, 연세대학교 사회과학연구소, 『社會科學論集』, 7권(1975), 1~37쪽.

32) Maurice Duverger, *Party Politics and Pressure Groups*(New York: Crowell, 1972), pp.121~125.

인으로 행정부의 비대화, 권위적이고 중립성이 약한 관료제의 성격, 여론정치의 미성숙 등을 지적하였다.[33)]

둘째, 이 단계에 이르러 이익집단 분야에 있어서도 학연을 매개로 한 일련의 연구 집단이 형성되었다. 윤형섭·안병영·김영래를 필두로 김왕식·정영국·김혁래로 이어지는 연세대의 계보가 그것인데, 이들은 인식론에 있어서는 미국의 행태주의와 다원주의를 적극 수용하였고, 방법론적으로는 경험적 사례 연구에 집중하는 공통점을 보여주었다.

3. 민주화 이후 이익정치로의 전환과 분화

민주화라는 거시조건은 이익정치에 근본적 전환을 가져왔다. 가장 큰 효과는 이익집단의 폭발적 증가였다. 노동조합 수는 1986년 2,675개에서 1988년에는 무려 4,103개로 급증하였고, 같은 기간 동안의 노조조직률은 15.7%에서 19.5%로 증가하였다. 집단행동 역시 분출하였는데, 1988년의 경우 분규 건수(1,873건)와 일수(540만 837일)는 앞선 시기 30년 동안을 합친 것에 해당하는 것이었다.[34)] 한국의 이익집단의 분출 현상은 비단 노동에 한정된 것은 아니었다. 이익집단의 전형인 사업자단체 역시 1987년 민주화 이후 10년 동안 급격히 팽창하는 양상을 보여주었다. 이하에서는 민주화 이후 이익집단 연구의 주요 내용과 특성을 이론, 방법론, 영역의 세 가지 관점에서 정리하고자 한다.

---

33) 윤형섭 「대한교육연합회의 구조와 이익표출에 관한 연구」, 29~30쪽.

34) 한국노동연구원, 『국내노동통계』(2005).

1) 이론적 전환: 국가조합주의의 도입과 이익정치로의 변화

1965년에 발표된 올슨의 연구가 이미 심한 타격을 받아 쇠잔해 가고 있던 다원주의 이론의 붕괴를 가져온 결정타였다면, 슈미터의 국가조합주의의 도입은 한국의 이익집단 연구의 전후를 가르는 이정표로서의 위상을 갖고 있다. 슈미터의 다음과 같은 문제의식은 이익집단과 관련하여 한국사회의 주류적 집단의 관성적 사고에 대한 질타였기 때문에 우리에게는 그만큼 더 충격적으로 받아들여졌다.[35]

> "우리의 목적은 정치학자들에게 지금까지 북미 정치학계를 완전히 지배해 왔던 이익정치의 패러다임에 대한 명시적 대안을 제공하는 것이다. 다양한 영역에서 상당한 수의 학자들이 다원주의는 오늘날 개발도상국의 이익집단체계의 행태와 구조를 묘사하는 데 별로 유용하지 않다고 생각하고 있으며, 심지어 일부는 다원주의가 선진 산업정치의 현실에 적용할 때조차 무익하다고 푸념하면서도 이들 가운데 대표-결사체-국가 간의 관계 모델에 대한 대안을 제시하는 이들은 거의 없다."

1980년대 중후반부터 적극적으로 논의되었던 국가조합주의의 이론적 기여는 그때까지 개별 집단 자체의 활동양상의 파악에만 한정되었던 한국의 압력정치 연구를 '국가'와 '권력'이라는 거시적 담론의 부활을 통해 집단과 국가의 동태적인 과정, 즉 이익정치 연구로 발전시켰다는 점에 있었다. 이를 엑스타인의 주장을 빌어 설명하자면, 국가조합주의는 이익집단의 활동 유형에 매몰되어 있던 기존의 연구 단계를 '국가

35) Philippe C. Schmitter, "Still the Century of Corporatism," Schmitter and G. Lehmbruch, *Trends Toward Corporatist Intermediation*(Beverly Hills: SAGE Publications, 1979), p.14.

와 이익집단의 상호작용의 패턴을 결정하는 정책배열(제도)과 이익집단의 전략과 선호 결정에 커다란 영향력을 행사하는 정치구조(political setting)에 대한 해명'으로 전환시키는 데 결정적 기여를 하였다고 평가할 수 있다.[36)]

이러한 이론의 한국적 적실성 탓에 1980년대 중반 이후 국가조합주의 이론에 기반한 이익집단 연구가 줄지어 제시되었고 분야별 적용사례가 축적되어 왔다. 최장집은 박정희 정권 시기를 대상으로 노동조합의 결성, 내부운영과정, 국가당국자와의 상호작용, 정책결정에서의 노조의 영향력 등에 초점을 맞추어 국가조합주의적 통제가 어떻게 노동자들과 그들 조직의 이익표출에 영향을 미쳤는지를 보여주었다. 그의 결론은 조합주의의 구성요소를 기준으로 볼 때 박정권의 노동통제 유형은 조합주의의 하위유형인 배제적 국가조합주의에 유사하다는 것이다.[37)] 김영래는 노·자를 대표하는 전경련과 노총을 분석하였는데, 비록 한국의 경우 대부분의 이익집단이 조합주의적 통제를 국가로부터 받고 있지만 그 정도에 있어서 사용자 단체보다는 노조에게 더욱 강화되고 있으며, 노조에게는 비정치화를 위한 억압적·배제적 정책이 주로 사용되고 있음을 밝혔다.[38)] 박종주 역시 명시적으로 국가조합주의 이론을 적용하여 1960, 1970년대 근대화 과정이 농업부문의 국가통제양식(특히 새마을운동과 농협)과 더불어 진행되었음을 설명하였다.[39)]

1990년대에 들어 조합주의와 관련하여 국내외적으로 더욱 세분화되고 경험적 자료에 기반한 미시 혹은 중위 조합주의라는 새로운 연구경

---

36) Harry Eckstein, *Pressure Group Politics: The Case of the British Medical Association* (George Allen & Unwin, 1960), p.7.

37) 최장집, 『한국의 노동운동과 국가』(열음사, 1999).

38) 김영래, 『한국의 이익집단: 국가조합주의적 시각을 중심으로』(대왕사, 1987).

39) 박종주, 「한국근대화와 국가코포라티즘의 통제: 제3, 4공화국을 중심으로」, 서울대학교 행정대학원 박사학위논문(1986).

향이 나타났다. 김영래는 국가와 노총의 관계는 약한 유인적 요소와 강한 제약적 요소를 지닌 배제주의적 조합주의에 근접한 반면, 사용자단체인 전경련은 다원주의적 요소를 지닌 서구형의 사회조합주의의 형태를 부분적으로 포함하고 있다며, 국가의 이익매개방식이 특정 단계와 대상 집단에 따라 상이할 수 있다는 사실을 주목하였다.[40] 김순양은 의료보험정책과 산재보험정책의 전개과정에서 나타난 주요 이익집단들(전경련, 노총, 경총, 의사회, 약사회)의 활동, 정부의 반응, 양자의 상호관계를 통하여 한국의 이익대표체계가 다원주의 모형보다는 조합주의 모형에 근접하다고 평가하였다.[41] 김순양은 이익집단 별로 상이한 특성이 나타났음을 주목했는데, 정부와 노동 이익집단의 관계는 국가조합주의적 특성이, 전문 이익집단의 경우는 사회조합주의적 특성이, 기업 이익집단은 그 중간 영역에 해당한다고 결론지었다. 정상호는 중소기업협동조합중앙회와 국가와의 관계를 통해 권위주의 정권의 물적 기초가 강압적 물리력에만 배타적으로 의존한 것이 아니라 자영업 집단이라는 조직이익과의 정교한 거래와 협상관계에 기초하고 있음을 보여주고 있다. 그는 한국에서의 자영업 집단에 대한 조합주의적 통제를 광범한 인허가권을 보유하였던 관료의 포괄적 규제를 매개로 이루어졌다는 점에서 '권위주의적 허가 조합주의(authoritarian licensed corporatism)'로 개념화하였다.[42]

---

40) 김영래, 『한국의 이익집단: 국가조합주의적 시각을 중심으로』, 298~299쪽.

41) 김순양, 「정책결정과정에서 이익대표체계의 변화에 관한 연구: 이익대표체계의 구조, 활동, 반응의 측면을 중심으로」, 서울대학교 박사학위논문(1994).

42) 정상호, 「한국의 민주화와 자영업집단의 이익정치」, 고려대학교 정치외교학과 박사학위논문(2001), 160쪽.

〈표 1-2〉 이익집단의 분류모형

활동양태 \ 성장과정	종속적	자율적
협력적	종속적 협력형(전경련)	자율적 협력형(대한의학협회)
갈등적	종속적 갈등형(한국노총)	자율적 갈등형(한국기자협회)

자료: 김영래, 『한국이익집단과 민주정치발전』(대왕사, 1990), 96쪽.

2) 방법론: 경험적 사례 연구의 증대

1987년 민주화로의 이행은 정치적 영역에서는 더욱 공적 성격이 강한 시민사회의 활성화를, 경제적 영역에서는 특수 이익에 기초한 집단 이익의 분출이라는 뚜렷이 대비되는 사회적 현상을 동시에 가져왔다. 정치적 공간의 개방이라는 정책 환경의 급변에 따라 이 단계의 집단 연구도 노동과 농민 등 기층 부문을 대상으로 한 민중집단, 중산층을 기반으로 하는 한 시민사회단체, 자본을 대상으로 한 사업자단체의 연구로 다원화되는 양상을 보여주었다.

그렇지만 이익집단의 연구에서 나타난 가장 주된 흐름은 개별 사례에 대한 구체 연구 혹은 관련 사례에 대한 경험적 비교 연구의 강세였다. 1987년에 나온 김영래의 논문은 두 가지 점에서 이익집단 연구사에 영향을 미쳤는데, 하나는 서구의 다원주의 이론에서 탈피하여 조합주의 시각에서 한국의 이익집단 문제를 설명한 최초의 국내 논문이었다는 점이다. 그의 논문에 이르러, 이익집단 연구의 관심이 다원주의적 지향성을 갖는 규범론적 성격에서 탈피하여 어떻게 국가의 조합주의적 통제가 집단의 이익표출 구조(조직·재정·리더십·활동)에 영향을 미치는가에 대한 구체 질문으로 전환되었다고 할 수 있다. 다른 하나는 <표 1-2>와 같이 그가 시도하였던 유형화에 대한 지속적인 관심과 시도들이 이익집단 연구의 비교가능성을 제고시켜 주었다는 점이다.

〈표 1-3〉 영향력 행사방식에 대한 연구의 정리

연구자	대상(시기)	권력수준의 직접행동	대중수준의 간접행동
윤형섭	대한교련(1951~1965)	253	62
김왕식	한국노총(1972~1979)	214	76
윤형섭 김영래	전경련(1981~1988)	623	259
	대한교련(1978~1982, 1987~1988)	331	64
	한국노총(1980~1988)	300	246
김영래	한국노총(1961~1979)	633	492
	전경련(1961~1979)	1356	249
이병화	한국노총(1988~1991)	131	66
	전경련(1988~1991)	107	144
	중소기업(1988~1991)	592	49
안병영	한국노총(1989~1991)	150	277
김왕식	대한변협(1994~1995)	58	17
	대한의협(1994~1995)	73	9

한편, 민주화 이후 연구 성과들을 윤형섭·안병영의 분류 도식에 맞추어 정리해 보면 전체적인 내용을 쉽게 파악할 수 있다.

유신체제하에서 한국노총의 활동을 분석한 김왕식은 여론을 중시하는 서구와 달리 행정부에 거의 모든 활동이 집중되는 이유를 행정권의 압도적 우위와 의회 및 정당의 미발전으로 설명하고 있다. 그는 노동조합의 정치활동을 금지하고 있는 노동조합법을 입법엘리트나 정당엘리트로의 접근을 봉쇄하고 있는 중요 원인으로 지적하였다.[43] 윤형섭·김영래의 논문은 전경련, 대한교련, 한국노총의 영향력 활동방식과 그 효과를 비교 분석하였다는 점에서 의미가 있다. 그렇지만 이 논문 역시 한국에서의 고도로 집중화된 정치권력구조 때문에 3개 단체 모두 권력수준의 활동과 관례적 참여(conventional participation)에 편중하고 있으며,

43) 김왕식, 「한국노총의 영향력 분석」, 윤형섭·신명순 외, 『韓國政治過程論』(법문사, 1989), 252쪽.

이들 단체들이 행사하는 실질적 영향력 또한 미비하다고 설명하고 있다.[44] 하지만 전경련과 노총의 영향력 행사의 불균형을 지적하는 데 머물러 이를 입증할 체계적 측정 방식을 제시하지 못하였고, 그것에 기초한 실증 분석이 아니었다는 점에서 이전의 연구가 안고 있던 한계를 여전히 안고 있다고 할 수 있다. 김영래 역시 사업자단체나 노동단체 모두 이익표출의 활동양태가 권력수준, 구체적으로는 행정부에의 로비로 집중되고 있음을 설명하고 있는데, 그에 따르면 이는 행정권의 비대화 때문이기도 하지만 본질적으로는 국회와 정당의 기능 침체에 연유한다고 한다. 유신 전후를 비교한 결과 권력수준으로의 집중현상이 노골적으로 심화되고 있음을 확인할 수 있는데, 이는 유신체제의 등장이 이익집단의 정부화 현상을 가속화시킨 중요한 계기였음을 반증하는 것이다.[45]

1987년 이후 이익집단의 활동을 다룬 이병화의 연구는 한국의 이익집단 정치에 미친 민주화의 효과를 가늠하게 해주었다는 점에서 주목할 필요가 있다. 그는 1987년 민주화를 기점으로 활동의 대상과 방식에 적지 않은 변화가 발생하였음을 보여주고 있다. 대상에 있어서 여전히 행정부 위주이기는 하지만 국회, 언론, 여론을 대상으로 한 활동이 뚜렷이 증대되고 있으며, 방법에 있어 언론과 여론을 대상으로 한 홍보·성명·시위 등 대중수준의 활동이 급격히 증가하고 있음을 보여주었다. 그는 이러한 집단 활동의 대상과 방식의 균형적 변화가 1987년을 기점으로 하는 정치사회의 민주화 요구에 대한 반영이며 의회정치 제도화의 발전적 조짐으로 해석하였다.[46]

---

44) 윤형섭·김영래, 「한국이익집단의 정치참여에 관한 연구」, ≪한국정치학회보≫, 23권 1호(1989), 71~73쪽.

45) 김영래, 『한국이익집단과 민주정치발전』(대왕사, 1990), 254~255쪽.

46) 이병화, 「한국의 경제입법과 이익집단: 경제입법 및 정책에 대한 이익집단의 이익

안병영 역시, 민주화 이후 이익표출활동에 주목할 만한 변화가 발생하였음을 강조하였다. 그는 한국의 이익집단의 영향력 행사는 오랫동안 권력수준, 그것도 관료제에 편중되어 왔지만 민주화 이후에는 ① 대중수준에의 간접활동이 증대되고 있으며, ② 관료제와 더불어 의회와 정당에 대한 이익투입 활동이 활발해졌다는 점, ③ 이익표출 유형이 더욱 현재화·명시화·일반화·도구화되고 있다는 점을 두드러진 변화로 설명하였다.[47]

3) 연구 영역의 변화: 전문가 이익집단과 갈등의 제도화에 집중된 관심

1990년대 이후 이익집단의 연구에서 두 가지의 뚜렷한 변화 양상이 포착되는데, 하나는 계급중심의 노사 단체와 더불어 전문가 집단이 중요한 연구대상으로 부각되었다는 점이고, 다른 하나는 특정 집단의 이익표출 행위의 양상보다는 집단 간 갈등 해소와 같은 정책 방안에 관심이 모아지고 있다는 점이다.

먼저, 연구자들은 권위주의 시대에 집단행동을 유보해 왔던 전문직 집단이 민주적 개방을 계기로 가장 분명하게 집단이익을 표출하고, 파업과 시위를 포함한 적극적 집단행동을 유력한 방식으로 활용하고 있다는 점을 주목하였다. 김왕식은 변협이나 의협과 같은 전문직 단체의 활동이 다른 일반 단체와 마찬가지로 권력수준에 집중되는 이유를 두 가지로 설명하고 있다. 첫 번째 이유는 여론보다는 중앙권력을 중심으로 이루어지는 한국정치체제의 특성 때문이라는 것이다. 두 번째 이유

표출 활동분석을 중심으로」, 경남대학교 극동문제연구소, ≪한국과 국제정치≫, 8권 2호(1992), 199~201쪽.

47) 안병영, 「이익집단」, 김운태 외, 『韓國政治論』 第4全訂版(박영사, 1999), 793쪽.

는 전문직 집단의 내재적 특성인데, 변협이나 의협이 관철하고자 하는 활동의 목표들은 법 제정과 연관된 대단히 전문적인 것이어서 일반인보다는 정부 부서와 밀접히 연관되어 있다는 것이다.[48] 한편, 조영재는 2000년 의약분업파동이 파국적 형태로 장기 지속된 이유를 게임 이론을 적용하여 설명하고 있다. 그는 이렇게 된 일차적 원인이 집단 내부의 동의과정을 무시한 채 일방적으로 자신에게 유리한 협상 결과를 얻으려는 정부의 의도, 특히 공익적 시민단체의 참여를 확대하면서 자신의 협상력을 제고시켜 온 정부의 전략 때문이라고 주장하였다. 아울러, 그는 민주화가 진행될수록 갈등하는 이익 사이에서 협상의 성공가능성이 줄어들 것으로 전망하였는데, 왜냐하면 민주화가 다양한 이해를 가진 집단 내부구성원의 참여를 가져와 협상자의 자율성을 현저히 떨어뜨리기 때문이라는 것이다.[49] 모종린은 의약분업 등 김대중 정부하 이익집단 갈등 관리의 실패 원인 중 하나를 합의도출을 위해 적절하지 않은 수단을 사용한 정부에 귀속시키고 있다. 그는 특히 조속 타결을 위해 정부재정 지원을 유인책으로 활용한 점과 불법행동의 관대한 처리 등 법과 원칙을 준수하지 않은 오류를 지적하고 있다.[50] 윤상철 또한 의약분업 과정에서 나타난 의사들의 파업 원인과 특성을 규명하고 있는데, 이를 촉발한 구조적 원인으로 전문직 집단들의 상대적으로 높고 안정된 사회적 지위가 민주화 이후 구조조정과 개혁 과정에서 불안정해졌기 때문이라고 설명하고 있다. 그는 전문직 집단들의 파업이 강력한 사회적 파급력을 끼친 요인으로 오랜 특혜 구조 속에서 풍부한 자원동원

---

48) 김왕식, 「전문직단체」, 김영래 편, 『이익집단정치와 이익갈등』(도서출판 한울, 1997), 151~159쪽.

49) 조영재, 「한국 민주화와 이익정치: 의약분업갈등에 대한 2차원 게임 이론의 적용」, 고려대학교 정치외교학과 박사학위논문(2001), 137쪽.

50) 모종린, 「김대중 정부와 이익집단 분쟁」, ≪계간 사상≫(2001), 71~72쪽.

능력을 갖고 있으며, 전문주의와 전문적 권위의 고유한 성격, 즉 대체 가능성이 거의 없다는 점을 들고 있다.[51)]

한편, 민주화 이후 이익집단의 갈등 양상이 첨예화되면서 이를 해소하기 위한 제도적 방안에 대한 논의들이 꾸준히 이어지고 있다. 분파의 해악을 교정하되 집단의 대표 권한을 향상시켜 민주적이고 효율적 통치를 가능케 하는 처방들은 대략 다음의 네 가지로 나누어 살펴볼 수 있다.

첫째, 미국식의 다원주의적 접근이다. 최근 일각에서는 의회의 전문성 보강과 입법과정의 투명성 확보를 이유로 미국식의 로비스트 제도를 전면적으로 도입하자는 주장이 제기되고 있다.[52)] 둘째, 유럽식의 사회적 혹은 민주적 조합주의이다. 사회적 협약은 한국에서도 가능성과 실효성의 관점 모두에서 비판되고 있지만 여전히 선진적 노사관계는 물론 집단 갈등의 가장 유망한 해결 기제로서 주장되고 있다. 구체적으로 김영래는 점증하는 이익갈등을 중재·조정할 수 있는 장기적 정책대안으로서 사회조합주의를 제안하고 있다. 그는 이를 위해 이익집단의 중앙집중화를 유도하고, 이해당사자들이 참여할 실효성 있는 공동위원회를 설치할 것을 제안하고 있다.[53)] 일단의 연구자들 역시 설문조사를

---

51) 윤상철, 「민주적 심화기의 이익집단의 정치: 전문적 이익집단을 중심으로」, ≪동향과 전망≫, 통권 56호(2003), 184~185쪽.

52) '로비스트등록법'을 추진하고 있는 민주당의 이승희 의원(2005)은 토론문화가 미숙한 정치문화 속에서 299명의 의원만으로는 전문성을 갖고 우리사회의 복잡한 이해관계를 조율하기에는 불가능하기 때문에, 이 법을 제정하여 이해관계자들과의 자유로운 토론과 설득 권한을 로비스트에게 부여함으로써 많은 정책적 아이디어를 얻고 실효성 있는 정책들을 집행할 수 있다고 입법취지를 설명하고 있다. 이승희, 「로비스트 법제화 꼭 필요한가」, 로비스트법제화를 위한 토론회 발표문(2005.05.14). 이에 대한 구체적 연구로는 문대현·성상문·고대웅·정양묵, 『로비스트 제도 도입방안』(국회사무처, 2001) 참조.

53) 김영래, 『이익갈등 조정의 제도화 방안 연구』(정무장관(제1)실, 1993), 14~15쪽.

통해 시민들이 정부의 개입을 싫어하면서도 공익단체의 역할 강화보다는 중재기구의 활성화와 자율적 갈등해소를 이상적 방안으로 선호하고 있음을 밝히면서 오스트리아, 스웨덴과 같은 사회조합주의를 갈등해소의 바람직한 한국형 모델로 제시하고 있다.[54] 셋째, 한국적 경험에 기반한 독특한 접근으로서 시민단체 주도형 방안이다. 박상필은 1993년 한약분쟁에 있어 경실련의 중재가 효과를 낳았다는 점에 착안하여, 사회자본으로서 시민단체의 역할이 갈등 해결에 긍정적으로 작용할 수 있음을 강조하고 있다. 그에 따르면, 사회자본으로서 시민단체는 갈등 당사자 간의 커뮤니케이션, 상호존중, 상호의존을 증대시키기 때문에 분쟁의 조정과 격화뿐만 아니라 분쟁의 발생을 미연에 방지하는 역할을 수행한다는 것이다.[55] 이러한 입장을 지지하는 일단의 연구자들은 국가의 공공성이 취약하고 전문가 집단의 전문성이 사익추구 경향으로 인해 인정받지 못하는 한국적 상황에서 시민단체가 국가를 넘어서는 사회적 신뢰를 바탕으로 적극적으로 갈등조정자로서의 역할을 수행해야 한다고 주장하고 있다.[56] 넷째, 이익대표 및 조정의 방식으로서 자율규제와 분권에 기초한 결사체 민주주의를 지지하는 입장이 있다. 김의영은 대의제 민주주의의 한계를 보완하면서 이러한 이익집단정치의 폐해를 막을 수 있는 결사체 민주주의의 가능성, 특히 시민적 덕성을 함양하고 공적 기능의 일부를 담당하는 시민 결사체를 강조하고 있다.[57]

---

54) 김영래·정영국·문태훈·김혁래, 「이익갈등 조정제도의 비교 연구」, ≪국제정치논총≫, 35집 1호(1995), 285쪽.

55) 박상필, 『NGO와 현대사회: 비정부, 비영리, 시민사회, 자원 조직의 구조와 동학』(아르케, 2001), 315~316쪽.

56) 박상필·장상철·정원오·조효제, 「민주화와 이익집단: 국가. 비영리 조직. 사회적 자본」, ≪동향과 전망≫, 통권54호(2002), 181쪽.

57) 김의영, 「결사체 민주주의에 대한 소고」, 한국정치학회, ≪한국정치학회보≫, 39집 3호(2005), 434쪽.

4. 평가: 한국의 이익집단 연구의 특성과 한계

민주화 이전의 이익집단 연구에서 나타나는 첫 번째 특성은 강한 다원주의적 규범성이다. 앞에서 살펴본 것처럼, 조합주의 이론이 도입되기 이전까지의 논문에서 두드러지게 나타난 공통된 현상은 이익집단 연구의 이념형(ideal type)으로서 다원주의를 설정하고 이익집단의 영향력 행사방식과 활동양태에 초점을 맞추는 것이다. 거의 예외 없이 모든 논문이 다원주의에 대한 이론적 정리를 시작으로 한국의 이익집단들은 형식적 압력단체로서 강한 정부의 규율과 규제에 놓여 있다는 진단을 하였고, 현대정치에서 이익집단의 중요성과 활성화에 대한 강조로 마무리되는 정형화된 논리구조를 보여준다. 정리하자면, 현실의 이익정치를 왜곡된 후진 정치의 반영으로, 반대로 다원주의를 선진 민주정치의 핵심적 요소이자 우리가 지향해야 할 바람직한 모델로 간주하는 강한 목적론과 규범성이 민주화 이전 이익집단 연구를 특징짓는 일차적 성격이었다. 다음과 같은 관찰은 이러한 주장을 뒷받침해 준다.[58)]

> "흥미로운 점은 이처럼 한국사회의 이익표출활동이 미약하고 이익집단의 사회적 기반이 취약했음에도 불구하고 우리 사회에서 활용된 이익집단 이론은 대부분 사회부문의 자율성을 전제로 한 다원주의적 이익집단 이론이 지배적이었다는 점이다."

그러나 이러한 방법론적 편중보다 더 큰 한계는 인식론적 편향이었다. 철학적 전통과 사상적 기반이 얕은 미국의 경우 그나마 다원주의를 둘러싼 논쟁과 연구는 신대륙의 지적 결핍을 메워준 거의 유일한 자원

---

58) 韓相震·吉炡日, 『韓國 利益集團의 實態와 改善方案: 經濟利益團體를 중심으로』(현대사회연구소, 1985), 1쪽.

으로서 항상 지성사의 중심을 차지해 왔다. 그렇지만 다원주의가 한국에 도입되었던 과정은 매우 제한적이고 선별적 양상을 보여주고 있다. 1987년 민주화 이전까지는 대개의 연구가 벤틀리, 트루만, 달 등 초기 이익집단 연구자들의 이론을 소개하거나 이익집단의 접촉채널과 패턴에 대한 방법론적 적용에만 관심을 집중하였다. 다원주의에 대한 샤트슈나이더(Schattschneider), 린드블럼(Lindblom), 로위(Theodore Lowi), 올슨(M. J. Olson) 등 다양한 관점에서의 비판적 시각은 거의 소개되지 않았다. 학문적 세계관의 편중은 생산적 논쟁을 제약하고 합리적 대안의 공론화를 가로막는다. 미국의 경우 다원주의의 내재적 한계를 극복하기 위한 방안으로 샤트슈나이더의 책임 있는 정당, 로위의 사법부 민주주의(juridical democracy), 멕코넬(McConnell)의 대통령직의 강화 등 다양한 방안들이 제시되어 왔다.[59] 반면 우리는 민주주의 발전을 위해 자율적인 이익집단 활동의 보장이나 정부와의 더욱 대등한 관계 등 원칙적 수준에서의 당위적 발언들만 반복해 왔다.

민주화 이전까지 현실의 이익집단 정치와 전혀 부합하지 않는 다원주의 이론이 그리 오랫동안 지배적 지위를 누린 이유는 여러 가지로 설명할 수 있다. 하나는 국가에 종속적인 이익집단 체계를 설명할 국가조합주의와 같은 적실성 있는 이론이 부재했다는 점이다. 다른 하나는 억압적 권위주의 정권하에서 집단 활동의 침체를 불가피한 상황으로 이해했던 상황적 요인이다. 그러나 더 중요한 원인은 민주화 이전 대부분의 연구자들이 다원주의를 별 의심 없이 '미국 민주주의를 구성하는 핵심 제도'로서 적극 수용했다는 점이다. 이들은 다원주의의 정책결정 과정의 수혜자들이 일반 시민이 아니라 상대적으로 많은 자원을 갖고

59) Andrew S. McFarland, "Interest Group and the Policymaking Process: Source of Countervailing Power in America," Mark P. Petracca, *The Politics of Interests: Interest Group Transformed*(Boulder: Westview Press, 1992), p.52.

잘 조직화되어 있는 집단과 계층일 가능성에 대해 의심하지 않았고, 명백한 규범 이론으로서 다원주의의 성격을 외면했다. 현실과 동떨어진 이론에 대한 관성적 집착은 민주주의에 대한 미국적 관점(American perspectives)의 내면화라는 차원에서 설명할 수 있다. 그런 점에서 이 시기 한국의 연구자들은 에인즈워스의 표현을 빌자면, 다원주의를 모든 사회적 질병의 해독제로 간주하여, 점증주의적 개선책을 내세워 은밀히 현상유지를 도모하고자 했던 처방적 다원주의자들(prescriptive pluralist)에 해당된다고 할 수 있다.[60]

또 하나의 유력한 설명은 민주화 이전은 물론 그 이후까지도 한국의 이익집단 연구가 그것의 가장 본질적이고도 실체적 활동을 설명하는 데 실패해 왔다는 사실이다. 그것은 바로 정경유착으로 상징되는 정치권력과 대기업 간의 불법적인 사적 거래 관행이다. 역대 정권들은 은행대출의 지시나 알선, 외국차관 및 희소 물자의 배분, 사업자 선정, 정부 관련 공사수주 및 구매입찰과 관련해 각종 특혜와 이권을 제공하여 주로 대기업 수혜자들로부터 금전적 대가를 취하여 이를 정치 자금 및 개인 축재에 사용했다. 이점에서 한국의 재벌들은 정치적 협조의 대가로 경제적 특혜를 얻기 위해서 분파주의적 정치관계를 이용하는 정치적 자본가(political capitalist)에 비유할 수 있다.[61] 더욱이 한국의 대기업들이 로비방식으로서 대기업 연합체인 전경련이나 공식조직인 대한상의보다는 개별 기업 총수와 대통령 혹은 유력 정치인과의 일대일 접촉 방식을 선호하였음을 고려할 필요가 있다. 로비스트와 정치활동위원회(PAC)가 이익정치의 미국적 특성을 보여주는 것이라면 한국에는 정경유착과 학연·혈연·지연을 활용한 비공식적 접촉의 오랜 관행이 있다.

---

60) Scott H. Ainsworth, *Analyzing Interest Politics: Group Influence on People and Policies*(W. W. Norton & Company, 2002), p.5.

61) 김윤태, 『재벌과 권력』(새로운사람들, 2000), 76쪽.

문제는 이와 같은 한국적 로비방식이 듀베르제(권력수준/대중수준)나 알몬드와 포웰(관례적/비관례적)의 문제의식과 분류항목에 끼어들 여지조차 없었다는 점이다. 그런 점에서 한국의 이익집단 연구는 가장 본질적 영역을 해명하려는 노력을 게을리한 채 부차적이고 주변적 질문에만 매달려 왔다고 평가할 수 있다.

민주화 이후의 이익집단 연구가 갖는 뚜렷한 한계는 방법론과 문제의식의 단조로움에 있다. 이미 미국의 경우 1960년대를 경과하면서 거시적 경향에서 더욱 미시적인 질문으로 문제의식이 변화하였다. 즉, 권력과 영향력의 측정보다는 그동안 간과되었던 집단의 동원과 유지 방식에 관심이 모아졌다. 한 연구자에 따르면, 로비나 정부 및 의회와의 관계를 묻는 외적 집단활동(external group activity) 대(對) 조직 내부의 집단활동(internal group activity)에 대한 연구논문의 수가 올슨의 논문을 전환점으로 27:2에서 27:34로 역전되었다는 것이다.[62] 또 하나의 최근 경향은 이익집단의 관점에서 공익적 시민단체를 설명[63]하거나 올슨의 합리적 선택 이론을 적용하여 집단 간 협력 가능성을 해명하고,[64] 심의민주주의의 관점에서 이익집단의 역할을 해명하는 사상적 논의[65] 등 이론적으로 다양하게 분화되는 양상을 보이고 있다. 그렇지만 한국의 경우 여전히 압도적인 논문이 정부와의 관계 등 이익집단의 외적 활동에만 치중하여 내부의 선택적 인센티브나 조직 특성 등 집단 유지의 미시적 메커니즘을 해명하는 데로 나아가지 못하고 있다.

---

62) Frank R. Baumgartner and Beth L. Leech, *Basic Interest*, p.66.

63) Jeffrey M. Berry, 1999, *The New Liberalism: The Rising Power of Citizen Groups* (Brookings Institution Press, 1999).

64) Scott H. Ainsworth, *Analyzing Interest Politics: Group Influence on People and Policies*.

65) Jane Mansbridge, "Practice-Thought-Practice," Archon Fung and Eric Olin Wright, *Deepening Democracy: Institutional Innovations in Empowered Participatory Governance* (London, New York: Verso, 2003).

끝으로 민주화·세계화·지식정보화라는 혁명적 전환 속에서도 이익집단과 이익정치에 대한 대중의 뿌리 깊은 반감과 혐오는 전혀 변하지 않고 있다는 사실을 발견할 수 있다. 이미 50여 년 전 신상초는 "압력단체를 대표하는 로비스트들이 정부고관이나 국회의원과 교제합네 하면서 그 성원 대중의 가난한 호주머니에서 털어낸 귀중한 돈을 물 쓰듯이 뿌리면서도 압력단체의 집단적 이익은 하나도 실현되지 않는 한심한 현상"을 개탄하였다.[66] 민주화 이후에도 개별·특수이익의 추구는 공동체적 가치와 원리를 파괴하는 분열적 행위로 간주되었으며, 집단행동의 주체나 목표와 상관없이 항상 집단 이기주의로 매도되어 왔다. 김병서는 민주화 이후 이익집단의 분출 현상에 대해 "이익집단이 활성화될 수 없었던 군사독재하에서 자라난 악의 씨가 과거청산이 이루어지지 않은 채 지금 자라나는 것"이라고 매섭게 비판하고 있다.[67]

집단이익의 표출과 성장을 가로막아 왔던 反이익집단 정서를 생성시킨 것은 고래(古來)의 공동체적 전통이나 개인보다 집단을 강조하는 유교문화의 탓만은 아니다. 이것의 원인을 세 갈래에서 살펴볼 수 있다.

첫 번째 원인은 한국자본주의의 역사적 발전과정과 밀접한 연관이 있다. 즉, 산업화와 더불어 본격적으로 등장한 재벌기업의 이익들이 시장에서의 혁신적 경쟁보다는 정부의 특혜 속에서 형성되어 왔다는 부정적 인식의 사회적 공유이다.[68] 즉, 反이익집단 정서의 근원에는 기업

66) 申相楚, 「壓力團體의 韓國的 現象: 壓力團體의 理解」.

67) 김병서, 「참여 민주주의. 집단이익. 집단이기주의: 집단이기주의를 어떻게 볼 것인가」, 대한YMCA연맹, 『민주주의와 집단이익. 집단이기주의: 이익사회에 있어 집단이익의 충돌과 공익의 실현』(대한YMCA연맹 출판부, 1994), 13쪽.

68) 대기업에 대한 일반인들의 인식은 여전히 부정적이다. 일반인들의 56.2%는 대기업을 부정적으로 인식하며, 그 원인으로 정경유착(41.3%)과 계열사 간 부당거래 및 분식회계(25.0%)를 지적하였다. 이에 대해선 전국경제인연합회, 『기업 및 기업인에 대한 국민인식도조사 보고서』(2004)를 참조.

의 이윤 축적이 국가의 선별적 특혜에 힘입은 것이었고, 따라서 규제받지 않은 이익집단의 완전한 자유 경쟁은 집단 간 불균형을 심화시킬 것이라는 근거 있는 의구심이 자리 잡고 있다. 두 번째는 한국의 민주화가 '운동에 의한 민주화' 경로를 거쳐 왔다는 점이다. 의심의 여지없이 한국 민주화의 동력은 농민운동, 학생운동, 노동운동, 시민운동으로 이어지는 강력한 운동의 전통에 있다. 운동의 전통은 "시장을 사회구성과 운영원리의 기본적 패러다임으로 삼는, 개인권리 중심의 자유주의보다는 집합주의·민족주의·사회민주주의·평등주의를, 사적영역이나 사익우선의 가치보다는 공적영역·공익우선의 가치를 더 중시하는 결과"를 가져왔다.[69] 세 번째는 최근 한국의 사회과학계를 지배하여 온 시민사회 담론의 직간접 효과이다. 우리의 경우 시민사회에 대한 규정은 억압적 국가권력에 대한 저항세력이자 국가에 저항하여 온 역사적 실체라는 인식이 지배적이었다. '국가에 반하는 시민사회'라고 칭할 수 있는 이러한 인식 틀은 헤게모니를 둘러싼 시민사회 내부의 첨예한 대립과 갈등이라는 내적 측면을 간과하며, 마치 시민사회를 경제적 영역이나 집단이익과는 전혀 무관한 이상화된 공동체로서 미화하게 된다. 최장집은 이러한 시민사회 개념화가 사적 이익의 표출에 대한 사회적 인식에 어떻게 부정적 영향을 미쳤는지를 정확히 지적하고 있다.[70]

> "시민사회를 자율적 결사체들이 조직되는 영역이라고 정의했을 때 그것은 본질적으로 사적 이익과 그에 기반을 둔 것으로서 공적 이슈에 대한 관심과 아울러 공적 영역에 참여함은 물론 사익의 증진을 도모하는 내용을 담는다. 이에 반해 한국에서 형성된 시민사회는 시민 일반의 보편적

---

69) 최장집, 「운동의 전통과 민주주의모델」, 고려대학교 아세아문제연구소, ≪亞細亞硏究≫, 43집 1호(2000), 23쪽.

70) 최장집, 『민주화 이후의 민주주의』(후마니타스, 2002), 183쪽.

권리 혹은 공공의 이익을 위한 운동이 행해지는 공간이라는 의미를 갖게 되고 그 곳에서의 개인은 공익을 위해 참여하는 적극적 시민으로 이해되는 것이라 하겠다. 그것은 사적 이익의 표출과 그에 기반한 조직적 활동에 대해 매우 부정적인 인식을 만들어냈다."

5. 이익정치의 이론화를 위한 몇 가지 제언

첫 번째 과제는 집단갈등의 해소와 같은 정책적 관심으로부터 이익집단 자체의 구조와 역동성에 대한 이론적 해명으로 연구의 초점을 전환해야 한다는 것이다. 앞에서 살펴본 것처럼 많은 연구들은 정부와의 관계 및 로비 방식에 일차적 관심을 두어, 정녕 중요한 내부의 의사결정 구조, 재정 및 인사, 회원(membership), 리더십 등의 미시적 영역은 소홀히 해왔다. 또한 이익집단 연구의 경우 시민단체에 대한 체계적 정보를 제공하고 있는 『한국시민사회연감2006』이나 전문직, 기업, 노동조합 등 주요 이익집단은 물론 국제 NGO에 이르기까지 미국 안에서 활동하는 모든 결사체에 대해 방대한 자료를 제공하는 있는 『단체편람(encyclopedia of association)』과 같은 신뢰할 만한 기초 자료의 제공자가 없다. 이로 인해 시계열적, 국가 간 비교 연구의 가능성이 근본적으로 제약받고 있다. 정리하자면, 지금 당장 필요한 연구는 집단행동의 치유 방안이 아니라 이를 유발하는 '이익' 자체와 '집단' 내부에 대한 더 많은 사실과 정확한 정보이다.

두 번째는 이익집단과 NGO 연구의 이론적 소통이다. 무엇보다 필요한 것은 이익집단과 NGO의 조직 및 행동 특성에 대한 비교 연구이다. 현재로서 집단 설립의 목적의 차이가 이를 실현하기 위한 행동 방식의 차이로 이어질 것이라는 일반적 통념의 유효성을 확인할 길이 없다. 두 집단 간의 대외 활동(접촉채널 및 활동방식) 및 대내 조직(정책결정과정, 리더십, 회원, 재정, 인사)의 차이와 공통점에 대한 체계적인 경험 연구가 전무하기 때문이다. 두 집단이 구체적으로 한국의 민주주의와 정책과정에 어떤 차별적 영향을 미치며, 각 회원(membership)들은 사회정치적 인식과 참여의 양태에 있어서 어떤 차별성을 갖고 있는지에 대한 비교 연구는 특히 상대 영역에 풍부한 시사점을 제공해 줄 수 있을 것이다.

끝으로 한국의 이익집단 연구가 기능주의적·행태주의적 사슬에서 빠져나오기 위해서는 더욱 다양한 민주주의의 계보 및 논쟁들과 전면적으로 대면할 필요가 있다. 한국의 이익연구에서 다원주의는 물화(物化)된 이론이자 방법론이었지 민주적 사회운영의 확고한 신념이 아니었다. 가장 큰 원인은 한국의 현실이 그 이론에 적합한 다원주의 사회가 아니라는 점 때문이었겠지만 간과할 수 없는 또 다른 원인은 로버트 달과 같은 진지한 민주주의 이론가를 갖지 못하였기 때문이다. 미국의 이익집단 연구를 사회과학계의 주류로 만들어 놓은 것은 계량화에 기초한 경험적 방법론이 아니라 샤트슈나이더, 로위, 린드블럼 같은 비판적 사상가들의 지대한 공헌 때문이었다.

결론적으로 한국의 이익집단 연구는 민주주의와의 사상적 만남을 통해 심화되어야 하며, NGO와의 비교 연구의 활성화를 통해 확대되어야 한다. 또한 현실의 정책적 처방에서 집단에 대한 과학적 이론으로 관심을 전환시켜야 한다.

참고문헌

국회사무처. 1994. 『의정자료집』.

奇秉秀. 1977. 「稅制改革에 있어서 政黨과 壓力團體의 役割」. 연세대학교 행정대학원 석사학위논문.

김병서. 1994. 「참여 민주주의. 집단이익. 집단 이기주의: 집단 이기주의를 어떻게 볼 것인가」. 대한YMCA연맹. 『민주주의와 집단이익. 집단 이기주의: 이익사회에 있어 집단이익의 충돌과 공익의 실현』. 대한YMCA연맹 출판부.

김성국. 1998. 「한국시민사회의 성숙과 신사회운동의 가능성」. 임희섭·양종회 공편. 『한국의 시민사회와 신사회운동』. 나남출판.

_____. 2001. 「한국의 시민사회와 신사회운동」. 유팔무·김정훈 편. 『시민사회와 시민운동2』. 도서출판 한울.

金成熺. 1959.4. 「議會, 政黨, 壓力團體: 壓力團體의 理解」. ≪思想界≫, 7권 4호.

金世鎬. 1984.8. 「한국의 압력단체 總師 30명」. ≪政經文化≫.

김순양. 1994. 「정책결정과정에서 이익대표체계의 변화에 관한 연구: 이익대표체계의 구조, 활동, 반응의 측면을 중심으로」, 서울대학교 박사학위논문.

김영래. 1987. 『한국의 이익집단: 국가조합주의적 시각을 중심으로』. 대왕사.

_____. 1990. 『한국이익집단과 민주정치발전』. 대왕사.

_____. 1993. 『이익갈등 조정의 제도화 방안 연구』. 정무장관(제1)실.

김영래·정영국·문태훈·김혁래. 1995. 「이익갈등 조정제도의 비교 연구」. ≪국제정치논총≫, 35집 1호.

김왕석. 1966.6. 「한국의 압력단체들」. ≪세대≫.

김왕식. 1989. 「한국노총의 영향력분석」. 윤형섭·신명순 외. 『韓國政治過程論』. 법문사.

_____. 1995. 「한국의 정부-이익집단의 관계패턴」. 안병준 외. 『국가, 시민사회, 정치민주화』. 도서출판 한울.

_____. 1997. 「전문직단체」. 김영래 편. 『이익집단정치와 이익갈등』. 도서출판 한울.

김운태. 1976. 『한국정치론』. 박영사.

김윤태. 2000. 『재벌과 권력』. 새로운사람들.

김의영. 1999. 「한국 이익집단 정치의 개혁 방향」. ≪계간 사상≫, 여름호.

_____. 2005. 「결사체 민주주의에 대한 소고」. 한국정치학회. ≪한국정치학회보≫, 39집 3호.

金正實. 1953.5. 「政黨의 後繼者」. ≪思想界≫, 7권 2호.

金哲洙. 1964.6 「組織的 學生團體와 그 現況, 壓力團體로서의 學生組織」. ≪世代≫.

柳錫烈 1983.12. 「政府樹立以前의 韓國利益團體의 役割」. ≪한국정치학회보≫, 통권 17호.

모종린. 2001. 「김대중 정부와 이익집단 분쟁」. ≪계간 사상≫.

문대현·성상문·고대웅·정양묵. 2001. 『로비스트 제도 도입방안』. 국회사무처.

박문옥. 1963. 『한국정부론』. 博英社.

박상필. 2001. 『NGO와 현대사회: 비정부, 비영리, 시민사회, 자원 조직의 구조와 동학』. 아르케.

박상필·장상철·정원오·조효제. 2002. 「민주화와 이익집단: 국가, 비영리 조직, 사회적 자본」. ≪동향과 전망≫, 통권54호.

박재순. 1970.8. 「전국경제인연합회」. ≪세대≫.

박종주. 1986. 「한국근대화와 국가코포라티즘의 통제: 제3, 4공화국을 중심으로」. 서울대학교 행정대학원 박사학위논문.

박천오. 1999. 「한국이익집단의 정책과정상의 영향력과 활동패턴: 정부관료제와의 관계를 중심으로」. ≪한국행정학보≫, 제33권 1호.

徐泰亨. 1977. 「政策決定過程에 있어서의 利益團體의 역할: 한국 경제이익집단을 중심으로」. 서울대학교 행정대학원 석사학위논문.

선학태. 2004. 『갈등과 통합의 정치』. 심산.

申相楚. 1959.4. 「壓力團體의 韓國的 現象: 壓力團體의 理解」. ≪思想界≫, 7권 4호.

안병영. 1999. 「이익집단」. 김운태 외. 『韓國政治論』 第4全訂版. 박영사.

安重基. 1972. 「韓國立法過程에의 利益投入에 관한 연구: Lobbist 活動을 中心으로」. 서울대학교 행정대학원 석사학위논문.

安海均. 1966.「政策形成과 利益團體와의 關係: 韓國的社會狀況에서」. ≪行政管理≫, 5권 1호.
_____. 1971.「韓國行政過程에의 利益投入에 관한 研究」. 서울대학교 행정대학원. 『행정논총』, 9권 1호.
알프레드 드 그라지아. 1959.4.「壓力團體의 本質과 展望: 壓力團體의 理解」. ≪思想界≫, 7권 4호.
吳乙壬. 1978.「政策形成에 있어서의 壓力團體의 投入機能에 關한 研究」. 朝鮮大學校社會科學研究所. 『社會科學研究』.
옥원호. 1982.「한국정책결정에 있어서 이익집단의 기능에 관한 연구」. 연세대학교 석사학위논문.
윤상철. 2003.「민주적 심화기의 이익집단의 정치: 전문적 이익집단을 중심으로」. ≪동향과 전망≫, 통권 56호.
윤형섭. 1975.「대한교육연합회의 구조와 이익표출에 관한 연구」. 연세대학교 사회과학연구소. 『社會科學論集』, 7권.
윤형섭·김영래. 1989.「한국이익집단의 정치참여에 관한 연구」. ≪한국정치학회보≫, 23권 1호.
이경남. 1982.9.「정치권력 대 경제권력」. ≪정경문화≫.
이병화. 1992.「한국의 경제입법과 이익집단: 경제입법 및 정책에 대한 이익집단의 이익표출 활동분석을 중심으로」. 경남대학교 극동문제연구소. ≪한국과 국제정치≫, 8권 2호.
이상민. 1969.「主要國의 利益團體와 國會議員」. 國會圖書館立法調査局 編. ≪立法調査月報≫, 39호.
이상화. 1983.「정책결정과정에 있어서 이익집단의 이익투입에 관한 연구: 전국경제인연합회와 중소기업협동조합중앙회를 중심으로」. 전북대학교 행정대학원 석사학위논문.
이승희. 2005.「로비스트 법제화 꼭 필요한가」. 로비스트법제화를 위한 토론회 발표문. 2005.05.14.
李宇鉉. 1965.「憲政十七年과 利益團體: 壓力政治를 中心으로」. 國會事務處. ≪國會報≫, 통권46호.
이윤호. 1995.「검은 돈을 낳는 경제부패」. 이은영 외. 『부정부패의 사회학』. 나남

출판.

李廷植. 1959.8.「壓力政治의 硏究方法論: 壓力團體의 理解」. ≪思想界≫, 7권 8호.

李憲雨. 1980.「英·美壓力 團體 에 관한 比較硏究, 그 政黨 과의 關係를 中心으로」. 忠北大學校. 『論文集』, 20호.

임승빈·정상호. 2004.「한국의 이익집단 연구」. 주성수 편. 『정치과정에서의 NGO』, 한양대학교 출판부.

전국경제인연합회. 2004.1.26. 『기업 및 기업인에 대한 국민인식도조사 보고서』.

정상호. 2001.「한국의 민주화와 자영업집단의 이익정치」. 고려대학교 정치외교학과 박사학위논문.

_____. 2003.「공익적 시민운동을 넘어서」. ≪경제와 사회≫, 통권60호.

정상호·조영재·서복경. 2003. 『직능단체의 인사시스템 연구』. 중앙인사위원회.

정영국. 1995.「이익집단의 발전과 역할」. 안병준 외.『국가, 시민사회, 정치민주화』. 도서출판 한울.

조영재. 2001.「한국 민주화와 이익정치: 의약분업갈등에 대한 2차원 게임 이론의 적용」. 고려대학교 정치외교학과 박사학위논문.

조효제 편역. 2000. 『NGO의 시대』. 창작과 비평사

최장집. 1989. 『한국의 노동운동과 국가』. 열음사.

_____. 2000.「운동의 전통과 민주주의모델」. 고려대학교 아세아문제연구소. ≪亞細亞硏究≫, 43집 1호.

_____. 2002. 『민주화 이후의 민주주의』. 후마니타스.

터너. H. A. 1959.8.「壓力團體의 機能活動方式」. ≪思想界≫, 7권 8호.

한국노동연구원. 2005.10. 『국내노동통계』.

韓相震·吉炡日. 1985. 『韓國 利益集團의 實態와 改善方案: 經濟利益團體를 중심으로』. 현대사회연구소.

한완상. 1992.「한국에서 시민사회, 국가 그리고 계급」. 한국사회학회·한국정치학회 편. 『한국의 국가와 시민사회』. 도서출판 한울.

韓太壽. 1959.8.「壓力團體와 官僚制度」. ≪思想界≫, 7권 8호.

황종성. 1997.「사용자단체」. 김영래 편. 『이익집단정치와 이익갈등』. 도서출판 한울.

辻中豊. 2002.「世界政治學の文脈における市民社會, NGO 硏究」. ≪レヴアイアサン≫, No.31. 木鐸社.

Ainsworth, Scott H. 2002. *Analyzing Interest Politics: Group Influence on People and Policies*. W. W. Norton & Company.

Almond, Gabriel A. 1983. "Corporatism, Pluralism, and Professional Memory." *World Politics*, Vol.5, No.2.

Almond, Gabriel and Bingham Powell. 1978. *Comparative Politics: System, Process and Policy*. Boston: Little Brown.

Baumgartner, Frank R. and Beth L. Leech. 1998. *Basic Interest*. Princeton University Press.

Berry, Jeffrey M. 1984. *The Interest Group Society*. Brown & Company.

_____. 1999. *The New Liberalism: The Rising Power of Citizen Groups*. Brookings Institution Press.

Browne, William Paul. 1998. *Groups, Interests, and U.S. Public Policy*. Georgetown University Press.

Cigler, Allan J. and Burdett A. Loomis. 1991. "Introduction: The Changing Nature of Interest Group Politics." Cigler, Allan J. and Burdett A. Loomis(eds.). *Interest Group Politics*. Congressional Quarterly Inc.

Cohen, Joshua and Joel Rogers. 1995. *Associations and democracy*. Erik Olin Wright(ed.). London, New York: Verso.

Collier, Ruth Berins and David Collier. 1979. "Inducements versus Constraints: Disaggregating Corporatism." *APSR*, Vol.73.

Duverger, Maurice. 1972. *Party Politics and Pressure Groups*. New York: Crowell.

Eckstein, Harry. 1960. *Pressure Group Politics: The Case of the British Medical Association*. George Allen & Unwin.

Hattam, Victoria. 1992. "Institution and Political Change: Working-Class Formation in England and the United States, 1820~1896." Sven Steinmo, Kathleen Thelen and Frank Longstreth. *Structuring Politics*. Cambridge: Cambridge University Press.

Hirst, Paul. 1994. *Associative Democracy: New Forms of Economic and Social Governance.* Polity Press.

Hrebenar, Ronald J, Robert C. Benedict and Matthew J. Burbank. 1999. *Political Parties, Interest Groups, and Political Campaigns*. Westview press.

Im Hyug Baik. 1999. "From affiliation to association: The challenge of democratic consolidation in Korean industrial relations." D. L. Mcnamara (ed.). *Corporatism and Korean Capitalism*. London: Routledge.

Lowi, Theodore. 1970. "Decision Making vs. Policy Making: toward an Antidote for Technology." *Public Administration Review*, May/June.

McFarland, Andrew S. 1992. "Interest Group and the Policymaking Process: Source of Countervailing Power in America." Mark P. Petracca. *The Politics of Interests: Interest Group Transformed*. Boulder: Westview Press.

Mansbridge, Jane. 2003. "Practice-Thought-Practice." Archon Fung and Eric Olin Wright. *Deepening Democracy: Institutional Innovations in Empowered Participatory Governance*. London, New York: Verso.

Marx, Karl. 1973. *Grundrisse*. New York: Vintage Press

Nownes, Anthony J. 2001. *Pressure and power: organized interests in American politics.* Houghton Mifflin Company.

Olson, M. J. 1965. *The Logic of Collective Action*. Cambridge: Harvard University Press.

Petracca, Mark P. 1992. "The Rediscovery of Interest Group Politics." *The Politics of Interests: Interest Group Transformed.* Boulder: Westview Press.

Salamon, Lester M. and Helmut K. Anheier. 1997. *Defining the nonprofit sector: A cross-national analysi*s. Manchester University Press,

Salisbury, Robert. H. 1992. *Interests and Institutions: Substance and Structure in American Politics*. Pittsburgh: University of Pittsburgh Press.

Schattschneider, E, E. 1960. *The Semisovereign People*. New York: Harcourt School.

Schlozman, Lehman and John B. Tierney. 1986. *Organized interest and American democracy*. New York: Harper & Row Pub.

Schmitter, Philippe. C. 1979. "Still the Century of Corporatism." Schmitter and

G. Lehmbruch. *Trends Toward Corporatist Intermediation*. Beverly Hills: SAGE Publications.

Streeck, Wolfgang and Philippe C. Schmitter. 1985. "Community, market, state-and associations? The prospective contribution of interest governance to social order." Streeck and Schmitter. *Private Interest Government: Beyond Market and State*. Sage Publication.

Truman, David. 1971. *The Governmental Process*. New York: Knopf.

제 2 장

현대 이익집단 연구의 쟁점과 과제: 메디슨에서 정치활동위원회(PAC)까지

1. 문제제기: 두 가지 역설

한국에서 이익집단 연구를 수행하다보면 두 가지 모순적 현상과 대면하게 된다. 첫 번째 모순은 분출하고 있는 이익집단 사이의 첨예한 갈등을 방치하고 있는 무기력한 정부와 집단 이기주의에 대한 질타가 도처에서 넘쳐나지만 이익집단의 유형별 특성과 집단행동의 내재적 동기를 차분하게 분석하고 있는 연구들은 턱 없이 부족하다는 점이다. 있다 해도 노동의 영역에 한정된 연구이거나 문제해결에의 실질적 기여가 의심스러운 추상적인 거버넌스 논의가 대부분이다. 또 하나의 역설은 다원주의 이론이 지배하는 한국 정치학계에서 그것의 핵심인 이익집단 연구에 대한 독창적 저작은 말할 것도 없고, 흐름과 쟁점을 제대로 정리한 논문조차 찾아보기 어렵다는 점이다. 물론 여기에는 한국의 이익집단 이론이 권위주의 시대에는 실체를 갖지 않은 서구의 선진이론으로 간주되었고, 민주화 이후에는 고상한 시민사회와 공익지향의 NGO에 밀려 관심 밖의 저급한 것으로 취급되고 있다는 사정이 깔려 있다.

본 장의 문제의식은 소박하고 간명하다. 첫째는 미국의 이익집단 연구를 그것이 발전되어 온 경과를 따라 쟁점별로 시대별로 일목요연하게 정리해 보자는 것이다. 그동안 이 부분에 대한 소개는 간헐적으로 그것도 연구자의 관심 대상에 따라 부분적으로만 소개되어 왔다. 본 장에서는 가능하다면 최근의 연구 성과를 최대한 수용하여 쟁점이 제기되어온 정치사회적 맥락을 설명하고, 이익집단 연구의 태동에서부터 최근 경향까지를 일괄하여 살펴보고자 한다. 둘째는 이익의 대표 방식이자 공공정책의 결정 방식으로서 다원주의에 대한 심도 있는 이해이다. 철학적 전통과 사상적 기반이 엷은 미국의 경우 그나마 다원주의를 둘러싼 논쟁과 연구는 신대륙의 지적 결핍을 메워준 거의 유일한 자원으로서 항상 지성사의 중심을 차지해 왔다. 미국의 민주주의와 근대 정치의 핵심은 다원주의이며, 공공정책의 결정양식으로서 다원주의의 뿌리는 이익집단이라는 사실을 깨닫는 것은 미국을 이해하는 지도 원칙(guiding principles)이다.[1] 본 장에서는 미국의 이익집단 연구를 시기별로 정리하되 제기되었던 중요한 논쟁, 특히 민주주의 이론과의 연관성 속에서 살펴볼 것이다.

2. 이익집단 연구의 발전사

1) 다원주의 이론의 등장과 지배

(1) **사상적 기원: 메디슨적 민주주의**(Madisonian democracy)

이익집단에 관한 한국의 정치학 교과서들은 대개 벤틀리와 트루만의

---

1) William Paul Browne, *Groups, Interests, and U.S. Public Policy*(Georgetown University Press, 1998).

소개로 도입부를 장식하고 있다. 그러나 자유와 방임주의에 근거한 이익집단 다원주의를 정확하기 이해하기 위해서는 그 기원을 메디슨으로 거슬러 올라가야 한다. 메디슨은 "파벌을 통제하기 위해 자유를 억압하는 것은 질병보다 더 해로운 결과를 낳는다"(Federalist 10)라고 주장하면서, 인간 본성에 근거한 파벌을 제한하기보다는 견제와 균형을 통해 파벌의 영향력을 조정해야 한다고 제안하였다. 이처럼 메디슨적 민주주의는 민주주의의 과다함을 우려하고 독단적 다수 지배를 견제하는 것을 핵심으로 한다. 메디슨의 창의성은 갈등하는 집단들의 이익과 권리를 배제하지 않고 오늘날의 민주주의의 기본 원리인 정치참여를 최대한 허용하는 데서 출발하되, 다수 지배를 스스로 견제하는 체제를 만들었다는 사실에 있다. 메디슨적 민주주의는 모든 사회세력과 일반 대중들의 폭넓은 정치참여를 한편으로 하고, 어떤 그룹이든 그들 간의 결합이 다수로 결집되는 것을 방지하는 것을 다른 한편으로 하는 양자의 균형을 제도화한 것이다.[2)]

이러한 사유 방식은 집단이 자유로운 결사체의 정당한 산물이기에 부당한 간섭이나 정부의 규제로부터 보호되어야 한다는 이익집단 이론으로 발전하였다. 이 계보에서 이익집단을 포함한 결사체들은 시민이 주도하는 아래로부터의(bottom-up) 정치과정이자, 자율적 시민들이 스스로를 지배하게 되는 자발적 과정으로 정당화되었다. 그래디(Robert C. Grady)는 다원주의에 미친 메디슨의 기여를 논의하면서, 메디슨의 진정한 가치는 개인들을 대표하고, 공공정책을 결정하는 핵심적 요소로서 이익집단을 강조하였다는 점보다도 이익을 추구하는 데 적극적인 개인과 집단을 매개하는 합법적 제도로서 정부의 중립적 지위를 설정하였

---

2) 최장집, 「민주주의와 헌정주의: 미국과 한국」, 로버트 달, 『미국헌법과 민주주의』, 박상훈·박수형 옮김(후마니타스, 2005), 19쪽.

다는 점을 주목하고 있다. 메디슨의 영향으로 정부는 편향되지 않은 공정한 심판의 역할을 수행하는 것이 바람직하다는 미국적 신념이 뿌리내리게 되었다는 것이다.[3)]

(2) 초기 다원주의 이론: 전통적 집단 이론

먼저, 초기 집단 이론이 출현한 정치사회적 배경을 살펴보면 20세기 초, '미국정치는 이익정치이다'라는 테제가 보편화될 정도로 로비가 확산되었다는 점을 들 수 있다. 19세기 후반까지 미국 정치의 중심은 지역사회에 근거를 둔 시민들의 자율 결사체였다. 그렇지만 20세기에 진입하면서 학계와 시민들의 관심은 너무나 미국적인 제도인 로비로 급속히 전환되었다.[4)]

이러한 시대 경향을 반영하여 벤틀리와 트루만으로 상징되는 초기 집단 이론의 일차적 관심은 이익집단의 개념 및 형성과 관련된 것이었다. 먼저, 벤틀리는 공유하고 있는 이익을 위해 집단으로 행동하거나 행동경향이 있는 사회의 하위 분파(subsection)로 이익집단을 정의하였다. 벤틀리의 정의는 이익이 없다면 집단은 존재하지 않는 것으로, 즉 이익은 집단과 같은 것이며, 이 둘은 분리될 수 없다는 것이다.[5)] 한편, 경험과 관찰에 근거한 행태주의자의 전형으로 추앙받는 트루만의 이익집단에 대한 고전적 정의는 "하나 혹은 그 이상의 공유하는 태도(shared attitudes) 위에서 사회의 다른 집단에 대해 특정한 주장(claims)을 행하는 집단"이라는 것이다.[6)]

---

3) Robert C. Grady, *Restoring Real Representation*(University of Illinois Press, 1993), p.19.

4) Mark P. Petracca, "The Rediscovery of Interest Group Politics," *The Politics of Interests: Interest Group Transformed*(Boulder: Westview Press, 1992), p.3.

5) Arthur F. Bentley, *The process of government*(Cambridge: Belknap Press of Harvard University Press, 1967), p.211.

6) David Truman, *The Governmental Process*(New York: Knopf, 1971), p.33.

전통적인 집단 이론은 사회적 분화과정은 기능의 분화를 이끌고, 점점 더 많은 사람들을 특화된 역할과 경제활동에의 참여를 가져옴으로써 다양한 집단을 발생시킨다고 설명하였다. 벤틀리의 집단 이론은 다음의 논리적 연쇄관계로 설명될 수 있다. ① 결사체(association)는 상이한 이익과 가치의 산물이다. ② 사회적 분화과정이 진전되면서 정치영역에서 점점 더 특화되고 다양한 특수집단들이 만들어진다. ③ 집단의 형성을 설명하려는 연구자들이 주목해야 하는 것은 가치(values)가 변화되는 과정이다. 이처럼 기술발전과 사회진화에 따라 이익과 가치가 대립하는 집단들이 다투어 등장한다는 사실을 강조하였다는 점에서 벤틀리의 설명은 확산 이론(theory of proliferation)으로 명명될 수 있다. 한편 벤틀리의 집단 이론은 사회변화를 집단 간 갈등의 산물로 이해하고, 집단을 갈등의 가장 기본적인 단위로 인식하고 있다는 점에서 갈등이론으로 명명되기도 한다. 집단 이론에 미친 벤틀리의 기여는 압력과 저항이라는 힘의 개념에 입각하여 집단개념을 분석함으로써 집단의 성장과 존립 요인을 명확하게 설명한 것이다.[7]

한편, 트루만은 이익집단의 형성을 사회분화 과정과 새로운 집단의 자연스러운 출현이라기보다는 균형과 혼란, 새로운 균형이 창출되는 일련의 항상성(homeostatics)을 향한 역동적인 흐름(sequence, waves)으로 설명하였다. 그에 따르면, 전쟁이나 과학과 수송의 비약적 발전과 같은 돌발적 요인(disruptive factor)은 기존의 사회균형을 허물고 이익과 불이익의 갈등적 집단구조를 조성한다. 균형을 회복하기 위해 시도되는 불이익 집단의 노력은 집단의 형성으로 귀결되며, 이러한 과정을 통해 집단의 협상력이 증진될 뿐만 아니라 집단 간의 상호작용을 통해 체제의 안정성과 균형이 복구된다는 것이다. 상호작용의 개념에 의하여 이익집

7) 김영래, 『이익집단정치와 이익갈등』(도서출판 한울, 1997), 27쪽.

단을 설명하고 있는 트루먼은 집단형성의 일차적 원인을 균형의 파열(disturbance)에서 찾고 있다는 점에서 파열이론으로 명명되기도 한다.[8)]

올슨은 벤틀리와 트루만을 그 이전의 철학적 다원주의자와 엄격히 구분하여 분석적 다원주의자로 규정하였다. 왜냐하면, 이들은 집단이 회원 수에 비례해 권력 또는 압력을 소유한다는 사실을 간파하였고, 사회체계의 궁극적 균형상태를 결정하는 유일한 존재로서 집단 압력을 공통적으로 인식하였기 때문이었다. 올슨은 벤틀리와 트루먼이 이렇게 압력단체를 긍정적으로 보았던 이유를 회원의 중복 현상이 특정 집단의 과도한 요구를 억제해 주며, 특수이익과 대립하는 잠재집단의 존재와 활성화를 확신하였기 때문이라고 설명하고 있다.[9)]

(3) 달(Robert Dahl)의 영향

'누가 지배하는가'라는 정치학의 가장 본질적인 화두를 내걸었던 달의 연구(*Who Governs?*, 1961)는 원래 리조날 시(Regional city) 분석을 통해 소수의 경제적, 사회적 엘리트가 시의 권력을 장악하고 있다고 주장한 헌터(Floyd Hunter)의 『지역사회 권력구조(Community Power Structure)』(1953)에 대한 문제제기에서 비롯되었다.[10)] 당시 미국사회에는 정치 지도자들의 공식적 정책결정의 이면에 실제적 영향력을 행사하는 집단으로서 경제적·사회적 엘리트가 존재한다는 밀즈(C. W. Wright Mills)의 권력 엘리트를 비롯해 다양한 엘리트 이론이 확산되고 있었다.[11)]

---

8) 김영래, 『이익집단정치와 이익갈등』, 28쪽.

9) 맨슈어 올슨, 『집단행동의 논리』, 윤여덕 옮김(청림출판, 1987), 154쪽.

10) 박대식 외, 『지역사회 권력구조 문헌이해』(오름, 2002), 12쪽.

11) 흥미로운 점은 이 시기에 이르러 정부정책에 영향을 행사하는 조직화된 집단이라는 명료성 때문에 선호되었던 압력집단이라는 용어가 압력을 강제하거나 유발한다는 부정적 이미지 때문에 더 중립적인 이익집단이라는 용어로 대체되었다는 사실이다. Mark P. Petracca, "The Rediscovery of Interest Group Politics," p.5.

달의 연구는 이러한 시대적 경향에 대한 문제제기이자 대안 이론의 성격을 지니는데, 그의 기여는 엘리트 이론에 대한 추상적·이념적 반박이 아니라 철저하게 경험적 사례 연구에 기반하여 체계적으로 다원주의 이론을 정립했다는 데 있다. 달은 권력구조를 해명하기 위해 뉴헤이번 시(New Haven city)의 세 가지 공공정책 결정과정, 즉 공직후보지명, 도시재개발, 교육을 사례 영역으로 선정하였다. 달의 발견(findings)은 다음과 같다. 첫째, 미국사회의 권력구조는 소수의 엘리트에 의해 전일적으로 지배되는 것(oligarchy)이 아니라 다른 정치적 자원을 갖는 다양한 지도자에 의해 통치되는 다두제(polyarchy)라는 것이다. 달은 사례 연구를 통해 공직 후보지명과정에서는 정당 지도자가, 도시재개발에서는 시장 등 공공 관료가, 교육에서는 교육 당국 및 교원단체와 학부모회(PTA)가 각각 가장 영향력이 큰 행위자임을 밝혀냈다. 둘째, 각 영역에서의 지도자 그룹들과 일반 시민의 관계는 일방적인 것이 아니라 상호작용의 관계라는 것이다. 달은 1950년대 이후에는 시장과 같은 정치적 지도자가 정책과정을 지배했지만 동시에 이들의 행동은 이익집단 또는 유권자들의 요구에 민감하게 영향을 받고 있음을 보여주었다. 셋째, 미국의 다두제하에서 권력의 불평등은 경제적 부가 자동적으로 교육·문화·정치 등 다른 영역에서도 우월적 지위를 보장하였던 귀족정치 시대의 그것과 달리 누적이 아니라 분산된(dispersed and noncumulative) 불평등이라는 것이 전체의 결론이다. 요약하자면, 달의 최대 업적은 다른 사람들이 다른 이슈 영역에서 다른 종류의 권력을 갖고 있다는 점을 명료하게 밝혀낸 것이다. 이러한 발견을 통해 미국사회가 실제든 잠재적인 것이든 집단들 사이의 균형이 정치적 안정성을 획득하게 하고, 공공선을 실현하는 데 기여한다는 메디슨의 교리를 이상적으로 실현하고 있음을 입증하였다고 할 수 있다.

아무튼 달의 저작 이래 다원주의 이론의 영향력은 현실 정치에서나 학계에서나 엄청나게 증대되었다. 왜냐하면, 달의 주장은 초기 다원주의자들의 설명 방식, 이를테면 "정치는 집단들 간의 상호작용"이라는 트루만의 명제처럼 중립적이고 객관적인 진술을 넘어 이렇게 되어야 한다는 당위론적·규범적 주장을 함축하고 있기 때문이었다. 달을 통해 집단들의 상호작용을 통한 정책결정은 민주주의의 위협이 아니라 실질적 덕(virtue)이며, 따라서 참여의 증진은 불가피하게 더 많은 이익집단을 필요로 한다고 인식하게 되었다. 이후 달의 세례를 받은 다원주의의 숭배자들은 다원주의를 모든 사회적 질병의 해독제로 간주하는 확신에 찬 다원주의자(prescriptive pluralist)로 변모하였다. 다원주의적 관점에서 정치를 객관적으로 묘사하였던 초기의 입장에서 벗어나 참여, 특히 대표되지 않는 사회적 소수의 참여(greater inclusion)를 고무하거나 정책 과정의 개선 등 다원주의적 처방을 내리는 쪽으로 공세적으로 전환하게 된다.[12] 이렇듯 이익집단을 정책결정의 중심으로 만들면서 미국의 정치과정을 열렬히 옹호하였던 달의 연구는 이후 민주주의 이론의 부활을 가져오게 된다.

2) 신다원주의(Neopluralism)의 공세[13]

(1) **다원적 엘리트 이론**(plural elitism)**의 비판**

1950년대를 경과하면서 다원주의는 여기저기로부터 혹독한 비판에 시달리면서 지배적 지위가 약화되었다. 비판 세력 중 한 흐름은 정부와 공공정책이 결착된 소수 집단에 의해 지배되고 있다고 비판한 좌파와

---

12) Scott H. Ainsworth, *Analyzing Interest Politics: Group Influence on People and Policies*(W. W. Norton & Company, 2002).

민중주의(marxist and the populist) 세력이었다. 좌파들은 지배 세력의 실체를 비슷한 사회적 배경과 지위를 공유하면서 전략적 지위를 장악하고 있는 지배계급(ruling class) 혹은 권력 엘리트(power elite)로 명명하였고, 민중주의자들은 민중의 이익에 반하는 기득 세력(establishment)으로 비난하였다. 이들 각각은 민주적 사회주의와 민중에 의한 참여 민주주의를 꿈꾸었지만 중요한 공통점을 갖고 있었다. 그것은 공직이나 공공정책의 결정은 특별한 전문성과 지식을 갖춘 엘리트보다 상식을 갖춘 보통 사람들이 수행하는 것이 가능할 뿐 아니라 바람직하다는 인식이었다. 이러한 인식은 다원주의가 뿌리를 두고 있는 메디슨적 민주주의보다는 대중과 민중을 강조하는 제퍼슨적 민주주의 혹은 젝슨식 민주주의에 근접한 것이었다.[14]

또 하나의 비판은 키, 샤트슈나이더, 로위, 린드블럼 등 다원주의에 비판적인 입장을 개진하였던 일련의 학파들에 의해 제기되었다. 이들은 다원주의가 칭찬해 온 주요 집단들은 자발적 결사체가 아닌 비민주적 특권 집단이며, 이익집단 정치의 수혜자들은 일반 시민이 아니라 상대적으로 많은 자원을 갖고 잘 조직화되어 있는 소수 집단의 리더십과

---

13) 다원주의에 대한 세부 개념 구분은 연구자마다 상이하다. 맥팔렌드(Andrew S. McFarland)는 초기 다원주의, 다원적 엘리트주의, 신다원주의로 구분하고 있고, 거버는 다원주의와 견제력(counter-valence)을 통한 균형을 강조하는 민주적 다원주의로 구분하고 있다. Elizabeth R. Gerber, *The Populist Paradox: Interest Group Influence and The Promise of Direct Legislation*(Princeton Univ. Press, 1999) 참고. 가장 일반적인 기준은 진입 장벽과 권력 불평등에 무감한 초기 다원주의와 이를 민감하게 인식하고 다양한 대안을 제안했던 신다원주의로 구분하는 것이다. 본 연구는 대체로 맥팔렌드의 구분을 따르고 있다. Andrew S. McFarland, "Interest Group and the Policy making Process: Source of Countervailing Power in America," Mark P. Petracca, *The Politics of Interests: Interest Group Transformed*(Boulder: Westview Press, 1992) 참조.

14) John B. Judis, *The Paradox of American Democracy: Elites, Special interests, and the Betrayal of Public Trust*(Routledge, 2001), pp.18~32.

회원일 뿐이라고 비판하였다. 그들은 다원주의가 정책결정 과정에 대해 특권적 지위를 갖고 있는 특수 이익(special interest)의 폐해를 간과함으로써 불평등을 옹호하는 현상유지 이론으로 전락했다고 보았다. 이들의 주장은 앞서 설명한 좌파나 민중주의와 미국의 현실정치를 비판적으로 해석했다는 점에서 유사하나 엘리트에 대한 인식에 있어서 분명한 차이를 갖기 때문에 이들을 다원적 엘리트주의,15) 혹은 참여 확대를 통해 대표성 제고를 강조하였다는 점에서 신고전주의16)로 범주화하고 있다. 이들은 현실의 정치와 정책은 다원주의가 옹호하였던 것처럼 모든 집단에게 공정하게 개방되어 있지 않으며, 자유상황 속에서 완전경쟁을 통해 균형적으로 이루어지고 있지 않다는 점을 통렬히 비판하였다. 그러나 정치 엘리트 사이의 경쟁 증진이 정치적 지지를 동원하기 위한 정치인과 정당의 치열한 노력을 동반하기 때문에 시민참여를 제고하고 나아가 대표성의 제고에 결정적으로 기여한다고 보았다는 점에서 여타의 비판 이론과 명확히 구분된다. 이들은 특히, 지도자와 정당 간의 정력적 경쟁의 결과가 공론화와 대표성을 강화하고, 일반 시민들을 적극적 시민(active citizen)으로 만들어 놓는 것으로 보았다.

아무튼 1960년대에 들어 다원주의에 대해 엘리트주의적이며 현상유지를 선호하고 권력의 확산보다는 상위 계급의 수중에 힘을 집중시키려는 불순한 의도를 갖고 있다고 비판하는 연구자들이 급속도로 증가하였다. 가장 격렬한 비판자는 "다원주의의 천국에는 상위 계급(upper class)의 강력한 액센트가 묻어나는 천국의 연주가 울리는 결점이 있다"

15) Andrew S. McFarland, "Interest Group and the Policy making Process: Source of Countervailing Power in America," pp.52~66.

16) Matthew A. Crenson and Benjamin Ginsberg, *Downsizing Democracy: How America Sidelined Its Citizens and Privatized Its Public*(The Johns Hopkins University Press, 2002).

고 주장하며 다원주의의 엘리트적 요소를 질타한 샤트슈나이더였다.[17] 샤트슈나이더는 정치를 갈등의 사회화로 규정하고, 특히 갈등의 수준과 규모를 인위적으로 통제하는 정당의 기능에 착목하였다. 그의 이러한 정치관은 잘 조직화된 특수 이익(organized special interest)은 공공 이익이 부각되는 것을 막기 위하여 정치적 갈등의 맥락을 동원·조작할 수 있다는 주장으로 발전된다. 결국 그의 비판의 핵심은 기업과 같은 조직화된 특수 이익에 의해 주도되는 이익집단 정치는 편견의 동원을 통해 특정 갈등을 전국적 이슈로 부각하거나 반대로 억제함으로써 상층계급 편향(upper class bias)을 갖게 된다는 것이다.

이 시기에 주목해야 할 또 한 사람은 로위였다. 다원주의에 대한 그의 비판은 이익집단 자유주의(interest group liberalism)라는 개념을 통해 분명하게 드러난다. 그는 1930년대 이후 미국에서 공공정책의 원칙으로 확립된 이념을 이익집단 자유주의로 규정하였다. 이익집단 자유주의에서 정부 역할은 효과적으로 조직화된 이익집단에 대한 접근의 통로를 확보해 주고 경합하는 이익집단의 지도자들 간에 수립된 협의의 결과를 조정하여 인준하여 주는 것으로 규정되었다. 로위는 이익집단 자유주의의 폐해로 정부에 대한 인민통제(popular control)의 약화와 특권세력의 급성장, 그리고 정부의 통치능력의 지속적 감퇴를 지목하였다.[18] 정리하자면, 그는 이익집단 자유주의라는 개념을 통해, 다원주의가 통치정당화의 근거를 이익집단의 요구와 경쟁에 둠으로써 국가의 위상과 지위를 집단들의 영구적 재산관리인으로서 전락시켰으며, 사적 통치

---

17) E. E. Schattschneider, *The Semisovereign People: A Realist's View of Democracy in America*(New York: Harcourt School, 1960).

18) 손병권, 「다원주의와 이익집단정치의 장래: 1960년대와 1970년대 시민집단의 등장 이후 이익집단정치의 변화상과 이익집단정치의 미래에 대한 전망」, ≪미국학≫, 22집(1999), 55쪽.

(privatized governance)의 만연으로 인한 공적 권위의 붕괴 가능성을 설득력 있게 보여주었다.[19]

다원주의에 내재된 불평등을 경험적 연구를 통해 입증한 또 한 사람은 찰스 린드블럼(C. Lindblom)이었다. 린드블럼은 무엇보다도 자본(기업)은 경제성장을 결정하는 투자자로서의 특권적 기능 때문에 어디에서나 구조적 권력을 향유한다는 권력 가설을 정립하였다.[20] 자본은 항상 투자 기피와 철수(exit) 결정을 통해 경제 불황을 장기화시키고 그 결과 유권자의 불만을 심화시킬 수 있는 전략적 선택을 할 수 있기 때문에 정부는 정책을 입안할 때 자본을 일차적으로 고려할 수밖에 없다는 것이다. 그가 집중적으로 비판한 것은 기업 집단과 같은 특수 이익과 로비 때문에 미국의 민주주의가 심각한 위기에 빠져 있다는 것이다.[21] 그는 특히 다원주의가 무심코 전제하였던 평형(equilibrium) 가설에 심각한 문제가 있다고 보았다. 그에 따르면, 다원주의는 압력 체계의 평형 상태를 자연스럽고 안정된 상태로 간주하고 있는데, 실제 이 체제는 커다란 진입 장벽과 배제의 문제를 안고 있는, 특수이익이 지배하는 비경쟁의 폐쇄 체제(closed system)라는 것이다. 그는 다원주의가 이 문제를 간과함으로써 심각한 규범적 문제, 즉 권력의 구조적 불평등을 외면하는 현상유지 옹호 이론으로 전락하였다고 비판하였다.[22]

---

19) 한상정, 「사적 이익의 제도화와 공적 질서의 창출: Theodore Lowi와 Philippe Schmitter의 비교」, 고려대학교 정치외교학과 석사논문(1996).

20) 혹자들은 린드블럼을 정책에 미치는 자본의 구조적 제약을 강조하였다는 점에서 신다원주의적 구조주의자(neo-pluralist structuralist)로 분류한다. 린드블럼의 권력 가설을 둘러싼 후속 연구자들의 성과에 대해서는 최선근, 「미국의 자본주의적 민주주의와 실업이익집단」, ≪한국정치학회보≫, 28집 1호(1994) 참조.

21) E. Charles Lindblom & Edward J. Woodhouse, *The Policy Making Process*(Prentice Hall, 1993), p.73.

22) Frank R. Baumgartner and Beth L. Leech, *Basic Interest*(Princeton University Press, 1998), p.55~56.

이 시기에 이르러 다원적 엘리트주의자들은 기존의 다원주의 체제의 문제점을 지적하기 위해 배타적이고 폐쇄적인 정책결정과정을 지칭하는 하위정부(subgovernment), 철의 삼각형(iron triangle), 정책 하위체계(policy subsystem)라는 개념을 고안하였다. 이러한 개념들은 이익집단, 의회, 관료 사이의 외부의 침투를 허용하지 않는 공생적 결탁 관계를 지칭하는 것으로 특히, 농업·복지·국방 등 이익 분배 정책의 영역에서 대두되었다.[23]

다원적 엘리트주의자들이 다원주의의 문제점을 해결하기 위해 제시한 거시적 방향은 집단 대표성을 제고하기 위한 엘리트 경쟁의 확대와 시민참여의 증대로 수렴되지만 구체적인 처방은 매우 상이하였다. 먼저 로위는 스스로 '급진적 개혁을 위한 온건한 제안'이라 명명한 법치적 민주주의(juridical democracy)를 제안하였다. 법치적 민주주의는 엄정한 법치를 통해 특수 이익 집단에 의해 약화되고 있는 공적 기능을 회복하고, 공적 영역에서의 공론을 활성화시켜 엄밀한 준칙(standard)을 부과하자는 것이었다.[24] 한편 멕코넬은 정책결정 과정에서 소수가 다수를 지배(the few defeat the many)하게 된 원인이 미국 정치제도의 분산적 구조와 분권에 대한 미국인들의 신념에 있다고 보고 그 대안을 대통령직의 강화에서 찾았다. 그는 공공 이익은 전국적 관심을 수반하는 워싱턴의 갈등적인 논쟁 안에서 대통령과 연방 법원(supreme court)에 의해 가장 잘 대변되는 반면 특수 이익은 분절된 행정 시스템인 주와 지역 정치에서 가장 강력하게 나타난다고 주장하였다. 왜냐하면, 지역정치는 본질적으로 대통령이나 연방 법원의 공적 통제에 종속되어 있지 않기 때문

---

23) 손병권, 「다원주의와 이익집단정치의 장래: 1960년대와 1970년대 시민집단의 등장 이후 이익집단정치의 변화상과 이익집단정치의 미래에 대한 전망」, 42쪽.

24) 한상정, 「사적 이익의 제도화와 공적 질서의 창출: Theodore Lowi와 Philippe Schmitter의 비교」.

이라는 것이다.25) 마지막으로 샤트슈나이더는 조직화된 특수이익에 의해 공익이 훼손되고 공적 의제가 왜곡되는 것을 막기 위해서는 책임 있는 정당과 정치 지도자들의 리더십이 필수적이라고 주장하였다. 그가 책임 있는 정당을 그토록 강조하는 까닭은 정당의 경쟁이 없다면 대안을 선택할 인민 주권(popular sovereignty)의 행사와 활용이 제약되고, 따라서 무기력한 국민(powerless people)이 될 것이기 때문이다.26)

(2) 민주적 다원주의(democratic pluralism)의 가세

1960년대와 1970년대를 경과하면서 정부가 단순히 이익집단에 포획되어 정책을 결정한다는 하위정부나 삼각동맹은 현실을 정확히 묘사하는 것이 아니라는 비판이 제기되었다. 환경 및 인권과 같은 시민운동이나 자율적 관료들의 존재가 이익 시스템의 전반적 균형을 가져온다고 주장하였던 일련의 학파들, 즉 신다원주의27) 혹은 민주적 다원주의28)가 등장하였다. 이들을 하나로 묶는 가장 큰 공통점은 다원주의의 편향된 정치(skewed politics)를 바로잡을 결정적 요건으로서 견제력(countervailing power)을 강조했다는 데 있다. 이들이 강조하고 있는 견제력이란 권력을 지닌 행위자들, 소위 기득 세력의 권력 우위를 감소시키거나 중립화시킬 수 있는 다양한 메커니즘으로 정의된다.29)

---

25) Grant McConnell, *Private Power and American Democracy*(New York: Alfred Knopf, 1966).

26) E. E. Schattschneider, *The Semisovereign People: A Realist's View of Democracy in America*, pp.142~144.

27) Andrew S. McFarland, "Interest Group and the Policy making Process: Source of Countervailing Power in America," pp.66~72.

28) John B. Judis, *The Paradox of American Democracy: Elites, Special interests, and the Betrayal of Public Trust*, p.13.

29) Archon Fung and E. O. Wright, *Deepening Democracy: Institutional Innovations in Empowered Participatory Governance*(London, New York: Verso, 2003), p.262. 주디스

이익집단 체계가 항상 균형을 이루고 있는 것은 아니지만 어떤 균형추가 작동한다고 보았던 이들의 시각은 궁극적으로 평형을 이루게 될 것이라고 보았던 다원주의나, 균형 자체가 허구라고 비판하였던 다원적 엘리트주의와 분명한 차이를 갖고 있다. 이들은 견제력의 원천(sources)으로 세 가지를 주목하였다.

첫째는 인권·환경·소비자·여성 등 급속도로 성장하였던 시민운동과 공익적 이익단체(public interest group)이다. 공익적 이익집단은 "자신들의 고유한 경제이익을 도모하지 않는 로비 집단이며 정확하게는 집단재(collective goods)의 획득을 추구하며 조직의 구성원이나 활동가들에게 선택적으로 그리고 물질적으로 수혜를 부여하지 않는 이익집단"이다.[30] 시민운동과 공익단체의 옹호자들은 정부가 아무리 개혁된다 하더라도 정부 그 자체는 본질적으로 공동선을 보호하는 데 무능하며, 항상 사적 이익집단의 과도한 영향력에 노출될 것으로 믿었다. 따라서 강력한 이익집단과의 영향력 격차를 줄일 수 있는 유일한 대안은 정책과정에 대한 지속적인 시민참여라는 것이다. 이 시기 시민운동의 성장을 촉진한 또 하나의 요인은 케네디와 존슨 행정부의 인식, 즉 이익집단 시스템은 균형적이지 않으며 관련 이익들이 적절히 대표되기 위해서는 연방정부의 관여와 조치가 불가피하다는 것이다. 가장 대표적인 것은 존슨 행정부에서 시도된 새로운 시민참여 프로그램이었다. 존슨 행정부는 1964년 빈곤과의 전쟁이라는 부제가 붙은 경제활동법을 제정하였는데,

---

는 민주적 다원주의에 영향을 미친 대표적 인물로 "정치적 평등은 노동단체의 견제력(countervailing power)에 의해서 가능하며, 자본의 압도적 힘을 견제하기 위해서는 정부가 노조의 조직화를 지원하는 데 합법적 권한을 적극 행사해야 한다"라고 본 갈브레이드(John Kenneth Galbraith)를 꼽고 있다. John B. Judis, *The Paradox of American Democracy: Elites, Special interests, and the Betrayal of Public Trust*, p.13.

30) Jeffrey M. Berry, *The Interest Group Society*(Brown & Company, 1984), p.29.

지역공동체의 활성화를 목표로 했던 이 프로그램은 애초부터 빈민 계층, 지역주민, 시민단체의 가능한 최대 참여를 지향하였다.[31)]

시민단체와 공익적 이익집단의 등장은 이익정치의 양상, 특히 로비와 캠페인 방식에 일대 전환을 가져왔다. 1970년대에 이르러 워싱턴에서 이루어지는 의회-기업-로비스트로 이루어진 폐쇄적 네트워크를 넘어서, 전국적 수준에서의 지지자 동원을 지칭하는 풀뿌리(grassroot) 로비와 캠페인이 일반적인 것으로 자리 잡게 되었다. 로비 방식에 있어서도 의회와 같은 한정된 목표에 자원과 인력을 집중하는 전통적 전술(the rifle tactic)에서 일반 시민을 대상으로 직접 메일, 공익광고, 항의 및 불매운동 등 다양한 자원과 의사소통을 통해 대규모로 전달하는 방식(the shotgun approach)으로 전환되었다.[32)]

둘째, 휴 헤클로(Hugh Heclo)가 제안하였던 이슈 네트워크나 헤인즈(John Heinz)의 '중심부재 정치공동체(hollow core)'가 지칭하는 더욱 개방적이고 다원적인 정책결정 과정이었다. 먼저, 헤클로는 철의 삼각동맹이나 하위정부는 "잘못되었다기보다는 너무 불완전한 개념"이라 비판하면서, 현실에서의 정책은 이러한 모델이 예상하는 것보다 더 다양한 정치적 관계를 맺고 있으며, 침투가능하고 유동적인 환경에서 형성된다고 주장하였다. 그에 의하면 이슈 네트워크는 다양한 배경을 가진 기술적 전문가들, 저널리스트, 행정가를 참여자로 하는 정책결정 기제였다.[33)] 워커는 이슈 네트워크가 현실화된 배경을 규제정책과 복지정책의 대두로 설명하고 있다. 왜냐하면, 환경문제의 공론화에 따른 규제정책

---

31) 같은 책, pp.32~34.

32) Ronald J. Hrebenar, Robert C. Benedict and Matthew J. Burbank, *Political Parties, Interest Groups, and Political Campaigns*(Westview press, 1999), p.221.

33) Hugh Heclo, "Issue Networks and the Executive Establishment," in (ed.) Anthony King, *the New American Political System*(Washington D.C: American Enterprise Institute, 1978), p.105.

과 복지정책의 입법화는 다수의 이질적인 참여자의 거래와 타협을 수반하는 것이었고, 이들 동맹들은 사회적 갈등에 민감하여 수시로 이합집산하면서 이전보다 상호침투가 가능한 개방된 체계를 가져왔기 때문이었다.[34] 헤인즈의 중심부재 정치공동체(hollow core) 역시 이슈 네트워크의 파편화된 상태를 강조하는 개념이다. 그는 정치적 유명 인사들과의 심층인터뷰를 통해 많은 이슈 영역에 걸쳐있는 지배적인 정책 행위자를 검증하려고 시도하였다. 그 결과 조사한 네 가지 이슈 영역 어디에서도 단일한 지배적 행위자들이 부재했으며, 특히 네 가지 영역 모두를 가로지르는 중심 행위자가 없다는 사실을 밝혀냈다.[35]

셋째, 이익집단의 형성에 미친 재단, 정부기관, 대기업이나 부호 등 후견인(large contribution)의 역할을 강조한 워커(Jack Walker)의 후원자(Patron) 이론이다. 워커는 1960년대와 1970년대에 급속히 증가한 이익집단의 수는 올슨이 강조하였던 선택적 유인이나 강제보다는 정부기구, 사적 재단, 개인적 출연 등 후원자(patronage)의 꾸준한 증가에 기인한다고 결론지었다. 그는 사례 연구를 통해 영리부문 집단의 34%와 시민단체의 89%가 어떤 형태든 후원자로부터 후원금(start-up money)을 받고 있으며, 시민단체들은 연간 재정의 35%를 후원자로부터 충당하고 있음을 밝혀냈다.[36] 이들이 이익집단의 출범에 필요한 개시재원(start-up fund)의 제공자로 등장하면서 공적 이익집단의 대거 등장과 함께 급속한 성장이 가능하게 되었다는 것이 워커의 후원자 이론의 골자이다. 워커의 후원자 이론은 집단의 형성은 개인적 수준의 변수에 의해서만 이

34) Jack L. Walker, *Mobilizing Interest Groups in America: Patrons, Professions, and Social Movements*(Ann Arbor: The University of Michigan Press, 1991), p.124.

35) John Heins, "Inner Circles or Hollow Core? Elite Networks in National Policy Systems," *Journal of Politics*, No.52(1990).

36) Jack L. Walker, *Mobilizing Interest Groups in America: Patrons, Professions, and Social Movements*, pp.51~60.

해될 수 없고, 중요한 것은 정부나 경제사회적 제도가 만들어 내는 인센티브, 제약, 기회임을 강조했다는 데 있다. 후원자 이론을 이 절에서 설명하고 있는 까닭은 후원자가 집단행동의 논리를 극복하고 일정 정도의 견제력을 형성하는 중요 요인으로 설정되어 있기 때문이다.[37]

3) 올슨(M. J. Olson)의 집단행동 이론

(1) 올슨과 이익연구의 패러다임 전환

1960년대에 이르러 이런 저런 비판에 시달리면서 영향력을 상실하고 있었던 다원주의 이론에 결정적 치명타를 가한 것은 올슨이었다. 집단행동의 딜레마를 다룬 그의 기념비적 저서 『집단행동의 논리』는 모든 잠재적 집단들은 압력시스템에 참여할 동등할 기회를 갖는다는 다원주의적 가설에 대한 엄중한 비판이었는데, 이 책의 출간으로 다원주의적 관점은 종말에 이르게 되었다.[38]

그의 문제의식은 간명했다. 무엇보다 연구의 초점을 집단의 형성에서 유지와 성쇠의 역동적 과정으로 전환해야 한다는 것이다. 그는 "최초의 다원주의자들이 집단이익을 위해 경제적 행동과 정치적 행동이 이루어진다고 하는 행위의 기본적이며 불가피한 성격을 밝힌 것은 높게 평가해야 하나 그들이 집단의 '형성, 성쇠 그리고 구성원의 교체를

---

37) 펑과 라이트는 견제력 이론을 거버넌스 영역으로 확장하여 발전시키고 있다. 그들에 따르면, 협력제도의 구체적 설계는 일반적으로 위험에 처한 정치과정의 결과이다. 견제력이 약하거나 존재하지 않는 경우 협력의 규칙들은 기득의, 이전에 조직된, 혹은 중앙 이익에 유리하기 쉽다. 또한, 협력의 공정한 규칙이 마련되어 있다 하더라도 견제형태의 권력이 기득 세력의 총체적 우위를 줄이지 않는다면, 이익의 상대적 격차는 오히려 더 확대될 것이다. Archon Fung and E. O. Wright, *Deepening Democracy: Institutional Innovations in Empowered Participatory Governance*, p.264 참조.

38) Frank R. Baumgartner and Beth L. Leech, *Basic Interest*, p.67.

과학적 정신에 의해 검증'하는 데 실패한 것은 비판받아야 한다"라고 자신의 문제의식을 분명하게 정리하였다.[39] 더욱 중요한 관찰은 전통적 다원주의자들이 집단의 형성과 활동을 설명하면서 집단이익, 집단 속성, 집단 압력의 중요성만을 강조했지 '개인의 이익과 동기'에 철저히 무관심했다는 평가이다. 올슨의 주장을 정리하면 다음과 같다.

첫째, 인간의 속성은 트루만이나 벤틀리가 전제했던 것처럼 사회적 동물이라기보다는 자기 이익을 최우선하는 합리적 개인(rational individual) 또는 이기적 물질주의자(egoistic materialist)이다.[40] 따라서 인간이 집단을 조직화하는 이유는 태도의 공유와 환경 변화에 대한 상호작용의 증대 때문이 아니라 회원들에게만 배타적으로 부여되는 선택적 인센티브(selective incentive) 때문이다. 올슨은 인센티브를 둘로 나누어 설명하는데, 하나는 조직의 회원에게만 배타적으로 귀속되는 선택적 인센티브이고 다른 하나는 회원 여부와 상관없이 모두에게 귀속되는 집단적(collective) 인센티브이다. 올슨은 선택적 인센티브의 중요한 두 가지 속성을 회원에게만 수혜를 제공하는 배제가능성(excludability)과 자원의 한정성에 따른 경쟁적 소비(rivalrous consumption)로 꼽고 있다.

둘째, 선택적 인센티브의 제공은 무임승차자(free rider) 문제를 해결해 주고, 집단 규모에 따른 조직화의 성패 요인을 설명해 준다. 올슨은 이익과 집단을 동일시하는 전통적 집단 이론의 커다란 문제점 중 하나로 명백히 이익을 공유함에도 집단에 가입하지 않는 무임승차자의 존재를 도덕적으로 비난하거나 막연하게 조직화 가능성을 예측할 뿐 과학적으로 해명할 수 없다는 점을 지적하고 있다. 그는 조직화나 로비에 수반되

39) 맨슈어 올슨, 『집단행동의 논리』, 153쪽.

40) Paul A. Sabatier, "Interest Group Membership and Organization: Multiple Theories," Mark P. Petracca, *The Politics of Interests: Interest Group Transformed* (Boulder: Westview Press, 1992), p.192.

는 비용(cost)을 지불하지 않으면서도 과실(benefit)을 거두려는 무임승차자의 발생은 인센티브의 성격, 즉 집단재(collective goods)의 성격에 기인한다고 보았다. 즉, 조직이 커지면 커질수록 조직화 비용이 증대되는 반면 개인이 받는 집단행위에 대한 보상과 이익은 더욱 적어진다는 것이다. 즉, 집단재의 성격, 회원 여부와 상관없이 수익을 분배받을 수 있고, 또는 수혜 대상이 너무 많아 분배 몫이 너무 경미하다는 점 때문에 조직화가 이루어지기 어렵다는 것이다. 이러한 사례로 올슨은 소비자, 납세자, 빈곤자, 실업자 조직을 들고 있는데, 이러한 집단들은 공동의 이해관계가 있지만 협동할 유인을 제공하는 선택적 유인의 원천이 없기 때문에 '잊혀진 집단', '소리 없는 사람들'로 남게 된다는 것이다. 이와는 대조적으로 전문 직능 단체의 경우 전문 직업인 수의 제한성과 선택적 유인의 수월한 제공 때문에 조직화가 가장 용이하다고 한다.[41)]

셋째, 올슨은 현실적으로 존재하는 대규모 이익집단을 설명하기 위해 부산물(by-product) 이론을 고안하였다. 부산물 이론을 통해 올슨은 대규모 경제 집단, 즉 노동조합, 직능단체, 농민단체의 로비 활동을 설명했는데, 그에 따르면 이들 집단의 로비는 선택적 인센티브를 제공하고 그것을 동원할 수 있는 능력을 갖춘 조직의 부산물이라는 것이다. 예를 들어 미국의사협회(AMA)의 정치적 로비활동은 선택적 인센티브를 제공하는 다른 조직 활동의 부산물이다. 그는 AMA가 회원에게만 제공하는 비집합적 혜택으로써 의료분쟁 소송에 대한 방어 체제, 전문적 의료잡지의 발행, 교육적인 목적의 연수와 회의 개최 등을 열거하고 있다. 같은 장에서 올슨은 포괄성과 응집력을 갖춘 기업 조직을 특수이익 이론으로 설명하고 있다. 그는 일반인들의 이해와 달리 실업 단체가 갖는 고도의 조직화와 막강한 권력은 엄청난 수를 아우르는 통일성

41) 맨슈어 올슨, 『국가의 흥망성쇠』, 최광 옮김(한국경제신문사, 1990), 68~69쪽.

때문이 아니라 실업계가 일련의 업계로 분할되어 각각 극히 소수의 기업만을 포함하고 있다는 사실에 의거한다고 주장하였다. 각 업계의 기업 수가 특권적 집단을 구성할 정도이지 중간적 집단을 구성할 만큼 많은 것이 아니며, 업계 조직들은 항상 자발적으로 조직을 형성할 수 있을 만큼의 소집단 상태를 유지하고 있다는 것이다.[42]

이러한 올슨의 연구는 이익집단 연구의 새로운 경향을 몰고 왔다. 올슨 이전의 연구들이 권력과 영향력의 측정에 집중했다면 올슨 이후의 연구들은 다원주의자들이 무시했던 집단행동과 동원 및 유지로 관심을 전환하였다. 1965년을 기점으로 로비와 같은 외향적 집단 활동(external group activity) 대(對) 선택적 인센티브의 제공과 그 효과를 분석하는 내부의 집단 활동(internal group activity)을 다루는 논문의 비중이 역전(27:2에서 27:34)되었다는 사실에서 올슨 이론의 영향력을 확인할 수 있다.[43]

(2) 솔즈베리의 교환 이론

솔즈베리(Salisbury)는 두 가지 점에서 올슨의 집단 이론을 발전시켰는데, 첫째는 기획가(entrepreneur)라는 개념을 고안함으로써 올슨이 설명하지 못했던 이론적 한계, 즉 집단행동의 딜레마를 극복하기 위해 필수적인 선택적 유인을 누가 어떻게 제공하는가를 설명해 주었다.[44] 그는 '이익집단의 교환 이론'에서 기획가들이 잠재적 회원에게 선택적 인센

---

42) 맨슈어 올슨, 『집단행동의 논리』, 166~183쪽.

43) Frank R. Baumgartner and Beth L. Leech, *Basic Interest*, pp.65~66.

44) 경제모델에서 기획력이나 지도력은 생산과정의 한 요소로 취급되지만 정치모델에서 이익집단 연구자들은 이 용어(entrepreneur)를 잠재적인 선호를 식별(discern)하고 전에 조직화되지 못했던 개인들을 동원하는 사람을 지칭하는 것으로 사용한다. Scott H. Ainsworth, *Analyzing Interest Politics: Group Influence on People and Policies*, p.39.

티브를 제공함으로써 비로소 집단이 형성된다고 주장하였다.[45] 즉, 그의 입장은 신생집단의 처음에는 리더십의 영향력을 더욱 강조해야 한다는 것이다. 솔즈베리는 이익집단의 흥망성쇠를 분석하면서 사람들에게 가입할 의사와 동기를 적극적으로 부여해 주는 조직자 혹은 활동가들이 수행한 역할을 강조하였는데, 이러한 집단 조직가를 기획가로 명명하였다. 그는 이러한 이익집단의 건립 기획자들을 기업이 출발할 때 위험을 기꺼이 감수하는 기업가에 비유하고 있다.[46]

또 하나의 기여는 인센티브의 유형을 체계화함으로써 선택적 인센티브 개념을 확장하였다는 점이다. 올슨적 관점(Olsonian Perspective)에서 회원 충원에 있어 가장 중심적 요소는 물질적 유인이었기 때문에 비경제적 집단들은 불리한 상황에 직면할 것으로 가정되어 왔다. 솔즈베리는 클락과 윌슨의 논의를 빌어, 이익집단은 회원 유인의 더 다양한 기제를 갖고 있음을 해명하였다. 클락과 윌슨은 회원의 이익(benefits)을 세 가지로 유형화하였는데, 첫째는 친목단체처럼 연대의식과 공동체 정서의 함양(solidary benefit)이며, 둘째는 공익적 시민운동처럼 대의명분이나 보편적 가치(purposive benefit)이고, 셋째는 목전의 물질적 보상(material benefit)이다.[47] 솔즈베리는 이러한 유형화를 발전시켜 물질적(material) 유인, 연대적(solidary) 유인, 표출적(expressive) 유인으로 정립하였다. 그에 따르면, 물질적 유인은 개인과 집단이 얻는 가시적 보상인데, 유무형의 정보, 기관지와 소식지(newspaper & newsletter), 직접적 서비스 등이 여기에 해당된다. 이 중 가장 중요한 것은 회원들에게 직접적으로 혜택을 주는

---

45) Robert H. Salisbury, "An Exchange of Interest Groups," *Midwest Journal of Political Science*, No.13(1969).

46) Jeffrey M. Berry, *The Interest Group Society*(Brown & Company, 1984), p.70.

47) B. Peter Clark and James Wilson, "Incentive Systems: A Theory of Organizations," *Administrative Science Quarterly*, Vol. 6(Clark and Wilson, 1961).

공공 정책상의 변화이다. 표출적 유인은 물질적 보상이 아니라 명분(cause, philanthropic)에의 복무이며, 부모·교육·소득·학교의 사회화 과정 등에 영향을 받는다. 참여와 관여로 얻는 혜택은 적어도 사회를 개선하는 데 기여했다는 만족감이다. 연대적 유인은 비슷한 심성을 가진 동료들이 집단적 투쟁을 할 수 있도록 유도하는 동료의식과 연대감이며, 전미베트남참전용사회가 대표적이다.[48)]

정리하자면, 솔즈베리의 교환 이론은 트루만의 자동적(automatic) 조직 형성 이론의 명시적 거부에서 시작되어 올슨 이론의 기본적 수용·확장으로 발전하고 있다. 여기에서 교환의 주체와 내용은 참여 회원의 회비와 물질적·연대적·표출적 이익을 제공하는 기획가이다. 혁신적 기업인(CEO)의 이미지와 유사한 집단의 기획가(entrepreneurs)들은 기꺼이 위험을 감수하는 대신 사회적 명성과 안정된 일자리를 인센티브로 얻는다.[49)]

그의 이론의 장점은 이익집단 이론에서 간과되어 왔던 리더십의 역할을 주목하였다는 데 있다. 전국 수준에서 활동하였던 공익적 이익집단(83개)의 기원에 관한 한 연구에 따르면, 트루만의 교란 이론이 적합한 경우는 24개에 불과하지만 솔즈베리의 교환 이론이 강조하였던 기획가(entrepreneur)의 노력의 결과로 볼 수 있는 경우는 55개나 된다는 것이다.[50)]

(3) 합리적 선택 이론

솔즈베리의 교환 이론은 이익집단 활동의 대부분은 공공정책에 대한

---

48) Robert H. Salisbury, *Interests and Institutions: Substance and Structure in American Politics*(Pittsburgh: University of Pittsburgh Press, 1992).

49) Paul A. Sabatier, "Interest Group Membership and Organization: Multiple Theories," p.106.

50) Jeffrey M. Berry, *Lobbying for the People*(Princeton University Press, 1977). p.24.

영향력 행사와는 무관하게, 집단의 형성과 유지와 관련된 내부의 이익 교환 과정에 치중하고 있다는 점을 폭로하였다는 점에서 냉철한 이론으로 평가받을 수 있다. 때로는 올슨과 마찬가지로 과도할 정도로 자기 이익과 사업에 집중하는 지도자 상을 묘사함으로써 공익적 이익집단을 설명할 수 없다는 비판을 받기도 하였다.

그러나 그 영향력은 랄프 네이더와 같은 기획가(entrepreneur)의 역할이 부각되는 등 리더십의 중요성이 강조되면서 지속적으로 이어지고 있다. 가장 대표적인 연구자는 게임 이론을 접목시켜 전략적 선택 이론으로 발전시킨 에인즈워스이다. 그는 기획가들이 세 가지 활동을 통해 집단행동 문제를 해결하는 데 기여한다고 주장하고 있다. 이익집단의 기획가들은 첫째, 회원들에게 재화와 이익의 교환을 지도(direct)하며, 둘째, 연구자들이 협력문제(coordination problem)라고 부르는 것을 해결할 정보를 제공하며, 셋째, 정부 관료와의 의사소통이 필요한 일반 회원들을 위해 대행자(agent)로서 활동할 수 있다는 것이다. 에인즈워스가 특히 강조하는 것은 둘째와 셋째, 즉 기획가들이 수행하는 소통과 리더십의 역할이다. 먼저, 기획가들은 정부의 두 가지 오류를 최소화하는 데 기여함으로써 참여자(player)들의 협력 가능성을 발생시키고 게임이 최적의 결과(optimal outcomes)를 낳을 수 있도록 기여한다. 구체적으로, 그들의 단체 결성 활동은 공공재의 공급이 너무 극소수의 사람만을 유리하게 하는 경우와 반대로 많은 사람들이 이익을 얻을 수 있음에도 불구하고 공공재가 전혀 공급되지 않는 경우에 집중되기 때문이다.[51]

기획가 이론의 주장은 다음과 같이 정리될 수 있다. 먼저, 현대 이익정치에서 집단 기획가의 능력은 점점 더 중요해지고 있다. 왜냐하면,

---

51) Scott H. Ainsworth, *Analyzing Interest Politics: Group Influence on People and Policies*, pp.41~49.

기획가들은 조직되지 않은 사람들, 분산되어 있고 유약한 사람들을 조직하기 때문이다. 이익은 이익집단 사회의 기본 요소(building block)지만 그것만으로는 부족하다. 맥아담(Doug McAdam)의 말대로, 궁극적으로 쓰임새를 결정하는 것은 자원(resources)이 아니라 사람(people)이기 때문이다.

4) 자원, 구조, 그리고 맥락적 설명 (resource, structure and contextual explanation)

올슨의 이론이 전성기를 달렸던 바로 1960년대와 1970년대에 많은 미국의 사회운동 단체들이 집단행동의 엄청난 장애물을 딛고 성공하였다는 사실은 대단히 역설적이다. 이런 사실에 착목하여, 올슨의 한 세대 이전 학자들은 개인의 동기를 무시하였고, 한 세대 이후 연구자들은 사회적 맥락의 문제를 소홀히 하였다는 성찰이 뒤따랐다.[52] 이후 이익집단 이론에서는 개인과 집단에 미치는 구조와 맥락을 강조하거나, 사회학 영역에서 발전되어 온 자원동원이론을 적용하려는 시도들이 줄을 이었다. 아무튼 이러한 시도들의 공통점은 개인적 동기와 사회적 맥락을 결합하려는 데 있었다.

(1) 제도주의적 접근

먼저, 이익 집단의 형성과 활동을 촉진하는 정치사회적 구조와 맥락적 요인(contextual factor)을 강조하는 제도주의적 이론들이 두드러진 성과를 내면서 등장하였다. 베리는 정당 쇠퇴와 이익집단의 번성을 제도적 요인으로 설명하고 있는 대표적 학자이다. 그에 따르면, 현대 정당은

---

52) Frank R. Baumgartner and Beth L. Leech, *Basic Interest*, p.79.

다수 연합을 형성하기 위해 다소 모호한 관점을 내세우고 중간자적 입장에서 이념적 요소를 탈색하여 온 투표 극대자(vote maximizer)인 반면 이익집단이나 시민운동은 특정 이슈에 집중될 때 더 많은 지지자와 회원, 그리고 여론의 관심을 유치하는 정책 극대자(policy maximizer)라는 것이다. 수백 가지의 이슈와 이해관계 집단을 아우르는 대중 정당에 비해 이익집단은 특정 목적을 추구하는 데 더욱 적극적이고 효과적이다. 특히 유권자의 다양한 정치적 선호를 반영하기 어려운 양당제와 단순다수 선거제도가 그러한 시도를 촉발시키는 구조적 원인 중 하나로 지적되고 있다.[53)]

페트라카는 1970년대에 들어 권력분산을 가져온 의회 구조의 변화가 시민단체를 비롯한 이익집단의 분출을 가져왔다고 설명하고 있다. 그는 소위원회와 청문회가 번성함으로써 관련 상임 위원회와 의장의 전통적 권한이 상실되었고, 이러한 의회권력의 분권은 이익집단의 영향력 행사를 자극하였을 뿐만 아니라 필요한 정보수집, 전문성의 축적, 정치적 지지에 있어서 이익집단의 영향력에 의존하게 만들었다고 보고 있다.[54)] 훌라(Kevin W. Hula) 역시 워싱턴에서 왜 지배적인 로비 기술로서 동맹 전략(Lobbying Coalitions)이 선택되어지며, 그것이 정책과정에 참여하고 있는 개별 대표체에는 어떤 영향을 미치고 있는가를 설명하는 데 제도주의적 접근을 취하고 있다. 그가 도달한 결론은 정치적 합의를 만들어내는 빌딩 블록으로서 로비 동맹은 '파편화되고 분자화된 미국의 정치 시스템이 만들어낸 결과'라는 것이다. 훌라는 헤클로(Hugh Heclo)의 이슈 네트워크(issue network)나 헤인즈(John Heinz)의 중심부재의 정치공동체 개념은 이슈와 네트워크를 따라 개인과 집단의 자유로

---

53) Jeffrey M. Berry, *The Interest Group Society*(Brown & Company, 1984), pp.54~58.

54) Mark P. Petracca, *The Politics of Interests: Interest Group Transformed*(Boulder: Westview Press, 1992), p.25.

운 이동을 전제하는 이익집단의 상호작용에 대한 비구조 이론(non-structure theory)이라고 명명하였다. 이것이 함의하는 바는 정책 영역 속에서 정치적 행동을 조절할 중심적 행위자가 부재하기 때문에, 동맹의 활용이 로비스트들에게 무엇보다 중요한 과제가 될 것이라는 점이다.[55)]

베리와 훌라가 정치구조를 이익활동의 규정적 요인으로 강조하였다면, 노크(Knoke)와 맥팔렌드(McFarland)는 사회적 규범과 문화의 영향력을 주목하고 있다. 먼저, 노크는 올슨의 연구가 불완전하게 된 연유를 맥락적 요인을 무시한 채 내적 요인(internal factor)만을 강조한 것에서 찾고 집단행동이 발생하는 구체적 환경을 천착해야 한다고 제안하였다. 그의 논지는 집단행동의 상황은 지속적인 관계 속에서 일어나며, 그러한 과정을 통해 사람들은 집단행동의 딜레마를 극복할 자원으로써 호혜와 협력의 규범을 발전시켜 나간다는 것이다. 그는 장애극복의 원인으로써 정치제도, 행위자 사이의 협력 관계를 지속시키는 사회적 규범, 지도력 등을 꼽고 있다.[56)]

멕팔랜드의 유사(spurious) 다원주의 개념 역시 규범과 맥락의 중요성을 강조한다. 그는 소비에트 기업과 미국의 산림국(Forest Service)의 사례 분석을 통해 독점적 상황의 발전을 허용하지 않는 견제력(countervailing power)이 얼마나 중요한지를 보여주고 있다. 그에 따르면, 두 사례 모두 서류상으로는 상당한 정도의 권력 분산을 보여주고 있지만, 각 제도 안에서 실질적으로 작동하는 강력한 규범(미국의 다원주의 대 러시아의 중앙집권주의)이 협상과 교섭의 본질을 제약한다는 것이다. 소비에트 기업의 경우 법적 제도적 규정으로는 중요한 결정이 다양한 영역의 행위자들에 의해 영향을 받는 것으로 보이지만 실질적으로는 당과 관료에 의해

55) Kevin W. Hula, *Lobbying Together: Interest Group Coalitions in Legislative Politics*(George Town University Press, 1999), pp.8~11.

56) David Knoke, *Organizing for Collective Action*(New York: Aldine de Gruyter, 1990).

강력하게 통제되었고, 어떤 이슈들은 의제로 채택조차 되지 못하였다고 한다.

끝으로 윌슨은 비교의 관점에서 미국의 경제적 이익집단은 취약하며, 정부에의 영향력 행사에 있어서도 심각한 장애를 안고 있다는 뜻밖의 주장을 펼치고 있다. 그는 그 이유로 낮은 회원 가입률, 분절화, 이익집단에 대한 제한된 합법성만을 부여하는 정치문화 등을 들고 있다. 그가 무엇보다 강조하고 있는 요인은 정치구조의 분절화(fragmentation)이다. 그는 경제적 이익집단이 강력한 국가들의 공통점으로 강력한 산업정책과 소득재분배 정책을 들고 있는데, 미국의 경우 정부개입을 불법적인 것으로 인식하고 자본주의와 개인주의에 절대적 신뢰를 보내는 사회문화로 인해 정부제도 내의 강력한 제도적 분절이 발생하였다고 한다. 아울러, 의원들로 하여금 재선을 위해서는 자신들의 주나 지역의 경제적 이익을 증진시키는 것을 적극적으로 만드는 정치구조(local politics) 역시 전국적 수준에서의 경제적 이익집단의 영향력을 약화시켰다고 설명하고 있다.[57]

(2) **선호기반 이론과 자원 이론**

집단의 선호와 추구하는 가치가 집단행동의 구체적 전략을 결정한다는 이론이다. 선호기반 이론(preference-based argument)의 논지는 "이익집단의 정치적 전략을 결정하는 것은 자원을 동원하는 데 이익집단이 갖고 있는 비교우위가 아니라 집단의 선호"라는 것으로 요약할 수 있다. 그러한 주장에 따르면 더 보수적인 정책선호를 갖고 있는 집단은 현상유지를 옹호하는 정치 전략을 선택하는 반면 변화 지향적 시민단체들

57) Graham K. Wilson, "American Interest Groups in Comparative Perspective," Mark P. Petracca, *The Politics of Interests: Interest Group Transformed*(Boulder: Westview Press, 1992), pp.83~85.

은 현상변경 전략을 선택할 것이다.[58)]

이와 유사한 것으로는 집단행동의 기제로서 가치와 신념을 중시하는 헌신 이론(commitment theory)이 있다. 이 이론은 경제 집단이든 명분 집단이든 대부분의 회원들은 회원가입의 더 중요한 동기로써 올슨이나 솔즈베리가 강조했던 선택적인 물질적 이익보다 집단재 성격을 갖는 정치적 이익에의 기여를 더 중요하게 인식한다는 것이다. 이 이론에서는 좋은 정책에 대한 신념(collective benefit)이 정치참여의 중요한 동기이며, 참여과정에서 나타난 헌신의 증가가 잠재적 회원(potential member)에서 회원(member)으로, 회원에서 지도자(leader)로 진화시킨다고 본다.[59)]

선호나 가치 이론과 정면으로 대립하는 것은 자원 이론(resource theory of interest group choice)이다. 자원 이론은 선호기반 이론이 특정 단체가 특정 선호를 갖게 된 원인을 설명하지 못한다고 비판하면서, 집단의 선호는 회원 기반과 자원의 우위에서 유래되었다고 설명하고 있다. 이 이론을 옹호하고 있는 거버의 문제의식은 대단히 흥미롭다. 그녀는 기업 등 기득 집단에 대한 민중적 견제(popular balance)를 위해 고안된 직접 입법(direct legislation)이 점차 부유한 이해 집단이 자신들이 선호하는 정책을 관철하는 수단으로 전락되었음을 의미하는 '민중주의의 역설(populist paradox)'이 타당한 테제인지를 검증하고 있다. 그녀가 도출한 결론은 두 가지이다.

첫째는, 경제적 이익집단의 한계, 즉 직접적이든 간접적이든 직접 입법과정에서 기업 집단의 정책변경 능력은 대단히 제약된다는 점이다. 그녀의 관찰에 의하면, 경제적 이익집단이 입법발의와 직접투표로서 새

58) Elizabeth R. Gerber, *The Populist Paradox: Interest Group Influence and The Promise of Direct Legislation*, p.10.

59) Paul A. Sabatier, "Interest Group Membership and Organization: Multiple Theories," p.108.

로운 법을 통과시키기 위해서는 극복해야 할 중요한 장벽이 존재하는데, 가장 큰 장애물은 선거에서 유권자의 다수 지지를 얻어내는 것이다. 바로 이러한 난점 때문에 경제적 이익집단은 직접입법을 통한 영향력 행사(direct modifying influence strategy)를 그 어떤 전략보다 고비용의 옵션으로 간주하게 되었고, 새로운 발의안의 입법을 저지하는 데 자원과 역량을 집중한다는 것이다. 둘째는, 시민단체의 압도적 우위 현상, 즉 여전히 시민단체들은 직접 입법을 통한 영향력 행사에 비교우위를 갖고 있다는 점이다. 그녀는 경험적 자료를 통해 시민단체들이 현행법 고수와 같은 현상유지 전략보다는 신규나 대체입법에 더 많은 재정적 자원을 집중하는 경향이 있으며, 실제로 이러한 시도들은 경제적 이익집단보다 훨씬 성공적이었음을 입증하고 있다.[60)]

민중주의의 역설을 검증하는 데 거버의 결론은 직접입법과정에서 돈과 영향력을 동일시하는 것은 오류(big spending≠big influence)라는 것이다. 앞서 설명한 것처럼, 시민단체는 선거에서 다수 지지자 연합을 구축하는 데 필요한 인적 자원을 갖고 있기 때문에 직접 발의나 신규 입법을 통과시키는 공세적 전략을 채택하는 반면 그러한 자원을 갖고 있지 못한 경제적 이익집단은 저지와 방어를 위한 반대 캠페인에 상당한 재정적 자원을 사용하고 있다는 것이다. 이러한 대비를 통해 그녀가 전하고자 하는 바는 이익집단의 행동 패턴과 전략을 규정하는 원천은 집단이 보유한 자원이라는 것이다.

---

60) Elizabeth R. Gerber, *The Populist Paradox: Interest Group Influence and The Promise of Direct Legislation*, pp.134~144.

3. 이익정치의 구조와 성격의 변화

1) 첫 번째 쟁점: 변화 주기에 관한 가설

미국의 이익집단 정치는 시대에 따라 변화하는 양상을 보여왔다. 어느 시대에는 자유를 증진하고 개인과 집단의 이익을 고무하기 위해 결사체 민주주의의 필수적 요소로 권장되었지만 또 다른 시대에는 이질적이고 약탈적인, 정치체제의 종기로 비난받았다.[61] 대중의 인식 또한 시대별로 상이한 양상을 나타내고 있다. 1983년 갤럽의 조사에 의하면, 미국인의 절반 정도(45%)가 이익집단을 자신들의 정치적 요구를 가장 잘 대표하는 제도로 선택하였는데, 정당을 선택한 응답률(34%)과 비교해 볼 때 미국인들이 상대적으로 이익집단을 더 신뢰하고 있음을 알 수 있다.[62] 반면 1992년에 실시된 또 다른 조사에 의하면, 절반에 이르는 응답자들이 미국 민주주의의 가장 큰 결점으로 정부로부터 부당한 특혜를 얻어내는 특수 이익과 로비 집단을 지목하여 정반대의 양상을 보여주고 있다.[63]

이 방면의 고전은 역사의 순환주기(cyclic alternation)설을 제창했던 슐레진저(Arthur M. Schlesinger)이다. 순환주기 이론은 미국 역사는 소수 지배에 대한 우려의 시기와 다수의 잘못에 대한 근심의 시기가 교차해 왔다는 것이 핵심이다. 그에 따르면 1901~1918년까지는 좌파와 진보가 지배하였던 자유주의 시대였고, 1920년대(1918~1931)는 우파가 우세하였던 보수주의(conservative) 시대였으며, 1932년 이후는 다시 뉴딜로 상징되는 자유주의 시대라는 것이다.[64]

---

61) Daniel T Rodgers, *Contested Truths*(New York: Basic Books, 1987), p.182.

62) Mark P. Petracca, *The Politics of Interests: Interest Group Transformed*, p.26.

63) E. Charles Lindblom & Edward J. Woodhouse, *The Policy Making Process*, p.73.

슐렌진저의 순환 이론을 이익집단 연구에 접목시킨 것은 맥팔렌드인데, 그는 이익집단에 대한 대중적 인식과 태도가 시대에 따라 변화하고 있음을 보여주었다. 그에 따르면 1900년대, 1930년대, 1960년대는 정치개혁에 관심이 있는 공익적 시민단체가 확산되었던 공적 활동(public action)의 시기였다고 한다. 한편, 1890년대, 1920년대, 1950년대, 1980년대 등은 사적 활동(private action)의 시기에 해당된다고 보았다. 이 시기는 기업의 번영을 지향하는 정치적 이데올로기가 경제적 이익집단의 부활을 뒷받침하였던 시기였다. 한스 모겐소는 이러한 시대적 경향을 신봉건주의(new feudalism)라고 비난하기도 하였다. 나머지 시기는 어느 한 방향으로의 진입을 준비했던 이행기(transition)이며, 두 시기 간의 순환은 이익집단에 대한 대중들의 태도와 반응의 변화를 촉진하였다는 것이다.

페트라카는 이익집단에 대한 미국인들의 이중적 태도와 그것의 변화를 변화(shift) 가설과 공존(co-existence) 가설로 나누어 설명하고 있다. 먼저 변화 가설은 진보주의 시대와 1920년대 후반 사이에 대중들의 태도에 실질적 변화가 발생하였다는 것이다. 즉, 1930년대에 이르면, 적어도 학문세계에서는 이익집단에 대한 우려보다는 그것들을 억제하거나 통제할 수 있다는 낙관적 희망이 대세를 이루게 되었다는 것이다. 이 시기에 이르러 "이익은 더 이상 정치체제와 낯선 것이 아니다. 이익집단의 언제 끝날지 모르는 격렬한 경쟁이 정치의 본질로 자리 잡았다"라는 진술이 보편적 인식으로 수용되었다.[65] 다른 하나는 공존 가설이다. 이 가설에서는 미국인들의 정치적 심리의 기저에는 이익집단이 정치체제에서 행사하는 영향력에 대한 근심(파당의 해악에 대한 경계)과 정치적

---

64) John B. Judis, *The Paradox of American Democracy: Elites, Special interests, and the Betrayal of Public Trust*, p.60.

65) Daniel T Rodgers, *Contested Truths*, p.211.

대표의 과정에서 수행하는 역할에 대한 긍정성(민주정부의 필수불가결한 요소)이 모순적으로 내면화되어 있다는 것이다. 공존 가설은 어느 시기 특정 이론이 지배적인 것은 인식의 변화가 아니라 동시에 공존하는 흐름 중 어느 하나가 상대적으로 우세한 담론으로 나타나게 된 결과로 해석하고 있다.[66]

2) 두 번째 쟁점: 시민단체와 로비의 분출

(1) **시민단체의 급증**(advocacy explosion)

오늘날 세계적 차원에서 다양한 이유에 의해 촉발된 NGO의 급증은 19세기 민족국가의 등장에 견줄 만한 또 하나의 변혁, 즉 결사체 혁명으로 명명되고 있다.[67] 그렇지만 이익집단 연구에서는 이미 20년 전에 시민단체의 급증(advocacy explosion) 현상에 주목하였고,[68] 그것이 야기한 이익정치의 구조적 변화에 대해 뜨거운 논쟁이 제기된 바 있다.

먼저, 시민단체의 폭발(advocacy explosion)이 실제로 발생하였는지를 살펴보자. <표 2-1>는 1959년과 1995년의 결사체의 유형별 비중의 추이를 나타낸 것이다. 가장 두드러진 것은 사업자단체의 비중이 눈에 띄게 낮아졌다는 점이다. 1959년의 상황은 사업자단체가 압도적으로 지배적이었지만 1995년에는 다양하게 분산된 분포를 보여주고 있다. 그러나 더욱 중요한 것은 비영리(NPO) 섹터의 비중이 급증하였다는 점이다. 의료·사회복지·문화·교육·공익·종교 등 비영리 섹터의 비중은 1959년의 31%에서 1995년에는 59%로 증대되었다.

---

66) Mark P. Petracca, *The Politics of Interests: Interest Group Transformed*, pp.8~9.

67) Michael Edwards & David Hulme, *Beyond the Magic Bullet: NGO Performance and Accountability in the Post-Cold War World*(Kumarian Press, 1996), p.2.

68) David Knoke, *Organizing for Collective Action,* p.15.

〈표 2-1〉 유형별 결사체 비율의 추이

	1959(N=5843)	1995(N=23298)	증감
사업자단체(trade)	39	18	-18
농업	6	5	-1
법	3	3	0
과학	5	6	1
교육문화	10	14	4
사회복지	4	8	4
의료	7	10	3
공익(public affairs)	2	9	7
윤리	2	2	0
종교	5	5	0
제대군인	2	3	1
노동	4	1	-3
기타	11	16	5

자료: Frank R. Baumgartner and Beth L. Leech, *Basic Interest*, p.110.

〈표 2-2〉 유형별 단체 분류

	1960년	1995년	변동율(%)
영리부문	217(44%)	326(38%)	47
비영리부문	174(35%)	281(33%)	65
시민단체	72(15%)	206(24%)	180
혼합(Mixed)	31(6%)	50(6%)	73
계	494(100%)	863(100%)	75

자료: 같은 책, p.111.

<표 2-2>는 특히 비영리 섹터의 증가 가운데 시민단체의 성장률이 가장 높았음을 잘 보여주고 있다. 사업자단체를 비롯한 영리부문의 단체 수는 동 기간 동안 47%가 증대되었지만 시민단체(Citizen groups)는 무려 180%가 증대되었다. 비중 역시 1960년에는 전체 단체의 15%에 불과했지만 1995년에 이르면 전체 단체 수의 24%를 차지하고 있다.

그렇다면 1960년대에 이르러 시민단체가 갑자기 급증한 원인은 무엇일까? 먼저, 베트남전을 계기로 반전·환경·인권·소비자 문제 등이 성공적으로 부각되었다는 점을 들 수 있다. 미국의 민주주의와 시민사회의

부활에 결정적 역할을 한 1960년대의 사회운동은 여론조성을 통한 입법과정의 영향력 행사를 목표로 하였으며, 특수 이익의 실현이나 직업적 이해관계가 아닌 시민적 열망과 공익을 대변하였다. 동시에 정부의 공공 영역에서도 의미 있는 변화들이 발생하였다. 대표적인 것이 린든 존슨 대통령이 공약으로 제시했던 위대한 사회(The Great Society) 슬로건인데, 이 구호는 새로운 시민참여 프로그램으로 제시된 1964년 「경제활동법」으로 구체화된다. '빈곤과의 전쟁'으로 명명된 이 프로그램을 통해 중앙 정부는 지역공동체 활성화를 목표로 지방 정부에 다양한 지원 조처를 시행하였고, 특히 빈곤한 계층들의 자발적 참여를 적극 유도하였다. 특히 환경과 노동 분야의 공익적 시민운동은 포괄적인 기업 규제조치들을 주도하기 시작하였다. 1970년대에 들어 이러한 진보적 흐름에 대한 조직적 반응은 여러 방향에서 표출되었다. 먼저, 낙태반대와 교내 예배 허용 등 단일 이슈에 집중하는 신보수주의(the New Right) 세력들이 등장하기 시작하였다. 보수 세력들은 지난 10년 동안 소수자의 권익을 대변하였던 시민인권조항(civil right act)과 위대한 사회 프로그램 등이 다수를 차지하는 자신들의 이익을 무시하였으며, 특히 북부 베트남에 대한 총력적 군사행동을 전개하지 않은 데 대해 불만을 표출하였다. 다른 하나는 규제강화와 반기업적 여론에 맞서기 위한 기업을 중심으로 한 특수 이익의 조직화이다(Business Fights Back). 진보의 1960년대를 경과하면서 기업들은 지난 10년간 기업 활동에 영향을 미친 중요한 아젠다는 기업이 아니라 기업에 적대적인 시민단체와 정당이 주도해 왔음에 분노했다. 따라서, 환경보호, 직업상의 건강과 안전, 소비자 보호, 에너지 규제 등 이러한 영역에서 중대한 조치들의 입법을 좌절시키거나 적어도 덜 위협적인 것으로 만들고자 하였다. 이러한 시도를 잘 보여주는 상징적 사건이 200여 개의 가장 큰 기업의 CEO로 구성된 '全美 기업인 원탁회의(Business Roundtable, 1972)'의 설립이다. 이들은 대중적 지지를 얻기 위해 자유기업 체제의 장점과 덕목을 홍보하고 교육하기 위해 보수적 시민단체의 지원에 적극적 투자를 아끼지 않았으며 개별 산업의 문제가 아니라 노동법 개정과 같은 보편적 기업 이슈를 대변하는 데 주력하였다.[69]

시민단체, 더 포괄적으로 이익집단의 급증을 가져온 또 하나의 원인은 정당의 쇠퇴에 있다. 통상 정당과 이익집단의 관계는 역의 관계(inverse relation)라는 것이 보편적이다. 달은 이미 후기 산업사회에 이르러 정당은 점차 시민의 동원과 통합에 실패하였고, 시민들의 소외감과 좌절감이 정당이 아닌 이익집단을 향하고 있다고 설명하면서 '정당이 약할 때 이익집단이 강력해진다'는 역 관계 명제를 제시하였다.[70] 1920년대 이익집단 정치의 번성은 반정당적인 진보개혁주의자의 성공에 근거한 것이라는 주장도 제기되었다. 왜냐하면, 이 시대(Progressive ages)에 단행된 직접민주주의 조치들, 직접입법(initiatives), 주민투표(referenda), 주민소환(recalls) 등은 권력을 정당에서 강력한 이익집단으로 이전시켰기 때문이다. 강력한 이익집단은 직접 민주주의 조치를 활용함으로써 자신들이 원하는 대로 법을 제정하였고 정당과 주 정부의 개입과 규제를 우회, 회피하여 왔다.[71] 이러한 역 관계 테제를 입증하는 가장 일반적 사례로 정당정치가 약하기로 소문났지만 미국의 가장 강한 이익집단 시스템을 자랑하는 캘리포니아가 인용되고 있다.[72]

이제 더욱 중요한 문제, 시민단체의 급증이 이익정치의 성격에 어떤 영향을 미쳤는가를 살펴보자. 시민단체의 이익활동에 영향을 미친 중요

---

69) Jeffrey M. Berry, *The Interest Group Society*(Brown & Company, 1984), pp.38~ 42.

70) Robert A. Dahl, *Dilemmas of Pluralist Democracy*(New Haven: Yale University Press, 1982).

71) Ronald J. Hrebenar, Robert C. Benedict and Matthew J. Burbank, *Political Parties, Interest Groups, and Political Campaigns*, pp.236~ 237.

72) Mark P. Petracca, *The Politics of Interests: Interest Group Transformed*, pp.25~60.

〈표 2-3〉 **정치활동위원회(PAC)의 증감 추세**

년도	기업	노동	사업자단체	독립	법인	총계
1977	550	234	438	110	28	1,360
1980	1,206	297	576	374	98	2,551
1985	1,710	388	695	1,003	196	3,992
1990	1,795	346	774	1,062	195	4,172
1995	1,674	334	815	1,020	173	4,016
2000	1,548	318	844	972	153	3,835
2005	1,523	316	812	902	153	3,706

자료: Federal Election Committee(http://www.fec.gov).

한 법률은 1971년에 제정되어 1974년에 개정된 「연방선거활동법」이다. 이전까지 노조를 비롯한 법인들은 연방선거 공직자에 대한 정치적 헌금이 금지되었지만 1974년에 이루어진 선거운동 수정조항과 연방선거위원회의 해석에 의해 자발적 기부가 합법화되었다. 이 법에 근거해 설치된 정치활동위원회(PAC)는 이익단체들이 정당과 의회에 영향력을 행사하는 데 있어서 매우 유용한 지렛대를 제공하였다. 노조나 시민단체 역시 정치활동위원회를 두고 노조원이나 일반 시민들의 기부금을 모아 입후보자들에게 별다른 제약조건 없이 정치자금을 제공할 수 있게 되었다. <표 2-3>은 이익집단 유형별로 설립된 정치활동위원회의 수를 표시한 것이다.

전체 3,700여 개 정치활동위원회 중에서 기업이 가장 많은 비중을 차지하고 있으나, 시민단체가 대부분을 차지하고 있는 독립정치활동위원회(nonconnected PACs)의 증가 속도가 전 기간을 걸쳐 가장 두드러지게 나타났다. 독립정치활동위원회의 비중은 1977년에는 전체 중에서 네 번째를 차지하였지만, 2005년에는 기업에 이어 두 번째를 기록하고 있다.

정치 모금액에 있어서도 시민단체의 활약은 눈부시다. 1993년도에는 3,050만 4,769달러를 모금하여 거의 최하위를 기록하였지만 2005년에

〈그림 2-1〉 정치활동위원회(PAC)의 유형별 모금 추이

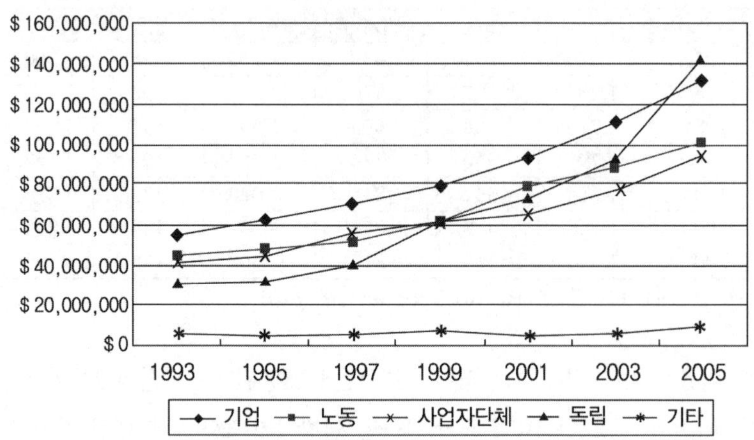

자료: Federal Election Committee(http://www.fec.gov).

는 1억 4,163만 6,720 달러를 모금하여 1억 3,124만 9,779 달러를 모금한 기업을 처음으로 앞서기 시작하였다. 이중 1위는 1,194만 6,570 달러를 모집한 여성의 정치참여를 독려하고 여성후보를 지원하고 있는 에밀리 리스트(Emily's List)가 차지하였고, 반부시 캠페인으로 유명한 정치단체 무브온(MOVEON.ORG Political Action)이 850만 3,172 달러를 기록하여 그 뒤를 이었다.[73]

끝으로 시민단체의 급증이 가져온 이익정치의 변화에 대하여 살펴보자. 첫 번째 가장 큰 변화는 하위체계에서 이슈 네트워크로의 전환이다. 공익을 추구하는 시민단체의 활동이 분출하면서 현실을 묘사하는 데 기업-관료-의회 사이의 편협한 이익의 공유와 편향을 강조하는 철의 삼각동맹이나 하위체계보다는 개방성과 갈등에 주목하는 이슈 네트워크나 시민단체 동맹(advocacy coalition) 같은 개념이 더 적합하다는 인식이 확산되었다. 한 연구자의 지적대로 시민단체의 분출이 가져다준 즉각적

73) http://www.fec.gov/20060308pac

효과는 다원주의에 대한 매서운 비판이었지만, 장기적 측면에서는 이익집단 체계가 실제로 다양하며, 그렇게 작동할 수 있다고 긍정적으로 인식하게 되었다는 점이다.74)

두 번째 효과는 시민운동의 성장에 따른 정책결정과정의 정치화 현상이다. 즉, 공익적 시민단체의 출범이 기존의 정책결정 패턴에 새로운 갈등을 야기하여 이익집단 정치 내에 이념대립의 양극화를 촉진하였다는 것이다. 미국의 경우 진보적 시민단체들은 사회복지 예산을 삭감한 레이건 공화당 정부의 연이은 집권에 따라 심각한 재정 위기를 경험하였다. 이에 대해 시민단체들은 정부에 대한 직접적 로비와 지원보다는 대중에 대한 호소 전략으로 대응하였고 시민운동에 더욱 우호적인 정당과 정치인을 당선시키기 위해 적극적으로 선거에 개입하게 되었다. 아울러, 환경문제에서 잘 드러나듯이 관련 집단들이 정책결정 의제의 초기부터 다양한 입장을 개진하게 되면서 정책결정과정이 더욱 불확실하고 그 결과가 예측불가능하게 되었다. 루미스(Burdett Loomis)와 시글러(Allan Cigler)는 이러한 양극화 현상을 시민운동의 활성화가 야기한 시민 간의 의사소통체계의 과잉 정치화(hyperpolitics)라는 개념으로 포착한 바 있다.75)

세 번째로는 시민단체의 등장으로 풀뿌리 로비(grassroots lobbying)가 일반화되었다는 점이다. 이전의 로비는 통상 측근 세력에 대한 지원·설득·유지·동원 위주의 내부 로비(inside lobbying)이며, 가장 큰 목표는 이들 우호 세력이 반대 진영으로 돌아서는 것을 방지하는 것이었다. 반면 시민단체가 중요 행위자로 등장한 새로운 게임에서는 의회 안으로 한정된 구식의 로비가 아니라 의회 밖의 정치적 동원이 더욱 중요해졌다.

---

74) Frank R. Baumgartner and Beth L. Leech, *Basic Interest*, pp.886~888.

75) 손병권, 「다원주의와 이익집단정치의 장래: 1960년대와 1970년대 시민집단의 등장 이후 이익집단정치의 변화상과 이익집단정치의 미래에 대한 전망」, 40쪽.

새로운 홍보수단으로 무장한 시민단체는 유권자들을 동원하고 선거자금을 조달하는 등 선거정치에 적극 관여하게 되었다. 시민단체의 분출과 정치활동위원회(PACs)의 등장으로 '대중 동원을 통한 의회 압력', 소위 공익 로비(Lobbying for the People)가 일반화되었다.[76]

(2) **로비 분출**(lobbying explosion)

이익집단 연구에서 오랫동안 변하지 않은 교리 중 하나는 기업의 지배(dominance)와 우위(advantage)에 대한 확고한 믿음이다. 트루만은 이익집단의 동원화에 있어 기업 부문이 우위를 차지하게 된 까닭을 민감한 산업 변동에서 찾고 있다. 신기술 도입, 조세법의 변화, 경기순환의 작동 등은 정기적으로 경제적 소용돌이를 낳고 이러한 교란(disturbance)의 물결에 대응하기 위해 신생 조직들이 출현한다는 것이다. 트루만은 그 근거로 자신의 연구대상에 등재된 집단(1949년 전국 단체 조사)의 4분의 3과 가장 큰 조직 모두가 기업과 관련된 조직이었음을 제시하고 있다. 샤트슈나이더 역시 기업 지배 가설의 강력한 주창자이다. 그는 1946~1949년의 로비 지표(Lobby Index)를 분석하여 1,247개 가운데 825개가 기업을 대표하고 있음을 밝혀냈다. 여기서 도출된 그의 결론은 "압력 시스템은 명백히 기업 혹은 상위 계층 편향을 갖고 있다"라는 것이다.[77]

우리는 앞서 시민단체의 분출이 이익집단 정치에 근본적 변화를 몰고 왔다는 주장들을 살펴보았다. 대표적으로, 워커는 현존 단체 중 기업 부문을 대표하는 협회의 38%, 법인의 14%만이 1960년대 이후 만들어진 단체이지만 비영리 섹터의 경우는 시민단체의 56%, 사회복지의 79%가 신생 단체라는 점을 들어 NPO와 시민단체의 참여의 증대가 미국의

---

76) Jeffrey M. Berry, *Lobbying for the People*.

77) E. E. Schattschneider, *The Semisovereign People: A Realist's View of Democracy in America*, p.31.

집단 시스템에서 나타난 가장 중요한 변화라고 해석하고 있다.[78]

그렇지만 이에 대한 반론도 만만치 않다. 시민단체의 증가가 새로운 현상임에는 틀림없지만 기업 우위의 이익정치의 구조에 근본적 변화를 가져온 것은 아니라는 것이다. 이러한 입장을 가장 강력하게 피력하고 있는 연구자는 시민단체의 성장은 이익 정치(pressure community)의 질적 변화가 아닌 양적 증가일 따름이라고 본 슐로즈만과 티에니이다. 이들은 워싱턴에서 대표되는 조직의 45% 이상은 기업(corporation) 조직이며, 그 조직의 3/4 이상은 기업이나 전문 이익을 대변하고, 시민단체·인권단체·사회복지·이념 조직은 전체의 20%를 놓고 경합할 뿐이라고 평가절하하고 있다. 그들은 다음과 같이 기업 우위가 지속 혹은 더욱 강화되고 있다고 진단하고 있다.

> "워싱턴에 있는 대표부를 고려한다면, 기업의 이해를 대변하는 조직의 비율은 1960년대 이래로 57%에서 72%로 증가한 반면, 시민단체의 비율은 모든 조직의 9%에서 5%로, 노동은 11%에서 2%로 하락하였다. 워싱턴에서 일어나고 있는 변화를 서술할 가장 적적한 단어는 더 많아졌다는 것(more)이지만, 우리가 발견한 더욱 중요한 의미는 '같은 것들이 더 많아졌다는 사실(more of the same)'이다."[79]

솔즈베리 역시 이러한 기업 지배 가설이 여전히 유효하다고 보고 있다. 솔즈베리는 워싱턴 이익정치에서 발생한 중요한 변화를 두 가지로 요약하였는데, 하나는 노동의 대표 조직이 30년 동안 지속적으로 하락

---

78) Jack L. Walker, *Mobilizing Interest Groups in America: Patrons, Professions, and Social Movements*, p.107.

79) Lehman Schlozman and John B. Tierney, *Organized interest and American democracy* (New York: Harper & Row Pub, 1986), p.388.

했던 반면 기업의 동원은 큰 폭으로 증대되어 왔다는 점이다. 그리고 더욱 중요한 다른 하나로는 워싱턴 대표부(Washington Representatives)의 급증을 들고 있다. 그는 1970년대 중반 이후 워싱턴 대표부의 급증은 전통적 회원조직이 아닌 제도적 대표체(representatives from institution)의 증대에 근거한 것임을 설명하고, 이제 제도적 대표체들이 미국 정치의 이익대표 과정을 지배하게 되었다고 말했다.[80]

한국에 없는 제도인 워싱턴 대표부를 이해하기 위해서는 약간의 설명이 필요하다. 워싱턴 대표부는 크게 두 가지의 형태로 나뉜다. 첫째는 모조직의 이익을 실현하기 위해 워싱턴에 기관을 설립하는 직접적인 대표이다. 가장 대표적인 형태는 미국이나 해외 기업의 이익을 관철하기 위해 워싱턴에 공식 사무실(corporation)을 설치하는 것이다. 워싱턴 대표부와 기업 본사 간의 결정구조는 획일화된 것이 아니라 일련의 연속선에 배치할 수 있다. 어떤 유형(freehand operation)은 상당한 독립성을 갖고 자율적으로 결정되고 운영되는가 하면, 어떤 유형(a consultative operation)은 본사가 워싱턴 사무실이 취해야 할 입장과 태도를 하달하는 매우 위계적인 결정 구조를 갖고 있다.[81] 직접적인 대표의 또 다른 유형은 협회나 노조(association & union)이다. 직접 대표의 마지막 형태는 공익 단체나 주, 지방 정부, 산하 기관 등의 대표 조직들이 있다. 전국 수준에서 2,000개 이상의 공익단체가 활동하고 있으며, 주 정부가 운영하고 있는 정부 관련 사무소(government relation office)들의 움직임도 활성화되어 있다.

워싱턴 대표부의 두 번째 형태는 전문 로비 회사를 통한 대리(surrogate) 대표이다. 주로 법률가와 정치인들로 구성된 이들 대형 로비 회사들은

80) Jeffrey M. Berry, *The Interest Group Society*(Brown & Company, 1984), p.64.
81) 같은 책, p.90.

〈그림 2-2〉 유형별 PACs의 후보자 기부금(contribution to candidate)의 추이

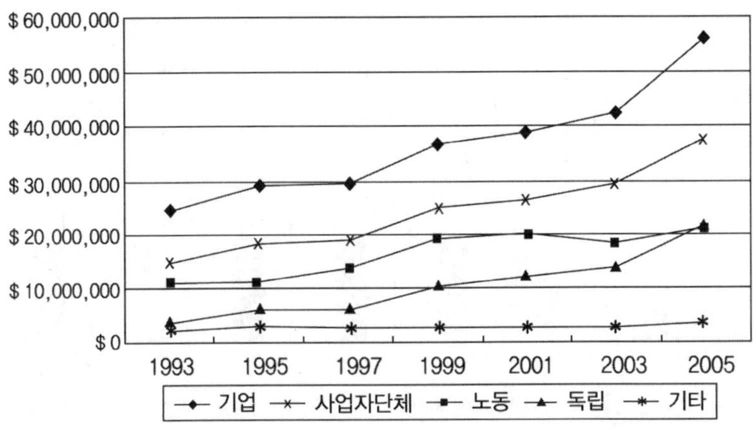

자료: Federal Election Committee(http://www.fec.gov).

고용된 총잡이(guns for hire)라고 조롱받기도 하지만 모든 공적관계와 정부관계에 필요에 모든 서비스(one-stop shopping)를 제공하는 대형 기업(megafirms)으로 발전하고 있는 추세이다.[82)]

기업 지배 가설을 입증하는 지표로 많이 인용되는 것이 정치활동위원회의 후보자 기부의 비중이다. <그림 2-2>에서 알 수 있듯이 기업과 사업자단체의 비중은 압도적이다. 독립 정치활동위원회의 비중도 크게 증대되었지만 기업의 헌금 액수 역시 가빠른 속도로 증가하였다. 기업 이익을 대표할 기업과 사업자단체의 비중을 합하면 거의 70%에 근접한 수준이다.

<그림 2-3>은 정치활동위원회의 수적 비중과 후보자에 대한 정치헌금 비중을 시민단체(non-connected PAC) 부문과 기업(corporation+trade association PAC) 부문 두 개의 그룹으로 분류하여 산정한 것이다. 두 항

82) Ronald G. Shaiko, "Lobbying in Washington: A Contemporary Perspective," Herrnson, S. Paul, Ronald G. Shaiko, and Clyde Wilcox(eds.), *The Interest Group Connection*(New York: Chatham House Publishers, 1998), pp.8～13.

〈그림 2-3〉 유형별 PAC의 수적 비중 및 후보자에 대한 정치 기부금의 비중

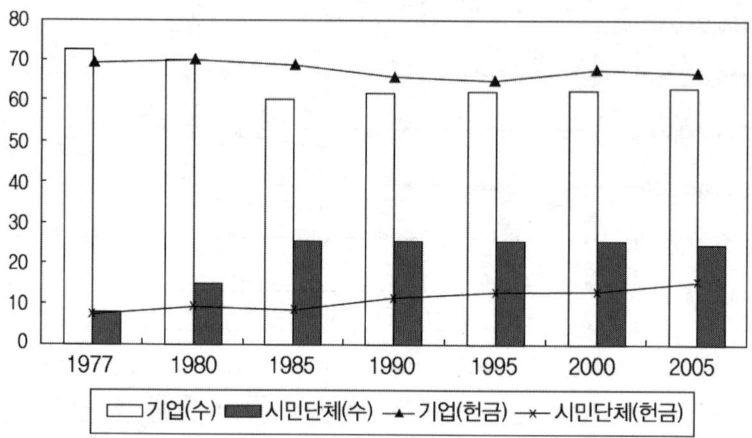

자료: Federal Election Committee(http://www.fec.gov).

목 모두에 있어 기업의 비중은 거의 70% 수준에 육박하고 있다. 시민단체의 비중은 수적으로는 20~25% 사이에 있으며, 정치 헌금 비중에 있어서는 15% 수준에서 정체되어 있다. 시민단체 비중의 증대가 기업의 약화보다는 노동 부문의 약화에 따른 것임을 알 수 있다.83)

이처럼 기업의 지배가 지속되는 이유에 대해서는 여러 설명이 덧붙여져 왔다. 솔즈베리는 기업 이익들은 여타의 집단들에 비해 동질적이어서 쉽게 조직되고, 정책 환경에 민감하고, 정치적으로 활용할 수 있는 더 많은 자원을 보유하고 있다고 설명하고 있다.84) 그레이와 로어리는

83) 정치헌금의 정치적 효과는 논쟁적 주제이다. 캠페인 자금 기부와 상하원의 점호(roll-call) 투표의 상관관계에 대한 연구는 최근 35편이 출간되었다. 혼란스러운 점은 이러한 연구들이 갈등적이고 모순된 결과를 보여주고 있다는 사실이다. 8편은 특정 캠페인에 대한 자금 기부와 투표 결과는 무관하다는 입장인 반면, 17편의 논문들은 통계적으로 유의미한 관계가 있다고 주장하고 있다. 나머지는 그 중간의 어정쩡한 입장에 서 있다. Richard A. Smith, "Interest Group Influence in the U.S. Congress," *Legislative Studies Quarterly*, No. 20(1995), pp.122~123.

84) Jeffrey M. Berry, *The Interest Group Society*(Brown & Company, 1984), p.64

기업조직과 전문조직은 효과적이고 신속하게 동원할 수 있는 기존의 커뮤니케이션 연계(ties)를 갖고 있기 때문에 현안이 없을 때는 동면(冬眠)하는 것처럼 보이지만 일만 생기면 기민하게 결속한다고 설명하였다. 특히, 정부와 관련 상임위의 활동을 정밀하게 주시하면서 효과적인 모니터링을 수행하는 협회의 활동을 강조하고 있다.[85]

4. 결론

미국의 다원주의적 이익집단 정치를 고찰하면서 가장 흥미로운 점은 그것에 대한 철학적 신념과 비민주성에 대한 비판의식 사이의 끊임없는 긴장과 각성이다. 다른 나라에서 이익 대표를 둘러싼 논쟁이 다원주의 대 조합주의의 대립 양상으로 나타났다면 미국에서는 다원주의 대 비판적 다원주의의 논쟁으로 진행되었다. '현대의 이익집단은 자유의 표현이자 동시에 위협'이라는 경구[86]는 이러한 상황을 정확히 표현해 주고 있다. 한쪽에서는 이익집단을 사회의 전체 이익에 반하는 편향과 특혜의 주범으로 몰아, 민주주의의 장애물(the impasse of democracy)이나 한계점(the deadlock of democracy)으로 몰아세웠다. 반면 트루만, 토크빌, 퍼트남 등은 집단 체계가 완벽하거나 편향이 없다는 것이 아니라 지금까지 고안된 대표 체계 중 이익의 다양성을 보장할 가장 자연스러운 제도라는 사실을 추호도 의심하지 않았다.

아무튼 다원주의 논쟁은 민주주의 이론이 발전할 풍부한 자양분을 제공하였고 그릇된 현실을 교정할 내부 경보장치로 작동하였다. 다원주

---

85) Virginia Gray and David Lowery, *The Population Ecology of Interest Representation*(Ann Arbor: University of Michigan Press, 1996).

86) Jeffrey M. Berry, *The Interest Group Society*(Brown & Company, 1984), p.20.

의는 한 세기 동안 미국의 공공정책의 결정 방식으로서, 이익대표의 체계로서, 그리고 갈등해소의 기제로서 한순간도 쉬지 않고 작동해 왔다. 다원주의는 결코 완벽한 것은 아니었지만 미국의 정치 문화, 건국 사상, 시민 습속, 현실 정치를 소재로 만들어진 완벽하게 미국적인 것임에는 틀림없다. 그것은 미국을 더욱 깊게 이해하기 위한 필수적 지도이지만 바로 그 이유 때문에 이론적으로나 현실적으로 쉽게 수입될 수는 없다.

참고문헌

김영래. 1990. 『한국이익집단과 민주정치발전』. 대왕사.

_____. 1997. 『이익집단정치와 이익갈등』. 도서출판 한울.

로버트 달. 2005. 『미국헌법과 민주주의』. 박상훈·박수형 옮김. 후마니타스.

맨슈어 올슨. 1987. 『집단행동의 논리』. 윤여덕 옮김. 청림출판.

_____. 1990. 『국가의 흥망성쇠』. 최광 옮김. 한국경제신문사.

박대식 외. 2002. 『지역사회 권력구조 문헌이해』. 오름.

손병권. 1999. 「다원주의와 이익집단정치의 장래: 1960년대와 1970년대 시민집단의 등장 이후 이익집단정치의 변화상과 이익집단정치의 미래에 대한 전망」. ≪미국학≫, 22집.

최선근. 1994. 「미국의 자본주의적 민주주의와 실업이익집단」. ≪한국정치학회보≫, 28집 1호.

최장집. 2005. 「민주주의와 헌정주의: 미국과 한국」. 로버트 달. 『미국헌법과 민주주의』. 박상훈·박수형 옮김. 후마니타스.

한상정. 1996. 「사적 이익의 제도화와 공적 질서의 창출: Theodore Lowi와 Philippe Schmitter의 비교」. 고려대학교 정치외교학과 석사논문.

Ainsworth, Scott H. 2002. *Analyzing Interest Politics: Group Influence on People and Policies*. W. W. Norton & Company.

Baumgartner, Frank R. and Beth L. Leech. 1998. *Basic Interest*. Princeton University Press.

Bentley, Arthur F. 1947. *The process of government*. Cambridge: Belknap Press of Harvard University Press.

Berry, Jeffrey M. 1977. *Lobbying for the People*. Princeton University Press

_____. 1984. *The Interest Group Society*. Brown & Company.

_____. 1999. *The New Liberalism: The Rising Power of Citizen Groups*. Brookings Institution Press.

Browne, William Paul. 1998. *Groups, Interests, and U.S. Public Policy*. Georgetown University Press.

Cigler, Allan J. and Burdett A. Loomis. 1991. "Introduction: The Changing Nature of Interest Group Politics." Cigler, Allan J. and Burdett A. Loomis(eds.). *Interest Group Politics*. Congressional Quarterly Inc.

Clark, B. Peter and James Wilson. 1961. "Incentive Systems: A Theory of Organizations." *Administrative Science Quarterly*, Vol.6.

Crenson, Matthew A. and Benjamin Ginsberg. 2002. *Downsizing Democracy: How America Sidelined Its Citizens and Privatized Its Public*. The Johns Hopkins University Press.

Dahl, Robert A 1982. *Dilemmas of Pluralist Democracy*. New Haven: Yale University Press.

Eckstein, Harry. 1960. *Pressure Group Politics: The Case of the British Medical Association*. George Allen & Unwin.

Fung, Archon and Wright, E. O. 2003. *Deepening Democracy: Institutional Innovations in Empowered Participatory Governance*. London, New York: Verso.

Gerber, Elizabeth R. 1999. *The Populist Paradox: Interest Group Influence and The Promise of Direct Legislation*. Princeton Univ. Press.

Gray, Virginia and David Lowery. 1996. *The Population Ecology of Interest Representation*. Ann Arbor: University of Michigan Press.

Heclo, Hugh. 1978. "Issue Networks and the Executive Establishment." in (ed.). Anthony King. *the New American Political System*. Washington D.C.: American Enterprise Institute.

Heins, John. 1990. "Inner Circles or Hollow Core? Elite Networks in National Policy Systems." *Journal of Politics*, No.52.

Hrebenar, Ronald J, Robert C. Benedict and Matthew J. Burbank. 1999. *Political Parties, Interest Groups, and Political Campaigns*. Westview press.

Hula, Kevin W. 1999. *Lobbying Together: Interest Group Coalitions in Legislative*

Politics. George Town University Press.

Judis, John B. 2001. *The Paradox of American Democracy: Elites, Special interests, and the Betrayal of Public Trust*. Routledge.

Knoke, David. 1990. *Organizing for Collective Action*. New York: Aldine de Gruyter.

Lindblom, E. Charles & Edward J. Woodhouse. 1993. *The Policy Making Process*. Prentice Hall.

Lowi, Theodore. 1970. "Decision Making vs. Policy Making: toward an Antidote for Technology." *Public Administration Review*, May/June.

Mansbridge, Jane. 2003. "Practice-Thought-Practice." Archon Fung and Eric Olin Wright. *Deepening Democracy: Institutional Innovations in Empowered Participatory Governance*. London, New York: Verso.

McConnell, Grant. 1966. *Private Power and American Democracy*. New York: Alfred Knopf.

McFarland, Andrew S. 1992. "Interest Group and the Policy making Process: Source of Countervailing Power in America." Mark P. Petracca. *The Politics of Interests: Interest Group Transformed*. Boulder: Westview Press.

Olson, M. J. 1965. *The Logic of Collective Action*. Cambridge: Harvard University Press.

Petracca, Mark P. 1992. "The Rediscovery of Interest Group Politics." *The Politics of Interests: Interest Group Transformed.* Boulder: Westview Press.

Rauch, Jonathan. 1994. *Demosclerosis: The Silent Killer of American Government*. New York: Random House.

Rodgers, Daniel T. 1987. *Contested Truths*. New York: Basic Books.

Sabatier, Paul A. 1992. "Interest Group Membership and Organization: Multiple Theories." Mark P. Petracca. *The Politics of Interests: Interest Group Transformed.* Boulder: Westview Press.

Salamon, Lester M. and Helmut K. Anheier. 1997. *Defining the nonprofit sector: A cross-national analysi*s. Manchester University Press.

Salisbury, Robert. H. 1969. "An Exchange of Interest Groups." *Midwest Journal of Political Science*, No.13

Salisbury, Robert. H. 1992. *Interests and Institutions: Substance and Structure in American Politics*. Pittsburgh: University of Pittsburgh Press.

Schattschneider, E. E. 1960. *The Semisovereign People: A Realist's View of Democracy in America*. New York: Harcourt School.

Schlozman, Lehman and John B. Tierney. 1986. *Organized interest and American democracy*. New York: Harper & Row Pub.

Shaiko, Ronald G. 1998. "Lobbying in Washington: A Contemporary Perspective." Herrnson, S. Paul, Ronald G. Shaiko, and Clyde Wilcox(eds.). *The Interest Group Connection*. New York: Chatham House Publishers.

Skocpol Theda and Morris P. Fiorina. 1999. "Making Sense of the Civic Engagement Debate." Theda Skocpol & Morris P. Fiorina(eds.). *Civic Engagememt in American Democracy*. Brookings Institution Press.

Smith, Richard A. 1995. "Interest Group Influence in the U.S. Congress." *Legislative Studies Quarterly*, No.20.

Truman, David. 1971. *The Governmental Process*. New York: Knopf.

Walker, Jack L. 1991. *Mobilizing Interest Groups in America: Patrons, Professions, and Social Movements*. Ann Arbor: The University of Michigan Press.

Wilson, Graham K. 1992. "American Interest Groups in Comparative Perspective." Mark P. Petracca. *The Politics of Interests: Interest Group Transformed*. Boulder: Westview Press.

제 3 장

이익정치의 미래: 결사체 민주주의의 원리와 쟁점*

1. 개념과 유형화

1) 결사체(association)의 정의

오늘 우리는 19세기의 민족국가의 등장에 견줄 만한 또 하나의 변혁, 즉 실질적인 결사체 혁명이 글로벌 수준에서 진행되고 있음을 목격할 수 있다. 그런데 결사체에 대한 논의는 범람하고 있지만 그것의 개념과 유형에 대한 학계의 합의는 아직 확립되어 있지 않다. 코헨과 로저스는 결사체를 개인과 가족을 국가와 선거 등 공식적인 제도에 연결시켜 주는 다양한 영역에서의 비가족 조직으로 정의하고 있다. 그들은 이러한 개념 규정하에서 자연발생적 공동체와 같은 1차적 결사와 조직적 형태를 갖추고 특정 기능을 수행하는 2차적 결사(secondary associations)를 엄밀히 구분하여 사용하고 있다.[1] 허스트는 결사체를 개인과 가족을 국가

* 이 장은 『민주주의 대 민주주의』(2006, 아르케)에 게재되었던 논문이다.

1) Joshua Cohen & Joel Rogers, *Secondary Associations and Democratic Governance: The Real*

와 시장에 연결하여 주는 모든 매개집단(intermediary group)으로 정의하였다.

조직사회학에서의 연구 성과는 결사체를 이해하는 데 유용한 시사점을 제공하고 있는데, 여기에서는 조직을 공동체적(communal) 조직과 결사체적(associative) 조직으로 구분하고 있다. 베버는 결사체 안에서 개인의 활동은 자신의 목표를 충족하는 한에서 이루어진다는 점에서 기본적으로 도구적 성격을 갖고 있으며, 아울러 다양한 이유에서 특정한 형태의 사회적 관계를 지배하는 규제적 질서를 보유하고 있다는 점에서 조직적 성격을 갖고 있다고 보았다. 이런 근거로 베버는 결사체를 "개인적 선택에 의하여 가입한 회원들에 한하여 유효성을 갖는 확정된 규제 절차를 갖고 있는 조직"으로 정의하였다.[2] 알몬드의 결사체 분류 역시 이러한 기능주의적 관점에 의존하고 있다. 그는 전문성과 조직화 정도가 낮은 비결사적 이익집단(non-associational interest group)과 이익표출을 위한 전문화된 구조와 특정한 목표를 갖춘 결사적 이익집단(associational interest group)으로 구분하고 있다.[3] 결국, 결사체는 개인, 가족, 국가, 시장, 자연 공동체와 구분되는 자발성에 기초한 사회집단으로서, 개인이나 가족을 국가에 연결시켜 주는 매개 조직이라고 정의할 수 있다.

국가나 시장이 아니라 자발적 결사체에 의한 자치를 제일의 사회질서 원리로 강조하는 결사체 민주주의는 결코 새로운 이념이 아니다. 그것은 자유 개인주의와 사회 집단주의에 대한 대안이자 국가 중심주의와 관료제의 성장에 대한 비판으로서 이미 19세기부터 발전되어 왔다.

Utopia Project(London: Verso, 1995), p.24.

2) Huseyin Leblebici and Gerald R. Salancik, "The Rules of Organizing and the Managerial Role," *Organization Studies,* No.10(1989), p.305.

3) 김영래, 「이익집단의 개념과 유형」, 김영래 편, 『이익집단정치와 이익갈등』(도서출판 한울, 1997), p.15.

그런 점에서 결사체 민주주의는 전통적 복지국가와 신자유주의 사이에서 최근 유행하고 있는 '제3의 길의 원조'[4]라 할 수 있으며, 그것의 등장은 시대 변화에 따른, 오래된 사고의 재발견(new ages for old thinking)이라 할 수 있다.[5]

2) 결사체 민주주의의 유형화

결사체 민주주의 연구에서 만나는 첫 번째 어려움은 민주주의는 차치하고 결사체에 대한 이해와 정의가 연구자마다 매우 상이하다는 점이다. '결사체 민주주의'를 제목으로 삼고 있는 대부분의 연구 내용을 구체적으로 살펴보면, 대면접촉의 작은 단위에서, 중범위 지역 단체, 거대 이익 집단이나 전문적 복지 결사체에 이르기까지 연구자들이 제각기 다른 유형의 결사체를 대상으로 삼고 있음을 쉽게 알 수 있다. 바버(Barber)는 시민적 덕성과 참여를 증진시키는 데 대면접촉 결사체가 중요하다고 강조하였고, 퍼트남은 신뢰와 사회협력을 조성하는 데 지역의 자원 결사체를 주목하였고, 허스트나 슈미터는 전국적 정상조직의 서비스 전달능력과 포괄적 대중동원 능력을 강조하였다.[6] 아무튼 결사체 연구에서 다른 유형의 결사체는 회원들의 정치적 행태와 시민적 참여에 제각기 다른 효과를 미치며, 따라서 다른 조직적 특성들이 다른 결과를 낳을 수 있다는 사실을 간과한 채 결사체의 신뢰창출 기능을 강조하

---

4) Paul Hirst, "Renewing Democracy through Associations," *The Political Quartly*(2002). p.409.

5) Paul Hirst, *Associative Democracy: New Forms of Economic and Social Governance* (Polity Press, 1994), p.15.

6) Stijn Smismans, "European Civil Society: institutional interest and the complexity of a multi-level policy," *Democracy and the role of associations: political, organizational and social contexts*(Routledge, 2005), pp.64~86.

〈표 3-1〉 사상과 원리에 따른 결사체 이론의 구분

		사상적 기반	
		유럽의 사회조합주의	미국의 자유 다원주의
강조된 제1 결사체	이익 결사체	조합주의적 이익 결사체	다원주의적 이익집단 이론
	시민 결사체		다원주의적 시민 결사체

는 사회자본 이론가들은 자칫 민주주의의 불량 학파(bad training schools)가 될 수 있다는 워렌의 경고를 귀담아들을 필요가 있다.[7)]

오늘날 결사체에 최상의 지위를 부여하고 있는 정치적 원리로서 결사체 민주주의 혹은 결사체주의는 다양한 이론들을 구성요소로 포괄하고 있다. 한 연구자는 그것을 네 개의 이론, 즉 공동체주의, 시민사회론, 사회자본론, 결사체 민주주의로 구분하고 있다. 흥미로운 점은 그의 지적대로 하나로 범주화가 가능한 이들 이론들이 매우 다른 학문적·역사지정학적 맥락 속에서 교류가 거의 없이 제각기 발전되어 왔다는 점이다.[8)]

본 연구는 결사체 민주주의의 이론적 발전을 위해서는 그것의 유형화와 분류가 필요하다는 문제의식에서 결사체를 조합주의적 이익 결사체와 다원주의적 시민 결사체로 구분하고 있다. 먼저, 조합주의적 이익 결사체는 분권과 자치를 강조하는 유럽의 다양한 사회주의 이론과 사회조합주의의 지적 전통을 이어받고 있으며, 직능적 이익 결사체를 가장 일차적인 대상으로 설정하고 있다. 반면, 다원주의적 시민 결사체는 미국의 다원주의와 자유주의의 이론적 세례를 받았으며, 가장 중요한 결사체로서 공공선을 지향하며 지역에 근거를 둔 시민 결사체를 강조하고 있다.[9)]

---

7) Mark E. Warren, *Democracy and Association*(Princeton University Press, 2001).

8) Sigrid Abingdon Roßteutscher, *Democracy and the role of associations: political, organizational and social contexts*(Routledge, 2005), p.5.

이러한 구분에 의해 우리는 결사체 민주주의를 협의와 광의의 개념으로 구분할 수 있다. 협의의 의미에서 결사체 민주주의는 슈미터, 코헨과 로저스, 허스트 등으로 대표되며, 대안의 이익대표 체계 혹은 대안의 민주적 거버넌스라는 위상을 갖고 있다. 즉, 이들이 주창하고 있는 '결사체 민주주의'는 '결사체' 혹은 결사체와 '민주주의'의 선택적 친화성을 강조하는 이러저러한 결사체 중시 이론들과 분명히 구분되는 독자적 이론체계를 구축하고 있다. 부연하자면, 심의 민주주의·전자 민주주의·생태 민주주의 등과 마찬가지로 결사체를 중심으로 민주주의를 구성·운영하는 독립적 가치 체계라 할 수 있다.

이 점과 관련하여 사적 이익정부를 제시한 슈미터의 입장은 대표적인 사례가 될 수 있다. 슈미터는 근대 국민국가의 사회질서는 자발적 연대 원리에 근거한 공동체, 확산된 경쟁 원리에 기초한 시장, 위계적 통제 원리에 근거한 국가라는 세 가지 제도에 의해 유지되어 왔다고 설명하면서, 더 나은 미래를 위한 '대안의 사회질서'로서 조직 내외부의 협조(concertation)와 자율 규제에 근거한 결사체 모델을 제시한 바 있다.[10]

코헨과 로저스 역시 자신들의 결사체 민주주의 모델이 현재의 정치경제 시스템에 대한 합리적 대안으로서의 의미를 지니며, 롤스로 상징

---

9) 이태홍은 결사체 민주주의를 조합주의적 결사체주의와 다원주의적 결사체주의로 구분하고 있다. 본 연구에서의 구분은 과학성과 체계를 갖춘 엄밀한 유형화는 아니지만 결사체 민주주의의 이론적 발전 경로와 사상사적 계보를 설명하는 데는 대단히 유용하다고 판단되어 시도해 보았다. 이태홍, 「결사체주의와 정책결정」, 안승국 외, 『정치의 대전환: 포스트모던 공동체와 결사체 민주주의』(인간사랑, 1997), 253쪽.

10) Wolfgang Streeck and Philippe C. Schmitter, "Community. market. state-and associations? The prospective contribution of interest governance to social order," Streeck and Schmitter, *Private Interest Government: Beyond Market and State*(Sage Publication, 1985), pp.9~12.

되는 평등주의적 정치사상의 약점으로 지적되어 온 제도적 모호성을 구체적으로 보완하기 위한 것임을 분명히 밝히고 있다. 이들에 의하면, 지금까지 분파의 해악에 대한 처방은 세 가지 전략으로 정리할 수 있다.

첫째, 신자유주의적 헌정주의(Neoliberal Constitutionalism)의 제한 전략이다. 이 입장은 로크와 아담 스미스에서 비롯되어 그 후계자인 부케넌, 리스트, 하이에크에 의해 발전되어 왔다. 선택과 효율성에 대한 강조, 경쟁적 시장에 대한 신뢰, 효율적 자원배분을 가로막는 국가의 권한 집중에 대한 우려를 기본 원리로 삼고 있다는 점에서 집단에 대한 신자유주의적 견해라 할 수 있다. 둘째, 시민 공화주의(Civic Rupublicanism)의 격리 전략이다. 이 이론은 국가의 기능을 적극적으로 인식한다는 점에서는 앞의 신자유주의적 헌정주의와 다원주의와는 명확히 구분된다. 그렇지만 공공선 확보의 중심 단위로서 결사체가 아니라 공동체에 대한 개별 시민의 적극적 참여와 심의능력의 배양 및 강력한 정당·지역·선거 등 관련 제도의 능력 제고를 강조한다는 차이점이 있다. 셋째, 평등주의적 다원주의(egalitarian pluralism)의 수용 전략이 있다. 이 입장은 정치와 집단의 기능을 적극 옹호한다는 점에서 신자유주의적 입장과 구분되며, 집단에 내재한 정치적 불평등, 즉 과잉·과소대표 문제의 해결에 적극적이라는 점에서 초기 다원주의와도 명백히 구분된다. 그렇지만 집단의 불평등과 갈등 관리에만 관심을 가질 뿐 국가와 집단, 집단 간 상호 협조에 의한 공공선의 증진에는 무관심하다는 점에서 결사체 민주주의와 분명한 차이를 갖고 있다. 이러한 인식 위에서 코헨과 로저스는 결사체 민주주의가 여타의 것들과 질적 차이를 갖고 있는 독자적인 민주적 거버넌스(democratic governance)임을 강조하고 있다. 그들에 따르면, 결사체 민주주의는 민주적 거버넌스가 가져야 할 6가지 규범(인민주권, 정치적 평등, 분배정의, 시민의식, 경제성과, 유능한 정부)을 모두 충족시키고 있다.[11]

허스트 역시 결사체 민주주의가 새로운 형태의 사회경제적 거버넌스임을 분명히 밝히고 있다. 허스트는 기존의 경제적 거버넌스를 중앙계획, 케인지즘, 경제적 자유주의의 세 가지 형태로 정리하고, 그러한 것들의 실패를 극복할 대안의 거버넌스 체계로서 결사체 민주주의를 제시하고 있다. 허스트에 따르면, 결사체주의가 제공하려는 것은 어떤 원대한 이상사회가 아니라 시민들의 자발적 선택과 공공복지가 잘 결합된 분권적 체계이다.[12]

그렇지만 광의의 의미에서 결사체 민주주의는 학문적으로나 공론에서 결사체에 중요한 지위를 부여(association is matters)하고 있는 다양한 목소리들을 지칭하는 것이기도 하다. 거기에는 자유주의와 이기적 삶이 가져올 자기 파괴적 경향을 우려하면서 지역 커뮤니티·전통적 가족·이웃, 특히 자발적 자원 활동과 사회적 참여를 강조하는 공동체주의(communitarianism), 익명의 개인들을 중재하는 다양한 사회조직의 민주적 기여를 강조하는 시민사회 패러다임(civil society paradigm), 신뢰와 사회적 상호작용의 네트워크 역할을 중시하는 사회자본(social capital) 이론 등이 해당된다. 흥미로운 점은 광의든 협의든 이들 학파 사이에는 별로 이론적 교류가 없음에도 불구하고 두 개의 공통점을 갖고 있다는 점이다. 하나는 전통적 대의 민주주의가 심각한 문제를 노정하고 있다는 인식이며, 다른 하나는 결사체적 전환(associative turn)이 대안이 될 수 있다는 주장이다.[13] 지금까지의 논의를 정리하면 <그림 3-1>과 같다.

---

11) Joshua Cohen & Joel Rogers, *Secondary Associations and Democratic Governance: The Real Utopia Project*, pp.24~42.

12) Paul Hirst, *Associative Democracy: New Forms of Economic and Social Governance*, pp.28~42.

13) Sigrid Abingdon Roßteutscher, *Democracy and the role of associations: political, organizational and social contexts*, p.5.

〈그림 3-1〉 결사체 민주주의의 개념화

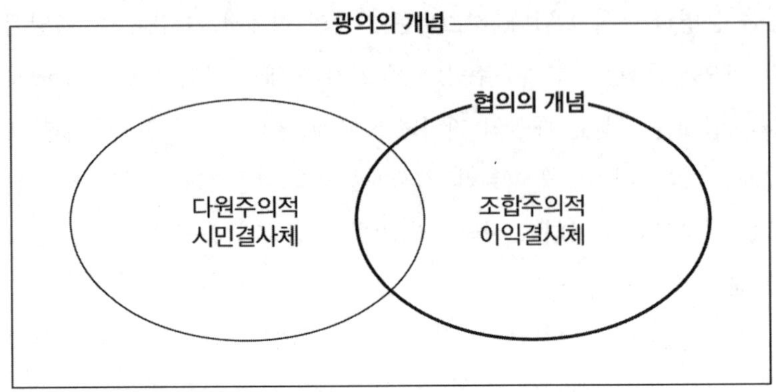

2. 조합주의적 이익 결사체(Corporatistic Interest Association)

1) 이론의 사상적 기반

유럽에서 결사체주의는 대단히 야심찬 정치적 프로젝트이자 이상주의(utopian)로서 등장하였다. 19세기만 해도 노동자의 참여와 협력에 기반한 사회주의적 실험(Friendly Society & Cooperative Movement)의 일환으로, 즉 시민사회 안에서의 실험이자 국가로부터 상대적으로 자유로운 사회주의를 지향하였다. 주목할 점은 초기의 많은 결사체주의자들은 결사체 민주주의를 기존 사회관계의 보완이 아니라 완전히 새로운 사회로 보았다는 점이다. 그들은 대의 민주주의를 대체할 수 있는 새로운 기능적 민주주의를 추구(functional democracy)하였고, 시장에 기반한 경제를 더욱 분권화되고 자치적 유형의 사회주의 경제로 대체하고자 하였다.

결사체 민주주의의 기원은 오웬(Robert Owen)과 프루동(Pierre-Joseph Proudhon)으로 상징되는 초기 사회주의 사상가에게로 거슬러 올라간다.

오웬은 주요 사회집단 간의 사회협력을 통한 자율적인 경제공동체를 강조하였고, 프루동은 호혜적인 경제와 대안적인 비영리 금융시스템을 탁월하게 결합하였으며, 수공업적이고 협력적인 생산을 중요시하였으며, 상향식 연방원리로서 분권화된 국가조직의 형성을 주장하였다. 특히 영국의 경우 자율적인 자원 결사체를 통해 국가의 권한 제한을 주창하였던 피기스(John Neville Figgis)의 공헌이 지대하였다. 피기스는 국가로부터 교회와 노조의 자율성을 강조하였는데, 그의 이론은 길드 사회주의를 주창한 콜(G.D.H Cole)과 영국 다원주의 이론의 창안자인 라스키(Harold Laski)에게 많은 영감을 주었다. 유럽의 결사체주의는 또한 프랑스의 신디칼리즘과 독일의 조합주의 사상에 적지 않은 영향을 받았다. 이들은 공통적으로 대의 민주주의가 개별적 유권자들의 실질적 의사도, 사회 집단의 이익표명도 효과적으로 대변하지 못하기 때문에 부적절한 대표 체계라고 생각하였다. 따라서 그들은 조합주의적 구조를 통해 주요한 사회 이익이 대변되어지는 기능적 민주주의 체계를 제안하였다.[14)]

이처럼, 결사체 민주주의는 정당이나 선거와 같은 지역적 대표(territorial representative)가 아니라 직업과 직위에 따른 기능적 대표(functional representatives)를 강조하고 있다. 시민들의 실제 생활과 사회적 관계의 다수를 차지하고 있는 직능단체의 자율적 활동을 통해 공익과 민주주의를 함양해야 한다는 결사체 민주주의의 사상적 기원은 뒤르켐에서 찾아볼 수 있다. 뒤르켐은 로마제국의 초기 길드에서부터 중세 시대의 길드를 고찰하면서 직업집단이 도덕적 영역의 제공이라는 매우 중요한 역할을 수행하여 왔음을 간파하였다. 그는 "사회생활에서 너무나 중요

---

14) Paul Hirst, *Associative Democracy: New Forms of Economic and Social Governance*, pp.15~18.

한 직업의 영역이 도덕적 활동의 원천으로 작동하지 않는다면, 사회적 차원에서의 공적 도덕의 확립은 불가능하다"고 진단하면서, 현대에 이르러 길드를 재조직화해야 하는 이유를 다음과 같이 설명하고 있다.

> "길드의 재조직화는 압제적 군사화나 새로운 규약을 강제하기 위해서가 아니라 경제활동에 개인적 생각과 이기적 욕구와는 다른 공적 생각과 요구가 스며들게 하기 위함이다. 즉, 경제활동의 사회화가 목표이다. 이런 목적에 따라 직업은 수많은 도덕적 환경이 되어야 하고 이 도덕적 환경은 다시 직업의 도덕성을 끊임없이 촉진해야 한다."[15]

결사체 민주주의는 뒤르켐이 견지하였던 정치적 신념, 즉 이익 결사체 활동을 통해서도 공공선과 공익의 확보가 가능하다는 인간의 이성과 능력에 대한 건강한 믿음을 갖고 있다. 결사체 민주주의는 분권과 자율이라는 급진적 가치의 심화와 발전을 통해 국가와 시민사회 모두의 공적 기능을 활성화하고자 한다. 뒤르켐의 표현을 빌자면, 그것은 '경제활동의 사회화'를 지향하는 것이고, 한편으로는 결사체를 통해 시민들을 정치에 복귀시킴으로써 결과적으로 실천적 공공영역을 재구축하는 것이다.[16]

---

15) 에밀 뒤르켐, 『직업윤리와 시민도덕』, 권기돈 옮김(새물결, 1998), 85쪽. 뒤르켐의 인식은 다음의 주장에서 잘 드러난다. "규칙을 통한 통제와 도덕적 표준의 상승은 과학자에 의해서도, 정치인에 의해서도 확립되지 않는다. 그것은 관련된 집단의 과제이어야 한다." 같은 책, 87쪽.

16) 안승국, 「결사체 민주주의와 정치공동체: 국가-시민사회 관계의 대전환 모색」, ≪한국정치학회보≫, 31집 3호(1997), 76~77쪽.

2) 이론적 주장과 실천적 제안

조합주의적 이익 결사체는 결사체 민주주의를 독자적인 하나의 완결적인 민주주의 체계로 인식하고 있는데, 이들은 결사체 민주주의를 다음과 같은 특성과 가치를 지닌 이론 체계로 정리하고 있다.

첫째, 지금까지 살펴본 것처럼 결사체 민주주의는 사회질서이든 경제질서이든 시장, 국가, 공동체와 구분되는 또 하나의(fourth) 사회질서 혹은 민주적 거버넌스라 할 수 있다. 둘째, 수평적 민주주의의 개념화, 즉 내포와 외연의 확정에 있어 가장 중요한 요건이라고 생각되는데, 인간의 사회정치적 생활의 운위에 있어서 결사체와 집단의 중심성(centrality)과 우선성(priority)을 강조하는 이론적 분파라고 할 수 있다.[17] 바로 이 점 때문에, 국가-시장-시민사회 간의 수평적이고 협력적인 네트워크를 강조하는 거버넌스 논의는 밀접한 연관성에도 불구하고 결사체 민주주의로 등치될 수 없다. 마찬가지로 국가와 시민사회의 등가성에 기초한 시민사회 패러다임 역시 결사체 민주주의와 그대로 일치되기 어려운 경계선을 갖고 있다고 할 수 있다. 셋째, 인식론과 규범 차원에 있어, 결사체주의는 사회가 자발적이고 민주적으로 자율적인 결사체에 의하여 운영될 때 인간의 자유와 복지가 가장 잘 구현될 수 있다는 확고한 규범적 주장을 공유하고 있다.[18] 그런 점에서 결사체 민주주의는 분권과 자치의 정치이론이라 할 수 있다. 이들은 한결같이 국가의 일정한 기능과 권한을 결사체에 위임(devolution)해야 한다고 주장하고 있다.[19] 허스트는 결사체 민

---

17) Joshua Cohen & Joel Rogers, *Secondary Associations and Democratic Governance: The Real Utopia Project*, p.25.

18) Paul Hirst, *Associative Democracy: New Forms of Economic and Social Governance*, p.25.

19) 결사체 민주주의는 국가의 권한을 결사체에 위임해야 한다는 점에서 신자유주의와 공통되지만, 권한의 분산과 위임을 통해 공공영역의 축소가 아니라 실질적인

주주의를 구축하기 위한 3대 전략을 주장하였는데, 그중 하나가 국가의 다원화와 연방화이다. 그는 결사체주의가 다른 이론과 구분되는 점으로 국가에 대한 인식, 즉 국가의 중심성과 주권성에 대한 필연적 도전을 내재하고 있다는 점을 들고 있다. 그에 따르면, 중앙 정부의 권위는 가능한 한 영토적이든 기능적이든 독자적 단위로 분산되어야 하며, 가능한 한 작은 단위로 지방화되어야 한다.[20]

결사체 민주주의는 획일적인 복지국가와 관료제의 위기를 극복하기 위해 위임·자율규제·분권·자치로 구성된 대안적 민주질서이기 때문에 현실의 문제를 해결하는 데 커다란 관심을 기울이고 있다.

가장 대표적인 연구자는 조합주의의 창안자인 슈미터이다. 슈미터의 사적 이익정부(Private Interest Government)라는 개념은 '결사체적이거나 이익에 기반한 집단행동이 공공정책의 목표 달성에 기여하게 되는 일련의 구조'이다. 또한 그것은 적절하게 설계된 제도에 따라 전체 이익에 공헌하도록 만들어진 특수 이익을 갖는 사회집단으로서 자율적 규제를 시행하는 기관을 의미한다. 슈미터는 이러한 자율규제 기관(self-regulating agency, regulated self-regulation by organized interest)은 집행의 효율성과 정당성 측면 모두에서 국가의 규제에 앞선다고 주장한다. 슈미터는 자율규제의 경우 조직 구성원들의 상황과 관심에 더 많은 정보를 갖고 있는 해당 결사체의 리더십과 스텝에 의해 집행되기 때문에 국가 규제보다 덜 형식적이고 더 유연하며, 정책 대상자들에게 수용될 가능성이 훨씬 크다고 주장하고 있다. 또한, 국가의 규제는 전체 이익을 명분으로 특정 집단의 희생을 강제하며, 국가 개입의 적절한 범주와 역할

활성화와 확장을 추구한다는 점에서 사회복지와 공적 규제를 축소하려는 신자유주의와 정면으로 대립한다.

20) Paul Hirst, *Associative Democracy: New Forms of Economic and Social Governance*, pp.26~28.

을 둘러싸고 격렬한 사회적 논쟁을 유발하는 데 반해, 사적 이익정부에 의한 자율규제는 '외적 통제를 내적 규율로 전환'시킴으로써 대립적 이익과 갈등적 이념의 수렴을 가능하게 만든다고 설명하고 있다.[21)]

슈미터는 이후 국가중심적 입장을 다소 약화시킨 바우처(vaucher) 제도를 제안하였다. 바우처는 지도자 선정의 민주성·재정의 투명성·비영리 활동 등 일정한 조건을 수용하는 조직에게만 부여하며, 시민들의 자발적 선택에 의하여 정기적으로 제공되는 바우처는 일반 예산의 공적 기금(public funds)과 교환된다. 슈미터는 일부 저소득층, 기업·법인을 제외하고는 누구나 예외없이 납부해야 하는 바우처 제도가 개인의 부담은 미미하지만 결사체 사이의 불평등을 충분히 해소시키고 과거의 선거권처럼 민주적 권리의 확장을 가져올 것으로 전망하고 있다.[22)]

코헨과 로저스 역시 결사체적 규제(associative regulation)가 민주주의는 물론 경제적 성과에도 긍정적 영향을 끼칠 것이라고 주장하고 있다. 이들은 세 가지 수준에서 결사체적 규제를 고려하고 있는데, 전국적(national) 수준에서 결사체들은 정부의 각종 지원에 대한 공적 기준의 설정, 결사체와 관련된 정부의 개혁과 혁신 프로그램의 마련, 관련 영역에서 정부 공직자에 대한 정책적 자문 등을 수행할 것이라고 설명하고 있다. 이 수준에서의 사례로 적극적 노동시장정책, 소득이전 및 분배정책, 환경 정책 등을 열거하고 있다. 둘째, 결사체들은 지역과 부문(regional and sectorial) 수준에서 효과적으로 협력할 수 있다. 이들은 이익결사체 간 협력은 유연생산화의 특징인 공급측면의 조율에 필수적 요

---

21) Wolfgang Streeck and Philippe C. Schmitter, "Community. market. state-and associations? The prospective contribution of interest governance to social order," pp.16~20.

22) Phillipe C. Schmitter, "The Irony of Modern Democracy and the Viability of Efforts to Reform its Practice," Cohen & Rogers. *Secondary Associations and Democratic Governance: The Real Utopia Project*(London: Verso, 1995), p.176.

소이며, 특히 중소기업 간 정보와 자원의 공유와 교류를 용이하게 해준다고 설명하고 있다. 끝으로, 지방 및 기업 간(local and intrafirm) 수준에서도 결사체 민주주의는 복지국가의 대안으로 작동할 수 있다고 보고 있다. 이들은 특히 현장(on the ground) 조직인 결사체에 의한 자율규제가 공장에서의 각종 산업 및 환경규제의 집행과 감시에 탁월한 효과를 갖는다고 설명하고 있다.[23)]

허스트는 결사체 민주주의가 특히 복지국가의 위기를 해결하는 데 매우 요긴하다고 주장하고 있다. 그는 자치적 자원결사체들이 위계적 조합권력(corporate power)을 대체하는 시스템, 즉 의료·교육·복지와 같은 필수적 공적 기능에 있어 자원 결사체들이 국가로부터 공적 기금을 받아 서비스를 제공하는 유연한 복지체제를 제안하고 있다. 더욱 다원적이고 수요자 중심적인 복지시스템 속에서 국가는 서비스 제공(provision)의 주체가 아니라 자금지원(funding)의 책임을 맡게 되며, 서비스의 대상과 비용에 관한 중요 결정에 대해서 책임진다. 허스트는 노령화에 대한 대비로써 서비스 공급자와 수혜자, 유급노동과 무급노동 사이의 경계를 허물어뜨리는 결사체를 통한 자원 노동(사회적 일자리)의 활용을 구체적 사례로 제시하고 있다.[24)]

최근 민주주의론과 관련하여 가장 주목할 만한 현상은 다양한 민주주의 이론의 심의 민주주의로의 수렴현상이다. 맨스브리지는 심의에 기반한 이익정치가 가능할 뿐만 아니라 바람직하다고 주장하고 있고,[25)] 펑과 라이트 역시 심의에 기반한 자치참여 거버넌스(Empowered Partici-

---

23) Joshua Cohen & Joel Rogers, *Secondary Associations and Democratic Governance: The Real Utopia Project*, pp.59~61.

24) Paul Hirst, "Renewing Democracy through Associations," pp.415~416.

25) Jane Mansbridge, "Practice-Thought-Practice," Archon Fung and Eric Olin Wright, *Deepening Democracy: Institutional Innovations in Empowered Participatory Governance* (London, New York: Verso, 2003), pp.175~189.

patory Governance)를 제안하였다.[26)]

바카로는 현실의 문제를 풀기 위하여 결사체 민주주의와 심의 민주주의를 결합할 것을 제안하고 있다. 그는 결사체 민주주의를 3단계로 나누어 설명하고 있는데, 제1단계는 공공정책의 결정과 집행과정에 결사체의 참여와 관여를 확보하는 단계이다. 이 단계에서 국가의 역할이 매우 중요한데, 국가는 집단 간 불균형을 바로 잡기 위하여 정부자원을 제공하고 기존의 결사체 구조에서 적절히 대표되지 못하는 이익의 조직화를 촉진해야 한다. 바카로는 가능하다면 집단의 선택과 결과에 더욱 신중한 포괄적 집단(encompassing group)을 선택하고, 자원을 이러한 집단의 형성에 집중해야 한다고 주장하고 있다. 2단계는 심의 포럼(deliberative forum)의 형성이다. 각 결사체의 심의 포럼은 위임받은 공공정책과 해당 결사체의 중요한 안건을 수평적 의사소통과 논리에 의해 처리한다. 마지막 3단계는 국가 역할의 재조정이다. 국가는 자신을 중심으로 모든 조직을 대규모로 수직 통합시켰던 과거의 관리방식을 폐기하고, 자율적이고 분권화된 새로운 규제 틀에 맞게 혁신해야 한다. 각 결사체들은 다양한 지역 및 기능단위별로 협력할 뿐만 아니라 현실적 문제에 대해 가장 효율적인 기술적 해결방안을 짜내는 데 선의로 경쟁한다.[27)]

---

26) Archon Fung and Eric Olin Wright, "Countervailing Power in Empowered Participatory Governance," *Deepening Democracy: Institutional Innovations in Empowered Participatory Governance*(London, New York: Verso, 2003), pp.261~285.

27) Lucio Baccaro, "Civil society meets the State: A model of associational democracy," International Institute for Labor Studies. Decent Work Porgramme, DP/138(2002), pp.5~6.

3. 다원주의적 시민 결사체(Pluralistic Civic Association)

1) 이론의 사상적 기반

결사체 민주주의의 사상적 뿌리 중 하나는 자유 다원주의(liberal pluralist)인데, 이는 두 개의 지류로 나눠 설명할 수 있다.

하나는 자유와 방임주의에 근거한 메디슨식 민주주의(Madisonian democracy)이다. 메디슨은 "파벌을 통제하기 위해 자유를 억압하는 것은 질병보다 더 해로운 결과를 낳는다"라고 주장하면서, 인간 본성에 근거한 파벌을 제한하기보다는 견제와 균형을 통해 파벌의 영향력을 조정해야 한다고 제안하였다. 이러한 미국식 사유는 집단은 자유로운 결사체의 정당한 산물로써 부당한 간섭이나 정부의 규제로부터 보호되어야 한다는 이익집단 이론으로 발전하였다. 이 계보에서 이익집단을 포함한 결사체들은 일차적으로 아래로부터 시민이 주도하는 정치과정이자, 시민들이 자율적으로 스스로를 지배하게 되는 자발적 과정으로 정당화된다.

다른 하나는 시민들의 자발성을 고무하고 정치교육을 제공하는 자원결사체(voluntary association)를 찬양하였던 존 스튜어드 밀과 토크빌로 올라간다.[28] 주지하다시피 토크빌은 미합중국, 특히 뉴잉글랜드의 타운제도와 자치기구의 작동을 주목하면서, "접근 가능한 작은 영역 내에서의 다스리는 기술(the art of government in the small sphere within his reach)"에 대해 경이로움을 감추지 않고 있다. 토크빌은 미국의 결사체에 대해 다음과 같이 묘사하고 있다.

"아메리카만큼 결사의 원칙이 수많은 목적에 성공적으로 이용되었거나

28) April Carter, "Associative Democracy," *April Carter and Geoffrey Stokes. Democratic Theory Today*(Polity Press, 2002), pp.229~230.

응용된 나라도 없다. 타운·시티·카운티 등의 이름으로 법률에 의해서 수립되는 항구적 결사 말고도 수없이 많은 결사들이 사사로운 개인들을 매개로 해서 형성되고 유지된다. 합중국에서는 공공의 안녕·산업·상업, 윤리 및 종교를 증진하기 위한 결사들이 만들어진다. 하나의 결사로 뭉친 개인들의 결합된 힘을 통해서 인간의지가 달성할 수 없는 목표는 없다는 것이다."[29]

이러한 토크빌의 관점은 결사체와 그것들의 사회인 시민사회에 대한 강조로 이어진다. 토크빌은 특히 시민덕성(civic virtue)을 배양하는 매개 결사체의 긍정적 역할을 강조하고 있는데, 그에 의하면 교회·노동조합·자치센터·사친회 등은 사회적 고립을 방지하고 사람들로 하여금 협력하고 공동 이익을 발견하게 만드는 자유의 학교이다. 그 안에서 정치적 이익들이 정식화되고 조직적 기술이 고양되며, 개인적 목표만을 우선시하는 그릇된 경향이 억제되고 공적 정신이 충만하게 된다. 특히 강조할 점은 토크빌이 결사체의 규모에 따른 성격의 차이를 예리하게 간파하고 있다는 점이다. 토크빌은 중앙집중적인 거대 관료조직의 권력구조나 대규모 정치제도들은 고립된 개인들을 압도하고, 근대세계에서 원자화와 정치적 소외를 강화시키는 경향이 있다고 보았다. 반면 소규모의 잘 조직화된 결사체들은 참여를 통해 개인들을 다양한 이슈에 효과적 영향력을 행사할 수 있도록 능력을 갖춘 공적 시민들로 변화시킨다고 극찬하고 있다.[30] 정리하자면, 토크빌은 결사체가 정치와 정책과정에서 다양한 관점을 대변하며, 회원들에게 중요한 교육 역할을 수행한다는 사실을 강조하였는데, 그의 이러한 다원주의적 정치철학은 훗날 시민사

---

29) 토크빌, 『미국의 민주주의』, 임효선·박지동 옮김(한길사, 1997), 261쪽.

30) Daniel Bell, "Civil Society versus Civic Virtue," Amy Gutmann, *Freedom of Association*(Princeton University Press, 1998), pp.247~248.

회론과 사회자본론에 지대한 영향을 미치게 된다.

2) 주장과 제안

넓은 의미에서 결사체 민주주의는 시민사회론과 사회자본론을 포괄하고 있다. 먼저, 시민사회론은 결사체 민주주의가 피어난 토양이자 인식론적 모태이다. 앞에서 보았듯이 결사체가 국가와 시장 사이에 존재하는 중간 조직으로서의 자치적·자발적 특성을 갖고 있다고 할 때, 결사체는 국가도 시장도 아닌 시민사회의 영역에 속한다. 결사체주의자에 의하면, '시민사회란 시민 결사체의 사회'이다.[31] 흥미로운 점은 <표 3-2>가 보여주는 것처럼, 시민사회의 기능과 역할에 대한 설명이 결사체의 그것과 놀라울 정도로 중복된다는 점이다. 물론, 그 이유는 시민사회를 당파적 이익집단이 아니라 공익과 공공선을 지향하는 시민 결사체들이 활동하는 영역(realm), 장(arena), 공간(range)으로 이해하고 있기 때문이다.

결사체 민주주의는 시민사회론, 특히 비영리 조직(NPO), 비정부조직(NGO), 자원조직(VO), 제3섹터(third sector) 이론의 번성과 더불어 다시 주목받기 시작하였다. 본 연구에서는 편의상 이 모두를 비정부조직(NGO)으로 통칭하고 있는데, NGO 혁명은 무엇보다도 다음의 요인에 의해 촉발되었다. 첫째는 국가 실패(state failure)이다. 복지국가이든 개발독재국가이든 정부 정책에 수반되는 관료화, 무사안일, 무책임성 때문에 서비스 전달 방식으로 비정부적 메커니즘이 선호되고 있다. 특히 미국의 경우 정부 팽창에 대한 깊은 우려라는 강력한 전통 때문에

---

31) 임혁백, 「21세기 한국 대의제 민주주의의 대안: 심의 민주주의, 결사체 민주주의, 전자 민주주의」, 한국정치학회 Post-IMF Governance 하계 학술회의(2002), 13쪽.

〈표 3-2〉 시민 결사체와 시민사회의 역할 비교

	시민 결사체의 역할[1)]	시민사회의 역할[2)]
대표	기능적 대표성을 강화	이익과 정체성 표명·표출을 위한 채널
견제	아래로부터의 권력의 견제 기능	자의적 전제통치에 대한 저항 자원 제공
교육	적극적 시민을 육성하는 민주주의 학교	시민적 행위규범을 형성
정보	신뢰할 만한 정보의 제공과 예측가능성 제고	시민들에게 정보와 권능을 부여
통치	과부하 문제를 해결하여 통치능력 강화	정부와 시장의 거버넌스 부담 감소
정치	신진 정치지도자 산출의 회랑 (corridor)	정당 역할 대행과 정치지도자들의 양성
참여	민주적 정치문화의 전파와 참여시민 육성	국가에 대한 존경심과 긍정적 참여를 유발

자료 1): 임혁백, 「21세기 한국 대의제 민주주의의 대안: 심의 민주주의, 결사체 민주주의, 전자 민주주의」, 14~17쪽.

2): Sun Hyuk Kim, *Democratization in Korea. the Role of Civil Society*(University of Pittsburgh Press, 2000), pp.8~9.

NGO의 발전이 일찍 시작되었다. 둘째는 시장실패(market failure)이다. 20:80의 사회나 두 개의 국민이라는 비유가 함의하고 있는 것처럼 시장은 공공재 혹은 집단재 창출의 내재적 한계를 안고 있다. 이러한 시장의 한계를 극복할 메커니즘으로서 NGO가 각광을 받기 시작했다.[32)] 이러한 거시적 흐름은 시장과 정부는 모두 불완전한 대안이며, 특히 국가는 큰 일을 하기에는 너무 작고 작은 일을 하기에는 너무 큰 존재라는 인식을 확산시켰다. NGO는 불완전한 시장과 불완전한 국가를 정책적으로 보충해 주며 또한 시장과 국가의 관계를 민주적 질서하에 묶어 두려는 통치 패러다임의 변환적 모색이라 할 수 있다.[33)]

32) Lester M. Salamon, "What is the Nonprofit Sector and Why Do We Have It?" J. Steven Ott, *The Nature of the Nonprofit Sector*(Westview Press, 2001), pp.165~166.

33) 강명구, 「정부와 NGO 관계의 비교론적 검토」, 박재창 편, 『정부와 NGO』(법문사, 2000), 58쪽.

결사체 민주주의에서 NGO를 강조하는 까닭은 그것이 민주주의에 대단히 긍정적으로 기여한다는 확고한 신념 때문이다. NGO는 국가가 할 수 없는 것을 감시하고, 국가가 하기 싫어하는 것을 주창하며, 국가에 모자라는 부분을 혁신하고, 국가가 필요성을 인정하면서도 행동할 여력이 없는 부문에 서비스를 제공한다.[34]

자유다원적 결사체 민주주의를 구성하는 또 하나의 축은 퍼트남에 의해 정식화된 사회자본론이다. 퍼트남의 사회자본론은 그가 고백하였듯이 알몬드와 버바의 1963년의 저서 *The Civic Culture*와 토크빌의 *Democracy in America*의 현대적 부활이라 할 수 있다. 또 하나의 지적 기원은 사회자본 개념을 고안하여 경제학자나 사회학자들의 시장중심적 사고방식을 사회적 관계망, 규범, 가치들과 관련짓는 교량을 놓았던 제임스 콜만이다. 아무튼 사회자본론은 사회화 과정에서 규칙적이고 협동적인 사회적 상호작용이 집합적 문제들을 풀어가는 데 가장 중요한 역할을 하며, 사려 깊은 공공정책, 건강한 경제 성장, 효과적인 공공행정이 모두 이로부터 비롯된다고 주장한다.[35]

퍼트남의 사회자본론이 결사체 민주주의의 또 하나의 축이 되는 이유는 그의 이론이 민주주의의 핵심 지표로써 결사체, 특히 지역 결사체 활동의 생동력에 주목하고 있다는 점 때문이다. 퍼트남은 이탈리아의 효과적인 민주지배에 대한 경험적 연구를 통해 지역별 거버넌스의 차이는 그 지역이 풍부한 자율적 사회조직의 체계를 갖추었느냐가 결정한다고 결론지었다. 즉, 시민적 자발성에 기초하여 지역에 근거를 둔 다양한 협력적 네트워크가 사회공동체에 대한 관심과 신뢰, 정치적 시

---

34) 조효제 편역, 『NGO의 시대』(창작과 비평사, 2000), 12쪽.

35) Theda Skocpol & Morris P. Fiorina, "Making Sense of the Civic Engagement Debate," Skocpol & Fiorina(eds.), *Civic Engagememt in American Democracy*(Brookings Institution Press, 1999), pp.13~14.

민참여, 사회적 연대와 유대를 형성해 민주주의와 경제발전에 기여할 것이라 지적하고 있다.[36] 아울러, 그는 지역 결사체 멤버의 감소가 시민적 삶으로부터의 이탈과 사회개선 노력으로부터의 후퇴로 판단하고 있는데, 그런 연유에서 전국적 단체에 가입하는 것보다 지역 단체에 가입하는 것이 보다 많은 사회자본을 생산할 수 있다고 권유하고 있다.[37]

4. 이론적 쟁점

1) 근본적 회의: 결사체는 과연 모두 민주적인가?

앞에서 살펴본 것처럼 결사체 민주주의는 결사체와 민주주의의 구조적 친화성은 물론이고 결사체가 민주주의의 가장 중심적인 동력이자 운용 단위라는 기본 인식을 공유하고 있다. 그러나 이에 대한 반론과 비판도 줄기차게 제기되어 왔다.

가장 오래된 그리고 완강한 반론은 이익 결사체를 가장 대표적인 결사체로 간주하는 이익집단 이론에서 발전되어 왔다. 특히 비판자들은 이익집단은 '잘해야 너무 큰 해악을 끼치기 전에 통제되지 않으면 안되는 필요 악'이며, 집단 사이의 불평등에 무감한 다원주의자들은 현상유지(status quo)의 옹호론자들이라고 신랄하게 공격하고 있다. 이익집단 정치는 상층계급(upper class)의 목소리만이 울려 퍼지는 다원주의 천국이라는 샤트슈나이더의 지적과 공적 관심이나 참여 없이 특수이익이

---

36) Robert D. Putnam, *Democracies in Flux*(New York: Oxford University Press, 2002).

37) Jeffrey M. Berry, "The Rise of Citizen Groups," Theda Skocpol & Morris P. Fiorina(eds.), *Civic Engagememt in American Democracy*(Brookings Institution Press, 1999), p.388.

지배하는 비경쟁의 폐쇄체제라는 로위의 이익집단 자유주의 등이 대표적인 비판에 해당된다.[38)]

두 번째 반론은 시민사회 자체를 근본적으로 선한 것으로 간주하는 토크빌식의 자유다원주의적 시민사회론에 대한 근본적 비판이다. 물론, 그것의 사상적 뿌리는 시민사회를 부르조아지들의 계급적 지배가 관철되는 경제 영역으로 파악한 마르크스의 관점이다. 예를 들어, 자유주의적 시민사회론에 대해 손호철은 "자본이라는 주적을 은폐하고 토대의 변혁이라는 근본적이고 엄중한 과제를 시민사회의 문제로 해소하며, 다차원적 정체성을 명분으로 현대 자본주의 사회의 중심적 문제인 계급 중심성을 포기하고 있다"라고 비판하였다.[39)] 아무튼 시민사회가 시민적 덕성으로 충만한 적극적 시민만이 존재하는 것도 아니며, NGO와 같은 공익적 시민단체만이 활동하는 이상적 공동체가 아니라는 인식은 점차 확산되고 있다. 비판적 시민사회론자들인 리프(David Rieff)는 시민사회를 고귀한 목적을 추구하는 사람들에게만 국한시키는 최근의 조류로 인해 그 개념은 '정치적·사회적 개념이 아니라 신학적 개념'으로 변질되었다고 비판하였고, 캐러더스(Thomas Carothers) 역시 "시민사회의 상당 부분은 사적인 그리고 흔히 편협하고 탐욕적인 목적에 사로잡혀 있으며 따라서 시민사회의 탈신비화가 필요하다"라고 주장하였다.[40)] 세 번째 반론은 시민 결사체 자체가 언제나 민주주의에 긍정적 효과를 가져온다는 전제에 대한 비판이다. 이에 대해 경험적 자료에 바탕한 가장 체계적인 비판은 결사체에 의한 참여가 증진되면 될수록 정치과정과 정책결정이 극단적 주장을 서슴치 않는 조직화된 소수의 수중에 떨어지게 된다

38) 이 책의 제2장 65쪽 참조.

39) 손호철, 「김성국 교수에 대한 반론: 자본인가, 국가인가」, 유팔무·김정훈 엮음, 『시민사회와 시민운동2』(도서출판 한울, 2001), 107쪽.

40) 조효제 편역, 『NGO의 시대』, 56쪽.

고 본 피오리나의 연구이다. 그녀는 온건한 중도적 의견이 잘 대표되지 못하는 이유에 대해 극단주의자들은 상징이나 원칙을 더욱 강조하고, 합당한 타협으로 보이는 것을 거부하며, 모든 것을 흑백으로 재단하고, 자신들에게 동의하지 않는 사람들을 적으로 간주하기 때문이라고 설명하고 있다.[41] 뉴튼 역시 사회의 균열과 갈등을 확대재생산하는 비사회 자본(unsocial capital)을 생산하는 조직을 주목하고 있다.[42] 구성원 간의 결속력은 강하지만 사회 전반에 대해서는 배타적이고 적대적인 태도를 취하고 있는 이러한 조직으로는 갱·민병대·종교적 근본주의자·우익 극단주의자·마피아·테러리스트 등이 해당된다. 벨 역시 RCA(Residential Community Associations)에 대한 사례 연구를 통해 때로 시민사회에서의 결사체 생활은 시민적 덕성을 잠식할 수도 있다는 사실을 보여주고 있다. 그는 RCA는 회원들에게는 지역 공동체와 국가에 대한 충성과 헌신도의 현저한 감소로, 비회원들에게는 공공서비스를 위한 세수 기반의 감소로, 사회에게는 정치시스템에 대한 소외감과 빈부 격차의 증대를 유발하고 있음을 입증하였다. 그는 시민사회에 대한 토크빌적 관점은 150년 이전에 만들어진 것으로 더 이상 현대 생활에 설득적이지 않다고 결론짓고 있다.[43]

마지막으로 주목할 만한 연구는 결사체가 늘 긍정적이거나 부정적인 것이 아니라 그것이 뿌리를 두고 있는 맥락이 중요하다(context matters)는 역사적 제도학파의 주장이다. 이들의 문제의식은 모순된 역사적 경험에 대한 지적 호기심, 즉 퍼트남이 시민사회가 고도로 발전하였다고 본

41) Morris P. Fiorina, "Extreme Voices: A Dark Side of Civic Engagement," Theda Skocpol & Morris P. Fiorina(eds.), *Civic Engagememt in American Democracy* (Brookings Institution Press, 1999), pp.408~412.

42) Kenneth Newton, "Social and Political Trust," Pippa Norris ed., *Critical Citizens: Global Support for Democratic Government*(Oxford: Oxford University Press, 1999).

43) Daniel Bell, "Civil Society versus Civic Virtue," p.260.

북부(good Northern) 이탈리아 지역에서 과거에는 왜 파시즘이 유례없이 번성하였으며, 북부 아일랜드와 같이 종교적으로 극심한 분열사회(divided society)에서는 자발적 결사체 조직과 활동이 왜 빈번한 폭력과 소요를 유발하는지를 묻고 있다. 이들의 해답은 간명하다. 구체적 조건과 맥락이 민주주의 안에서, 그리고 민주주의를 위한 결사체의 역할에 결정적 영향을 미친다는 것이다. 이들은 맥락을 결사체가 뿌리를 내리고 있는 정치 시스템(macro-context), 시민참여가 이루어지고 있는 개별 결사체적 특징(meso-context), 일상생활의 사회조직(micro-context)의 세 개의 층위로 나뉘어 각 국의 역사적 사례들을 설명하고 있다.[44)]

2) 내재적 대립: 국가의 역할

결사체 민주주의 내부의 가장 큰 대립 지점은 현행 이익 시스템의 전환 과정(associative turn)과 관련하여 국가의 지위 및 역할과 관련한 논의이다. 결사체 민주주의의 주창자들 모두는 결사체의 특징과 성격은 고정되었거나 자연적인 것이 아니라 정치제도가 만들어낸 기회와 인센티브의 산물이며, 그렇기 때문에 정치와 공공정책을 통해 변화 가능하다는 것에는 대체로 동의하고 있다. 아울러, 국가의 주요 기능을 관련 결사체에 분권·위임하되, 그것의 집행과정에 대한 감시와 조정 기능은 오히려 강화되어야 한다는 데에도 일치하고 있다. 스트릭과 슈미터는 조직이 자율규제를 수용할 수밖에 없는 이유를 그것을 제대로 이해하지 않았을 경우 가해질 엄격한 통제, 즉 디모클레스(Damocles)의 칼로 상징되는 직접적 국가개입의 가능성을 지적하고 있다.[45)] 한 연구자 역

---

44) Sigrid Abingdon Roßteutscher, *Democracy and the role of associations: political, organizational and social contexts*, pp.7~9.

45) Wolfgang Streeck and Philippe C. Schmitter, "Community. market. state-and

시 결사체주의에서 국가는 복지국가체제나 경쟁국가체제와 달리 린드블럼이 제시하는 정치경제적 삶을 규제하는 근본 구조와 관련된 대쟁점(grand issue)에 집중하며, 특히 결사체 활동의 지원·감시·분쟁조정에 치중하는 결사체 중심의 관리국가로 변모한다고 설명하고 있다.[46)]

그러나 결사체의 성격 변화를 위한 제도적 설계, 즉 인위성(artifactuality)의 주체와 관련하여서는 코헨과 로저스와 허스트가 정면으로 대립하고 있다. 코헨과 로저스, 슈미터 모두는 시스템을 개혁하는 전략적 주체로서 국가를 전면에 내세우고 있다. 반면, 허스트는 국가가 아니라 시민들의 자발적 참여에 의해 만들어질 때 결사체는 가장 효과적으로 작동하게 된다고 보았다. 구체적으로 그는 지역적 수준에서 활동하고, 경제적 활성화 프로그램을 추진할 주 혹은 지방자치단체의 노력을 강화하고, 이러한 프로그램을 전담할 대행 기구를 창설하자고 제안하였다. 그런 점에서 코헨과 로저스의 입장을 국가주의적 결사체 민주주의(statist associative democracy)로, 허스트의 입장을 사회적 결사체 민주주의(societal associative democracy)로 구분할 수 있다.[47)]

이를 더욱 구체적으로 살펴보자. 먼저, 코헨과 로저스는 국가의 적극적 개입을 통한 시스템 재편을 주창하였는데, 이러한 입장은 국가라는 적극적 행위자를 설정함으로써 개혁전략의 유망한 기초를 제공하고, 결사체 사이의 더욱 공정한 대표의 가능성을 열어 놓았다고 평가할 수 있다. 슈미터 역시 사적으로 조직된 이익의 공적 이용은 약한 것이 아니라 강한 국가를 요구한다는 점을 분명히 밝히고 있다. 결사체적 사회질

---

associations? The prospective contribution of interest governance to social order," p.20.

46) 이태홍, 「결사체주의와 정책결정」, 283쪽.

47) 김의영, 「결사체 민주주의에 대한 소고」, 한국정치학회, 《한국정치학회보》, 39집 3호(2005), 446쪽.

서는 이익 매개체에 대한 국가 기능의 위임을 함의하지만 동시에 새로운 자율규제 시스템을 설계, 모니터, 체크할 수 있는 능력 있는 국가를 필요로 한다는 것이다.

이에 대한 신랄한 비판은 허스트에게서 제기되었다. 허스트에 따르면, 국가를 통한 시스템의 재구축(crafting)은 불가피하게 조직들의 완강한 저항과 국가의 능력과 정당성에 대한 의심을 초래하게 된다. 허스트는 이러한 국가는 궁극적으로 시민주권과 다수결 원칙에 복종하지 않을 것이기 때문에, 새로운 전략을 채택할 것을 제안하고 있다. 그는 결사체 사이에 힘의 균형을 가져오고 결사체와 분권 국가 사이에 협력적 거버넌스의 새로운 패턴을 신장시킬 수 있는 방법으로 두 가지를 제시하고 있다. 하나는 위로부터의 국가 책략(state crafting)이 아니라 아래로부터(from below) 결사체들을 강화시키는 과정인데, 이는 시민사회 내에서 자원 활동과 정치적 캠페인과 연관되며 더 강한 결사체가 다소 약한 결사체(the poor, the excluded, the unpopular case)들을 지원하는 것이다. 다른 하나는 하위단위의 경제를 위해 협력정치를 고무하고 경제 활성화를 위한 프로그램을 촉진하기 위해 지역, 혹은 지방 정부의 노력을 증진시키기 위한 실험들이다. 그것은 기업 내부에서 사용자와 노동자 간의 협력적 관계를 증진시키는 것과 아울러 기업-대학-지자체 사이의 혁신 클러스터처럼 기업들 사이, 즉 조직 노동과 지역의 공공 기관 사이의 파트너십의 증진으로 구성된다.[48]

---

48) 필자는 한국적 현실을 고려할 때 코헨과 로저스의 국가중심적 개혁전략이 더욱 타당하다고 생각한다. 자유 다원주의나 사회조합주의에서 출발하여 결사체 민주주의를 지향하는 다른 나라들과는 달리 국가조합주의에서 출발하는 우리의 경우 제도적 차이와 여건의 불비 때문에 더 많은 전환 비용을 지불하지 않으면 안 될 것이다. 국가는 여전히 존재하고 있는 국가조합주의의 구시대적 유산을 해체하는 역할에서나 행정혁신을 통해 자율규제의 조건을 구축하는 일 모두에 있어서 압도적으로 중요한 행위자일 수밖에 없다

3) 외재적 긴장: 여타 민주주의 이론과의 관계

이론적으로 또 하나의 흥미로운 쟁점은 결사체 민주주의와 다른 민주주의 혹은 이익대표 체계와의 연관성이다.

첫째는 결사체 민주주의와 대의 민주주의의 관계이다. 이 점에 대해서는 결사체 민주주의가 대의 민주주의를 대체하는 것이 아니라 보완(supplement)하는 것이라는 의견이 지배적이다. 허스트는 19세기 초 사회주의의 영향을 강하게 받았던 초기 결사체주의는 오늘날과 달리 대의 민주주의를 완전히 대체할 수 있는 새로운 기능적 민주주의를 추구하였고, 시장에 기반한 경제를 분권적 유형의 사회주의 경제로 대체하고자 했다고 보고 있다. 그는 다음과 같이 초기 결사체주의에 대한 비판적 평가를 통해 현대의 결사체 민주주의의 위상을 자리매김하고 있다.[49]

> "오늘날의 결사체 민주주의는 단지 대의 민주주의의 보완일 뿐이며, 개별 시민과 결사체들의 권리를 보호할 공공권력으로서 국가의 폐지를 추구하지 않는다. 그런 의미에서 결사체주의는 자유주의를 대체하는 것이 아니라 확장하고 고무한다. 마찬가지로 결사체적 거버넌스와 결사체적 복지는 시장경제를 대체하거나 공적으로 조달되는 복지 수준의 감소를 추구하지 않는다. 반대로 결사체적 거버넌스는 시장경제가 잘 작동할 수 있도록 시장의 사회적 기반을 확장하며, 결사체적 형태의 복지는 집단주의 시스템의 실패를 거울삼아 개인의 선택권과 통제권을 증진시킨다."

허스트는 또 다른 논문에서 현재의 대의 민주주의가 정치참여의 쇠

---

49) Paul Hirst, *Associative Democracy: New Forms of Economic and Social Governance*, p.19.

퇴와 세계화에 따른 국가의 통치능력의 하락을 경험하고 있다고 진단하면서, 결사체 민주주의의 핵심은 많은 사회적 활동들이 가능한 한 자치적인 자원 결사체에 위임되도록 함으로써 대중의 정치적 참여를 진작시키고 궁극적으로는 민주적 대의정부의 고전적 메커니즘이 더 잘 작동될 수 있도록 만든다고 평가하고 있다.[50] 코헨과 라저스 역시 자신들의 결사체주의는 두 가지 동기, 즉 하나는 이론적으로는 타당하나 현실성이 취약한(good in theory but not so good in practice) 롤즈의 평등사상을 제도적 차원에서 더 구체화시키는 것이고, 다른 하나는 현재의 정치경제 시스템에 대한 합리적 대안과 제도적 개혁방안을 제시하는 것이라 밝히고 있다.[51]

둘째는 결사체 민주주의와 민주적 조합주의(사회조합주의)와의 관계이다. 앞에서 살펴본 것처럼 결사체 민주주의, 특히 조합주의적 이익결사체는 사회조합주의와 밀접한 연관이 있다. 둘 모두 직능 대표를 강조하고 있고, 공공정책의 입안과 집행에 일방적 규제 대신 2차 결사체들의 참여를 제도화시키고 있으며, 국가 개입의 필요성을 인정한다는 점에서 공통된다.[52] 그러나 한편으로 거기에는 적지 않은 질적인 차이들이 존재한다. 결사체 민주주의는 여러 본질적 차이에도 불구하고 다원주의나 민주적 조합주의 모두 집단의 조직력에 비례하여 발언권을 부여한다는 점에서, 특히 조직 노동과 조직 자본의 발언권에 우선순위를 부여한다는 점에서, 이 둘 모두 협상권이 부여된 결사체에게는 조직의 독점과 특권을 보장하며 확정된 게임 밖에 있는 열외자(outsider)들에

50) Paul Hirst, "Renewing Democracy through Associations," pp.409~419.

51) Joshua Cohen & Joel Rogers, *Secondary Associations and Democratic Governance: The Real Utopia Project*, p.10.

52) Lucio Baccaro, "Civil society meets the State: A model of associational democracy," p.7.

〈표 3-3〉 결사체 민주주의와 사회조합주의의 차이

	결사체 민주주의	사회조합주의
참여의 범위	개방적	노·자와 같은 거대 결사체
선호 협약	분권화된 형태의 사회적 담론(dialogue)	정상수준의 사회협약
집단 인식	집단의 실용적 문제해결 능력	순응을 담보할 집단의 능력을 강조
탈퇴	용인	제한

게는 소외와 배제를 조장하는 차별에 근거한 이익체계라고 비판하고 있다.[53] 그런 점에서 결사체주의자들은 사회조합주의의 제도적 실체인 노·사·정 삼자협상을 다른 이익을 배제하는 엘리트주의이자 중앙집중주의로 거부한다. 바카로는 결사체주의와 조합주의의 차이를 <표 3-3>과 같이 설명하고 있다.[54]

셋째는 결사체주의와 공화주의, 특히 시민 공화주의(civic rupublicanism)와의 관계이다. 사회주의 붕괴 이후 최근 영미권의 좌파를 중심으로 공화주의 이념이 새롭게 부각되고 있다. 결사체와 자유로운 개인들의 적극적 참여와 시민권을 강조한다는 점에서 이 둘은 공통된다. 또한 책임 있는 시민의식의 고양과 개인의 행복 추구권을 뛰어 넘어 사회정의를 제고하는 데 관심을 갖고 있다는 점에서도 유사하다. 그렇지만 결사체 민주주의는 시민 공화주의의 교리인 단일한 정치공동체와 합의된 공공선(public good)의 존재를 근본적으로 부정한다는 점에서 결정적 차

53) 그래디는 조합주의가 노골적인 엘리트주의에 기초하고 있다고 비난하고 있다. 그는 조합주의가 구성원들의 요구를 위로부터 통제하고 그럼으로써 정부에 대한 요구를 감소시키는, 기능적 조직들의 통제 능력을 통해 통치 안정성을 담보한다고 설명한다. 따라서 이 대안은 인민주권의 회복 혹은 진정한 대표성의 복원이라는 민주주의 문제에 대한 반민주적 처방이라고 비판하고 있다. Robert C. Grady, *Restoring Real Representation*(University of Illinois Press, 1993), p.7.

54) Lucio Baccaro, "Civil society meets the State: A model of associational democracy," p.7.

이를 갖고 있다. 결사체주의자들에게 제1의 정치적 단위가 자유로운 결사체라면, 공화주의자들에게 그것은 특수이익으로부터 자유로운, 자율적 시민으로 구성된 공동체이다. 그렇기 때문에 공화주의자들은 조직화된 특수이익의 개입을 막기 위해 정당에 대한 선거 공영제의 시행을 제안하고 시민과 정부를 연결시켜 주는 대안으로서 결사체보다는 강력한 정당을 선호한다. 반면, 결사체주의자들은 공공선에 대한 강조는 결사체주의자들이 용인할 수 있는 것 이상의 엄격한 도덕률(thicker common morality)를 요구하게 될 것이라고 경계하고 있다. 또한 결사체주의자들은 공화주의가 바람직하지 않을 뿐 아니라 실현가능한 프로젝트가 아니라고 보고 있다. 카터는 국가 정체성의 공유의식에 의해 단합된 사회를 전제하고 있는 공화주의는 강력한 인종적 다양성, 종교적·문화적 다원주의, 대립적인 생활 스타일을 갖고 있는 현대 사회에서는 유토피아일 뿐이라고 꼬집고 있다.[55] 허스트 역시 신공화주의는 사회적 목표가 점차 다양하게 분화하고 있는 다원주의 사회와 부합하지 않으며, 오늘 우리에게 필요한 것은 시민들에게 같아지라고 훈계하는 것이 아니라 서로를 다르게 존재할 수 있도록 허용하는 정치적 공동체라고 지적하고 있다.[56]

마지막으로 결사체 민주주의와 다원주의의 관계를 살펴보자. 사실이 둘은 대단히 친근한 사상적 뿌리와 인식론을 공유하고 있다. 무엇보다도 이 둘은 공화주의나 공동체주의와 달리 결사체에 대해 긍정적이며, 집단은 이익 대표를 통해 정치 참여와 사회적 평등을 증진시킬 수 있다고 전제하고 있다. 그러나 이 둘은 한편으로는 화해하기 어려운 대립적 요소를 지니고 있다. 첫째, 공공성과 공공 영역에 대한 인식의 차

55) April Carter, "Associative Democracy," p.242.

56) Paul Hirst, *Associative Democracy: New Forms of Economic and Social Governance*, p14.

이이다. 결사체 민주주의와 자유 다원주의는 국가의 기능을 분산하여야 한다는 점에서는 인식을 같이하나, 자유 다원주의가 국가기능의 축소를 통해 공공 서비스와 공적 규제를 줄이려 한다면, 결사체주의는 그와는 반대로 공공영역의 축소가 아니라 실질적인 활성화와 확장을 추구한다.[57] 둘째, 결사체에 대한 인식의 차이이다. 다원주의나 조합주의에서도 사회집단은 중요한 의미를 갖지만 어디까지나 국가의 통제와 조정을 받는 부수적 집단이다. 이와 달리 결사체주의에서 사회집단은 정책의 결정과 집행을 자율적으로 수행한다는 점에서 1차 집단(primary association)이다.[58] 허스트는 달과 보비오 같은 위대한 자유 민주주의 사상가들이 결사체 민주주의를 수용하지 않은 까닭을 국가를 중심적인 정치 공동체로 간주하기 때문이라고 추론하고 있다. 다원주의에서 국가는 일차 결사체로 중시되며, 자율 조직들은 획일적 전제 전제를 막는다는 의미에서 중요하게 고려되고 있지만 근본적으로는 부수적 결사체(secondary association)로 간주된다는 것이다.[59] 셋째, 정책결정 과정의 차이이다. 다원주의에서 정치적·정책적 결정은 기본적으로 위협과 약속에 근거한 협상(bargaining) 과정으로 이루어진다. 그러나 결사체 민주주의의 결정과정은 동등한 참여기회를 부여받은 결사체 간의 협의와 토의로 이루어진다.[60] 또한 결사체 민주주의는 다원주의의 가장 급진적 버전인 평등주의적 다원주의조차 무관심하게 방치하여 놓았던 집단 간의 협력과 조정의 문제를 정치의 본질적 문제로 격상시키고 있다.[61]

---

57) 같은 책.

58) 안승국, 「결사체 민주주의와 정치공동체: 국가-시민사회 관계의 대전환 모색」, 77쪽.

59) Paul Hirst, *Associative Democracy: New Forms of Economic and Social Governance*, p.25.

60) Lucio Baccaro, "Civil society meets the State: A model of associational democracy," p.4.

5. 과제와 전망

결사체 민주주의는 적지 않은 심각한 문제점과 해결해야 할 과제들을 안고 있다. 코헨과 로저스는 결사체 민주주의의 문제를 네 가지 차원에서 제기하고 이에 대한 해결책을 제시한 바 있다. 첫째, 인민 주권의 침해가능성이다. 집단에 대한 정부 권한의 위임과 공적 지위의 부여는 자칫 집단의 리더십과 회원 사이의 이해의 상충 문제를 야기할 수 있다. 즉, 책임성의 대상이 조직의 평회원이 아니라 위임 권한을 부여하는 정부 관료나 조직의 상층부에 민감해질 가능성(과두제의 철칙)이 있다. 다른 하나는 프랑켄슈타인 이슈라 불리는 독립적 권력의 문제, 즉 공적 지위와 국가지원금을 받는 단체가 유효성이 종료된 이후에도 권한을 지속적으로 행사하려 하고, 그러한 자원을 활용하여 자신의 지위를 고착화시켜 버리는 경우이다. 둘째, 정치적 평등의 문제이다. 기존의 강력한 기능적 전문 집단이 정부의 파트너로서 우대받을 확률이 크다는 점인데, 이 경우 결사체 사이의 초기 역학관계가 반영구적으로 고착되는 결과가 발생할 수 있다. 셋째, 분배적 형평의 악화 가능성이다. 조직화가 어려운 빈곤 계층이나 저소득 노동계층의 경우 오히려 소득수준이 악화될 가능성이 있으며, 결사체 민주주의가 상정하고 있는 기능적 대표체계는 지역적 불평등 문제를 다루는 데 비효율적이라는 한계가 있다. 넷째, 시민의식과의 충돌 가능성이다. 결사체 민주주의의 적용은 자칫 덜 정치적인 조직에만 공적 권한을 위임하는 경향을 심화시킬 수 있으며, 한편으로는 경쟁적인 집단의식을 과잉 고취시킬 가능성이 농후하다는 점이다.[62] 이들은 이러한 문제점에 대해 조직 민주화의 제도적

---

61) Joshua Cohen & Joel Rogers, *Secondary Associations and Democratic Governance: The Real Utopia Project*, p.30.

62) 같은 책, pp.55~69.

확장, 일몰제(sunset legislation) 도입, 위반 결사체에 대한 강력한 징계처분, 취약 조직 영역에 대한 중앙 정부의 지원 등을 제안하고 있다.

그러나 이러한 보완적 처방의 적절성과는 별도로 여전히 관건은 집행력의 담보이다. 만약 권한을 위임받은 기관들이 고도로 중앙화되고 시장지향적으로 된다면, 내적 민주주의를 촉진할 가능성은 더욱 제약될 것이기 때문이다.[63] 또한, 결사체 민주주의의 권한 위임은 국가의 축소와 경제 영역의 민영화와 같이 신자유주의 이데올로기에 부합하는 측면이 존재한다. 자칫 결사체 민주주의가 억압적인 국가와 자본의 일방적 주도권 속에서 왜곡된 형태로 강제된다면, 결사체 간의 불평등과 노동 계층의 지위 하락을 가속화시킬 수도 있다.

끝으로 결사체적 처방(the associative elixir)은 실현 가능성과 필요성의 모순을 내장하고 있다. 민주적 발전을 위해 결사체주의를 필요로 하는 지역들은 유감스럽게도 민주적 가치와 태도가 결핍되어 있는 곳이며, 따라서 그것의 실현가능성에는 의구심이 일고 있다. 혹자는 바로 이런 연유에서 결사체 민주주의에 대한 초기의 열광적 환호성이 잦아들고, 거품과 후유증에 대한 우려가 늘어가고 있다고 평가하고 있다.[64]

이러저러한 과제에도 불구하고 결사체 민주주의는 여러 가지 점에서 매력적인 이념임에 틀림없다. 무엇보다도 뒤르켐과 슈미터가 공유하였던 정치적 신념, 즉 결사체 활동을 통해서도 공공선과 공익의 확보가 가능하다는 인간의 이성과 능력에 대한 건강한 믿음 때문이다. 기존의 모든 정치적 대안들은 사적 결사체와 그 활동을 억제(curb)의 대상으로 간주했거나 그 반대로 정치적 평등이나 국가의 문제를 도외시하였다. 결사체 민주주의는 분권과 자율이라는 급진적 가치의 심화와 발전을

---

63) April Carter, "Associative Democracy," p.246.

64) Sigrid Abingdon Roßteutscher, *Democracy and the role of associations: political, organizational and social contexts*, p.244.

통해 국가와 시민사회 모두의 공적 기능을 활성화하고자 한다.

마지막으로 슈미터의 표현을 빌려 결사체 민주주의를 옹호하자면, 결사체 민주주의의 매력은 영웅적이지도 웅변적이지도 않다는 점에 있다. 결사체 민주주의는 공적 심의(deliberation)에 있어 개별 시민들이 직접 참여했던 영광스러운 고대 폴리스로의 복귀를 주장하지도 않고, 두 눈에 불을 켠 채 공적 문제에만 열중하는 시민정신에 충만한 장밋빛 공동체를 약속하지도 않는다. 결사체 민주주의는 개인이 아니라 조직에 권능을 부여하고, 정책결과만이 아니라 참여과정을 중시하며, 현대 사회의 다양한 사적 이익의 편재(ubiquity)를 수용하고, 일반 이익과 공적 이익의 과장된 주장을 부정한다. 결사체주의는 고귀한 열정이나 선구적 통찰력이 아니라 시민이나 결사체의 자기이익(self-interest)이 민주주의의 출발점이라는 소박하지만 오래된 진리 위에 서 있다.[65)]

65) Phillipe C. Schmitter, "The Irony of Modern Democracy and the Viability of Efforts to Reform its Practice," p.171.

참고문헌

강명구. 2000. 「정부와 NGO 관계의 비교론적 검토」. 박재창 편. 『정부와 NGO』. 법문사.

김세균. 1995. 「시민사회론의 이데올로기 함의 비판」. 유팔무·김호기. 『시민사회와 시민운동』. 도서출판 한울.

김영래. 1997. 「이익집단의 개념과 유형」. 김영래 편. 『이익집단정치와 이익갈등』. 도서출판 한울.

김의영. 2001. 「세계화와 한국정치경제의 가버넌스: 결사체 가버넌스를 중심으로」. ≪국제정치논총≫, 41집 2호.

_____. 2005. 「결사체 민주주의에 대한 소고」. 한국정치학회. ≪한국정치학회보≫, 39집 3호.

손호철. 2001. 「김성국 교수에 대한 반론: 자본인가, 국가인가」. 유팔무·김정훈 엮음. 『시민사회와 시민운동2』. 도서출판 한울.

안병진. 2005. 「미국의 결사체 민주주의와 전국적 자원봉사조직: AmeriCorps를 중심으로」. 한양대학교 제3섹터연구소. ≪시민사회와 NGO≫, 통권6호.

안승국. 1997. 「결사체 민주주의와 정치공동체: 국가-시민사회 관계의 대전환 모색」. ≪한국정치학회보≫, 31집 3호.

에밀 뒤르켐. 1998. 『직업윤리와 시민도덕』. 권기돈 옮김. 새물결.

유재원. 2000. 「사회자본과 자발적 결사체」. ≪한국정책학회보≫, 9권 3호.

이태홍. 1997. 「결사체주의와 정책결정」. 안승국 외. 『정치의 대전환: 포스트모던 공동체와 결사체 민주주의』. 인간사랑.

임혁백. 2000. 「21세기 한국 대의제 민주주의의 대안: 심의 민주주의, 결사체 민주주의, 전자 민주주의」. 한국정치학회. Post-IMF Governance 하계 학술회의.

정상호. 2003. 「공익적 시민운동을 넘어서」. ≪경제와 사회≫, 60호.

조효제 편역. 2000. 『NGO의 시대』. 창작과 비평사.

주성수. 2004. 『NGO와 시민사회: 이론. 정책. 모델』. 한양대학교 출판부.

토크빌. 1997. 『미국의 민주주의』. 임효선·박지동 옮김. 한길사.

Baccaro, Lucio. 2002. "Civil society meets the State: A model of associational democracy." International Institute for Labor Studies. Decent Work Porgramme. DP/138.

Baumgartner, Frankand R. and Beth L. Leech. 1998. *Basic Interest*. Princeton University Press.

Bell, Daniel. 1998. "Civil Society versus Civic Virtue." Amy Gutmann. *Freedom of Association*. Princeton University Press.

Berry, Jeffrey M. 1999. "The Rise of Citizen Groups." Theda Skocpol & Morris P. Fiorina(eds.). *Civic Engagememt in American Democracy*. Brookings Institution Press.

Carter, April. 2002. "Associative Democracy." *April Carter and Geoffrey Stokes. Democratic Theory Today*. Polity Press.

Chhibber, Pradeep K. 1999. *Democracy without associations: transformation of the party system and social cleavages in India*. University of Michigan Press.

Cohen Joshua & Joel Rogers. 1995. *Secondary Associations and Democratic Governance: The Real Utopia Project*. London: Verso.

Fiorina, Morris P. 1999. "Extreme Voices: A Dark Side of Civic Engagement." Theda Skocpol & Morris P. Fiorina(eds.). *Civic Engagememt in American Democracy*. Brookings Institution Press.

Fung, Archon and Eric Olin Wright. 2003. "Countervailing Power in Empowered Participatory Governance." *Deepening Democracy: Institutional Innovations in Empowered Participatory Governance*. London, New York: Verso.

Grady, Robert C. 1993. *Restoring Real Representation*. University of Illinois Press.

Hirst, Paul. 1994. *Associative Democracy: New Forms of Economic and Social Governance*. Polity Press.

_____. 1995. "Can Secondary Associations Enhance Democratic Governance?"

Cohen & Rogers. *Secondary Associations and Democratic Governance: The Real Utopia Project*. London: Verso.

_____. 2002. "Renewing Democracy through Associations." *The Political Quartly*.

Im Hyug Baik. 1999. "From affiliation to association: The challenge of democratic consolidation in Korean industrial relations". D. L. Mcnamara(ed.). *Corporatism and Korean Capitalism*. London: Routledge.

Kim, Sun Hyuk. 2000. *Democratization in Korea. the Role of Civil Society*. University of Pittsburgh Press.

Leblebici, Huseyin and Gerald R. Salancik. 1989. "The Rules of Organizing and the Managerial Role." *Organization Studies,* No.10.

Lowi. Theodore. 1970. "Decision Making vs. Policy Making: toward an Antidote for Technology." *Public Administration Review*, May/June.

Mansbridge, Jane. 1992. "A Deliberative Theory of Interest Representation." Mark P. Petracca. *The Politics of Interests: Interest Group Transformed.* Boulder: Westview Press.

_____. 2001. "A Deliberative Theory of Interest Representation." Ott. J. Steven. *The Nature of the Nonprofit Sector*. Westview Press.

_____. 2003. "Practice-Thought-Practice." Archon Fung and Eric Olin Wright. *Deepening Democracy: Institutional Innovations in Empowered Participatory Governance*. London, New York: Verso.

McFarland, Andrew S. 1992. "Interest Group and the Policymaking Process: Source of Countervailing Power in America." Mark P. Petracca. *The Politics of Interests: Interest Group Transformed*. Boulder: Westview Press.

Newton, Kenneth. 1999. "Social and Political Trust." Pippa Norris ed. *Critical Citizens: Global Support for Democratic Government.* Oxford: Oxford University Press.

Petracca, Mark P. 1992. *The Politics of Interests: Interest Group Transformed*. Boulder: Westview Press.

Putnam, Robert D. 2002. *Democracies in Flux*. New York: Oxford University Press.

Roßteutscher, Sigrid Abingdon. 2005. *Democracy and the role of associations: political, organizational and social contexts*. Routledge.

Salamon, Lester M. 1996. “What is the Nonprofit Sector and Why Do We Have It?” Michael Edwards & David Hulme. *Beyond the Magic Bullet: NGO Performance and Accountability in the Post-Cold War World*. Kumarian Press.

______. 2001. “What is the Nonprofit Sector and Why Do We Have It?” J. Steven Ott. *The Nature of the Nonprofit Sector*. Westview Press.

Saward, Michael. 2000. *Democratic innovation: deliberation, representation and association*. New York: Routledge.

Schattschneider, E. E. 1960. *The Semisovereign People*. New York: Harcourt School.

Schmitter, Phillipe C. 1995. “The Irony of Modern Democracy and the Viability of Efforts to Reform its Practice.” Cohen & Rogers. *Secondary Associations and Democratic Governance: The Real Utopia Project*. London: Verso.

Skocpol, Theda & Morris P. Fiorina. 1999. “Making Sense of the Civic Engagement Debate.” Skocpol & Fiorina(eds.). *Civic Engagememt in American Democracy*. Brookings Institution Press.

Smismans, Stijn. 2005. “European Civil Society: institutional interest and the complexity of a multi-level policy.” *Democracy and the role of associations: political, organizational and social contexts*. Routledge.

Streeck, Wolfgang and Philippe C. Schmitter. 1985. “Community. market. state and associations? The prospective contribution of interest governance to social order.” Streeck and Schmitter. *Private Interest Government: Beyond Market and State*. Sage Publication.

Warren, Mark E. 2001. *Democracy and Association*. Princeton University Press.

| 제2부 |

통합적 NGO 연구방법론 모색

프롤로그

네 가지 질문으로 풀어본 한국의 NGO 연구

1. 문제제기: 해답이 문제이다

오늘날 한국의 NGO 연구는 '해결책이 문제(solutions are the problem)'라는 오랜 경구를 떠올리게 한다. 왜냐하면 NGO 연구, 특히 개념 연구들은 복잡한 현실 세계를 과학적으로 간명하게 추상화하기보다는 또 다른 여러 문제들을 끊임없이 유발하고 있기 때문이다. 때로는 일부 NGO 연구들이 실제 현실보다 훨씬 더 복잡하고, 덜 정제된 채로 주장되고 있어 일반 시민은 물론 활동가들에게 혼란을 가중시키고 있다. 미리 밝혀두건대 한국의 NGO 연구는 두 가지의 결정적 문제점들을 안고 있다.

하나는 NGO 연구의 발칸화(balkanized) 경향, 즉 대개의 연구들이 분명한 문제의식의 결여 속에 소소하고 상관없는 문제들로 분절화되고 있다는 점이다. 부연하자면, NGO의 개념 정립의 미확립 속에서 지나칠 정도로 다양한 측면에 대한 경험적 자료가 홍수를 이루었지만, NGO 연구를 체계화할 단일한 접근과 이론적 일관성이 결여되어 있다는 점이다. NGO 연구가 소통의 부재 속에서 논쟁과 쟁점이 빈약하다는 주장의 일차적 근거는 그간 한국의 NGO 연구에 대한 종합적이고 체계적인 정리를 찾아보기 어렵다는 점을 들 수 있다. 많은 연구들이 NGO의 개념·이론·유형·분류와 관련된 선행 연구들을 편의적으로 취사선택할 뿐 한국적 맥락에서 논증하거나, 기존 연구에 대해 논쟁적 쟁점들을 제시하지는 않고 있다. 해외 연구를 무비판적으로 소개하거나 국내의 관련 연구들과 소통하지 않는 채 사례 연구에 치중하는 것이 NGO 연구의 현실이었다.

다른 하나는 NGO 연구의 비교 불가능성의 문제(incomparable problem)이다. 뒤에 본격적으로 설명하겠지만 유독 한국의 경우 NGO라는 개념은 '공익'적 시민단체나 시민사회 '운동'이라는 도덕적이고 정치적인 주창 단체(advocacy groups)들을 지칭하는 것으로 통용되어 왔다. NGO를 이러한 방식으로 편협하고도 특수하게 규정함으로써 국가 간 비교 연구의 가능성을 스스로 봉쇄해 왔다고 할 수 있다. 왜냐하면, NGO라는 개념을 한국에서와 같이 지극히 한정된 의미로 사용하고 있는 경우는 찾아보기 어렵기 때문이다.

요약하자면, 오늘 한국의 NGO 연구는 국내적으로는 소통의 문제를, 국제적으로는 비교의 문제를 안고 있다. 본 논문은 전자의 문제를 해결하기 위해 각 영역에서 이루어진 국내 연구 성과들을 체계적으로 정리해 보고, 어떤 문제점이 있는지를 비판적 시각에서 살펴볼 것이다. 후자의 문제와 관련하여서는 해외의 최근 연구 동향을 살펴보고, 비교가능성의 제고를 위한 몇 가지 아이디어를 제시해 보고자 한다.

2. 접근 방법

기존의 연구들을 정리한 대표적인 논문으로는 김준기·김정부의 논문[1]이 있다. 이들은 연구주제에 따라 다음의 표와 같이 5개의 분야로

1) 김준기·김정부, 「NGO 연구에 대한 비판적 고찰」, ≪행정논총≫, 39권 3호(2001).

〈NGO 연구의 주요 흐름〉

구분	개념정립	잠재역량/성장요인	정부-NGO관계 정부지원	정책과정상 역할 정책참여사례	기타
1998년~2001년	5	9	13	20	6

자료: 김준기·김정부, 「NGO 연구에 대한 비판적 고찰」, 200쪽.

분류하고 있다. 그러나 이러한 분류는 정책 중심의 행정학 분야에서 진행된 연구에 기초한 것이기 때문에 시민사회와 민주주의 관점에서 NGO론을 인식하고 있는 본 연구에서 그대로 사용하기에는 어렵다.

박상필 역시 NGO 연구의 주요 영역과 주제를 NGO 이론, NGO 관리, 정부-기업관계, 시민운동론, NGO 국제활동, 지방자치, 자원봉사활동 등 7개로 분류하여 설명하고 있다.[2)] 그러나 그의 논문은 각 항목의 주요 연구 성과에 대한 비판적 정리(critical review)라기보다는 단순한 분류와 새로운 영역에 대한 아이디어 제시로 채워져 있다.

본 연구는 기존 연구에 대한 비판적 정리를 위해 그간의 연구 성과들을 4개의 범주(① 개념정립 연구 ② 기능·역할 연구 ③ 관계·조직 연구 ④ 비교 연구)로 분류하여 살펴보고 있다. 물론 이러한 구분은 연구자가 설정한 연구의 중요성과 빈도에 따른, 다소 임의적인 것이다. 기존 연구 논문의 선정 역시 NGO를 명시적으로 다룬 정치학 분야의 최근 글들을 중심으로 고찰하고 있기 때문에 중요한 성과가 누락되는 결례를 범했을 가능성이 존재한다. 아무튼 지금까지 이루어진 NGO 연구의 진반적 흐름과 쟁점을 포착하기에 유용하며, 해외의 연구 경향과의 비교에 있어서도 편리하다는 이점 때문에 이러한 분류 방식을 채택하였다.

2) 박상필, 『NGO와 현대사회: 비정부, 비영리, 시민사회, 자원 조직의 구조와 동학』(아르케, 2001), 90쪽.

제 4 장

개념 정립 연구: NGO와 NPO는 서로 다른 실체인가?

1. 한국의 NGO 개념의 예외적 특수성

NGO의 개념 정립 연구에 있어서 흥미로운 첫 번째 사실은 대부분의 연구자들의 개념 규정이 갈등과 대립적 요소를 은폐(?)한 채 대동소이하다는 점이다. 이는 시민사회의 개념과 인식을 둘러싸고 이론적 계보와 정파 간에 진지한 논쟁이 벌여졌던 전사(前史)를 고려한다면 사뭇 예외적인 일이다.[1] 대부분의 연구자들은 NGO의 속성과 특성으로서 비정부·비영리, 자치와 자원, 공익 등을 열거하고 있다.

주요 연구자들의 정의를 살펴보면, 김인춘은 NGO를 "민간의, 자치적, 공식적, 비영리적 특성을 갖고 소외된 사람들의 삶의 질을 향상시키는 활동을 하는 조직"이라고 정의하고 있으며,[2] 박상필은 "비정부·비정파·비영리 결사체로서 시민들의 자발적이고 능동적인 참여로 이루어지

---

1) 유팔무·김호기, 『시민사회와 시민운동』(도서출판 한울, 1995); 유팔무·김정훈 엮음, 『시민사회와 시민운동2』(도서출판 한울, 2001).

2) 김인춘, 「비영리영역과 NGOs: 정의, 분류 및 연구방법」, ≪동서연구≫, 9권 2호(1997), 23쪽.

고 자원주의에 입각하여 회원의 직접적인 수혜와 관계없이 공익추구를 목적으로 하는 단체"로 규정하고 있다.[3] NGO에 관한 해외의 이론적 성과를 광범위하게 소개해 온 주성수는 NGO를 "정부로부터 독립적이고 자율적인 비정부조직"을 지칭하는 것으로 포괄적으로 규정하고 있다.[4] 한편, 김준기는 NGO를 "자발성이 강하며, 정부부문과 영리부문에 속하지 않는 독립적 섹터로서 주로 공공서비스를 공급하는 단체"로 설명하고 있다. 한편, 김상준은 공공성을 시민사회와 NGO·NPO의 준거기준이자 규범적 핵심으로 설정하고 있는데, NGO·NPO는 정부기관과 기업을 제외한 시민사회의 일체의 자발적인 공적 결사체(Voluntary civil associations)로 규정하고 있다.[5]

한국에서 NGO의 개념이 실체적 인식만큼 그 차이가 드러나지 않은 이유 중 하나는 적지 않은 연구자들이 살라먼과 안하이어의 NPO에 대한 규정을 대체적으로 지지·수용해 온 점이 크게 작용하였다고 할 수 있다. 이들은 구조-기능적 접근으로 명명한 자신들의 정의를 통해 NPO를 다음과 같은 5가지 속성을 갖고 있는 실체로 규정하였다.[6]

- 공식적(formal): 어느 정도 제도화된, 즉 제도화된 실체를 지닌 조직이다. 이러한 규정에 따라 사람들의 임시적·비공식적·일시적 회합이나 모임은 비영리 섹터로 간주되지 않는다.
- 사적(private): 제도적으로 정부와 구분되는, 즉 기본 구조에 있어서

---

3) 박상필, 『NGO와 현대사회: 비정부, 비영리, 시민사회, 자원 조직의 구조와 동학』, 69쪽.

4) 주성수, 『NGO와 시민사회: 이론, 정책, 모델』(한양대학교 출판부, 2004a), 60쪽.

5) 김상준, 「시민사회 그리고 NGO·NPO의 개념: 공공성을 중심으로」, 한국NGO학회, ≪NGO연구≫, 제1권 제1호(2003), 59쪽.

6) Lester M. Salamon and Helmut K. Anheier, *Defining the nonprofit sector: A cross-national analysis*(Manchester University Press, 1997), pp.33~35.

사적인 민간기구이다.

- 비영리 분배적(non-profit distributing): 발생한 이윤을 소유자와 대표자에게 돌려주지 않는다. 이것은 비영리 조직과 다른 사적 조직, 특히 사기업과의 결정적 차이이다.
- 자치적(self-governing): 자율적 통제와 내부 절차가 활동을 규제한다.
- 자발적(voluntary): 조직 활동과 운영에 있어 상당 정도의 자발적 참여가 수반된다.

또 다른 특징은 공익(public)에 대한 명시적 강조이다. 적지 않은 연구자들이 NGO를 "공공성과 시민들의 자발적 참여에 기초를 둔 민간비영리단체"로 정의하고, 따라서 회원의 이익을 위해 존재하는 조직이나 시민들의 자발적 참여가 배제된 조직은 그 범주에서 배제하고 있다.[7] 미리 언급할 점은 서구의 경우에 있어서도 NGO의 조건으로 공익을 강조하고 있지만, 이는 맥락이 전혀 다르다. 세계적 맥락에서 NGO의 표준적 의미는 주로 개발도상국이나 후진국의 정치경제적 발전을 지원하기 위한 국제적·초국적 네트워크로 이해되고 있다.[8] 즉, NGO라는 개념이 개발 및 원조를 위한 국제협력을 의미하기 때문에 공익은 중요한 기준이 될 수밖에 없다. NPO 연구에 있어서도 공익의 요건이 제시되고 있지만 더 일반적으로 강조되고 있는 것은 비영리(non-profit)적 성격이다. 상대적으로 공익을 강조하여 온 한국의 NGO 연구의 경향성이 야기한 직간접 효과에 대해서는 다음 절에서 살펴볼 것이다.

---

7) 이희태·김석용, 「NGO 근무자의 직무만족 영향요인 분석」, ≪한국지방자치학회보≫, 13권 2호(2001), 256쪽.

8) Sarah E. Mendelson and John K. Glenn, *The Power and Limits of NGOs*(New York: Colombia University Press, 2002), p.7.

2. 문제점의 근원: 잘못된 인식과 생략된 질문들

1) NGO 연구의 의의: 현대 시민사회의 구조와 동학의 해명

NGO나 NPO란 용어는 대단히 이중적이며, 역설적인 개념이다. 로만의 유명한 비유, '상추는 동물이 아니다(Lettuce is Nonanimal)'처럼 실질적으로 모든 NPO 이론은 명시적으로든 암묵적으로든 무엇이 아닌 것이라는 부정적 개념화로 시작하고 있으며, 그와 관련된 행동은 어떤 독립적 기초를 갖고 있지 못하다는 뉘앙스를 담고 있다. 지금까지 NPO는 그것의 독자적 영역과 사회에 대한 가치 있는 기여를 확인하는 방식보다는 국가나 시장 등 비효율적이고 비생산적이며 부실하게 운영되거나 제대로 통제되지 않는 여타 제도의 실패의 결과로 설명되어 왔다.[9)]

그렇지만 명칭과는 달리 NGO나 NPO는 정부와 시장과는 명백히 구분되는 실제의 조직 세계(organizational universe)라는 인식을 공유하고 있다. 가령 NPO 개념은 미국에서 발전되어 온 다원적 민주정부와 자본주의 시스템의 독창적이고도 실체적인 역사적 산물이다. 먼저, 그것은 이웃들과 함께 상호부조와 자율적 결사체의 형성을 통해 협력함으로써 생존을 보장받았던 식민지 시대의 유산이다. 또한 시장실패에 따른 경제적 공백과 시민들에게 적절한 서비스를 제공하지 못한 정부의 공백을 자원자들의 시간과 자선적 기부로 충당해 온 미국식 자본주의 시스템의 독특한 측면을 반영하고 있다.[10)] 영국에서 가장 일반적으로 사용되어 온 VO(Voluntary Organization) 역시 미국의 NPO와 같은 엄격한 법적 규정을 갖고 있는 것은 아니지만 국가와 시장으로부터 독립되어

---

9) Roger A. Lohmann, "And Lettuce is Nonanimal: Toward a Positive Economics of Voluntary Action," *Nonprofit and Voluntary Sector Quarterly*, vol.18, no.4.(1989), p.199.

10) J. Steven Ott, *The Nature of the Nonprofit Sector*(Westview Press, 2001), p.3.

수 세기 동안 독자적 사회활동을 전개하여 온 무수한 자선단체를 개념의 실질적 토대로 삼고 있다.[11] 미국의 NPO 개념의 유럽식 표현인 사회경제(social economy) 역시 길드식 조합주의에 뿌리를 둔 결사체주의와 밀접한 연관이 있다.

요약하자면, NGO·NPO·VO·사회경제·제3섹터라는 개념은 그것의 명명상의 차이에도 불구하고 하나같이 국가와 시장으로부터 독립된 자율적 영역의 조직화된 집단을 지칭하고 있다는 점에서 공통된다. 시민사회가 국가와 시장 사이에 존재하는 영역(realm), 장(arena), 공간(range)이라면 NGO와 NPO는 바로 그 시민사회를 채우고 있는 자치적·자발적 특성의 조직 세계를 의미한다. 이것이 의미하는 바는 NGO 연구의 일차적 의의가 시민운동을 이해하기 위한 것이 아니라 거시적 차원, 즉 국가와 시장과는 다른 속성을 갖는 시민사회의 구조와 동학을 이해하려는 데 있다는 것이다. 그렇기 때문에, NGO 연구는 시민사회단체에 관한 조직 연구가 아니라 다양한 결사체를 통한 현대 민주주의 연구로 이해되어야 하며, 개념 역시 그러한 문제의식에 부합하는 방향으로 확장되어야 한다.[12]

한국의 개념 정립 연구에서 두드러진 또 하나의 특징은 적지 않은 연구자들이 NGO라는 단어가 도입되기 이전부터 사용되어 온 토속 용어들과 NGO 개념의 차이를 설명하기 위해 많은 노력을 경주하여 왔다

---

11) Lester M. Salamon and Helmut K. Anheier, *Defining the nonprofit sector: A cross-national analysis*(Manchester University Press, 1997), p.33.

12) 정태석, 「시민사회와 NGO에 관한 최근 논의의 비판적 검토」, 한국산업사회학회 편, ≪경제와 사회≫, 68호(2003), 164~165쪽의 시민사회의 개념 규정에 대해서는 동의하기 어렵지만 시민사회의 관점에서 NGO를 보아야 한다는 주장은 타당하다고 생각된다. 정태석은 "시민사회에 대한 총체적 관점 없이 연구가 이루어질 경우 단편적인 이해에 머물러 그 연구가 사회 전체적 맥락에서 어떤 의미를 지니고 있는지를 가늠하기 어려울 것"이기 때문에 NGO 연구가 더 넓은 사회적 맥락 속에서 이루어져야 한다고 제안하고 있다.

는 점이다. NGO의 개념화를 위하여 유사 개념, 즉 NPO, 민간단체, 공익단체, 시민단체, 민중단체, 관변단체, 사회단체, 시민사회단체, 이익집단 등과의 차이를 설명하려는 시도들이 이어져왔다.13)

그러나 이러한 시도들이 얼마나 NGO 개념의 외연과 내포를 명료하게 확정짓는 데 도움이 되었는지에 대해서는 다소 의문이다. 왜냐하면, 이렇게 제시된 설명들조차 통일되어 있지 않아 오히려 혼란을 초래하기 때문이다. 일례로 박상필은 NGO에 해당되는 우리말로 시민단체를 지목하고 있지만 김준기는 민간단체로 해석하고 있다. 그러나 본질적 이유는 NGO 개념의 정립을 위해서 반드시 수반되어야 했던 핵심적 질문과 설명들이 생략되었다는 데 있다. 첫 번째 질문은 NGO라는 개념이 그것의 탄생 이전부터 사회과학을 지배해 왔던 이익집단이나 결사체 개념과 어떤 관련이 있는가이다. 그 질문에 답을 갖게 될 때 우리는 NGO가 NPO의 부분 집합이라는 독특한 주장이 어디에서 유래되었는지를 이해할 수 있게 된다.

2) 시민사회 내의 조직 이론: 결사체, 이익집단, 그리고 NGO

(1) NGO와 이익집단

조직과 집단을 통해 시민사회의 구조와 성격을 해명하려는 시도들 가운데 가장 대표적인 것은 이익집단 이론과 결사체 민주주의이다. 이익집단 이론가들에게 서구민주주의의 정치와 정책의 기본 단위는 근본적으로 이익집단이며 결사체주의자에 의하면 '시민사회란 시민 결사체

---

13) 김준기·김정부, 「NGO 연구에 대한 비판적 고찰」, 203쪽; 박상필, 「NGO의 개념화: 경험적 개념을 중심으로」, 한국정치학회 연례학술회의 자료집(2004); 주성수, 「NGO의 특성과 개념 정의: 한국적 적용의 탐색」, 한양대학교제3섹터연구소, '정치과정에서의 NGO' 세미나 자료집(2004b), 15~22쪽.

의 사회'일 따름이다.[14)]

먼저, 이익집단 이론에서 존재하는 모든 사회 조직은 예외 없이 이익집단이다. 이익집단 이론의 선구자인 벤틀리에 따르면 이익이 없다면 집단은 존재하지 않는 것으로 이 둘은 분리될 수 없는 것이다. 이익집단은 하나 혹은 그 이상을 공유하는 태도 위에서 사회의 다른 집단에 대해 특정한 주장(claims)을 행하는 집단이라는 트루만의 정의 역시 특정 유형의 집단만을 염두에 둔 것은 아니었다. 이익집단에 대한 포괄적 정의는 클락과 윌슨의 이익집단의 유형 분류에서 명확히 드러난다. 이들은 이익집단의 형성 계기를 세 가지 수혜(benefit), 즉 물질적(material)·연대적(solidary)·명분적(purposive) 동기로 구분하였다. 이들의 이론에 따르면 물질적 보상을 바라는 경제단체는 물론 명분을 동기로 결성된 시민단체도, 정서적 연대에 기초한 연고단체도 이익집단의 한 유형에 속하는 것이다.[15)]

포괄적 정의가 시민사회 내의 대부분의 집단을 구분 가능한 독자적 이익과 태도를 공유하는 이익집단으로 간주한다면, 정체성과 영향력을 강조하는 더 엄밀한 방식의 규정도 존재한다. 엄밀한 정의에서 이익집단을 판별하는 핵심은 정책에 대한 영향력 행사 기도이다. 노크(David Knoke)는 "결사체는 공식적으로 조직된 명칭을 부여받은 집단으로, 그 회원은, 개인이든 조직이든 상관없이 참여의 대가로 금전적 보상을 받지 않는 단체가 결사체인데 그중 정부의 결정에 영향을 미치고자 하는 조직을 이익집단"이라고 규정하고 있다. 하인즈(John Heinz) 역시 공공정책과의 연관성 속에서 이익을 정의하고 있는데, 그는 이익은 선험적으로 존재하는 것이 아니라 공공정책과 사적 행위자들의 요구와 가치

---

14) 임혁백, 「21세기 한국 대의제 민주주의의 대안: 심의 민주주의, 결사체 민주주의, 전자 민주주의」, 한국정치학회 Post-IMF Governance 하계 학술회의(2002), 13쪽.
15) 이에 대해서는 이 책의 제2장 2절, 58쪽 참조.

가 교차되는 곳에서, 즉 정부와 부딪힐 때 형성된다고 설명하고 있다. 이익집단이 확인 가능한(identical) 정책 선호를 갖는 성원들의 집합이라는 모튼(Rebecca Motron)의 정의와 같이 정책과 정부에 대한 영향력을 주목했던 접근은 이후 특정 집단의 선호와 연관성, 특히 경제적 동기를 강조하는 방향으로 발전하였다.16)

NGO 연구와 달리 이익집단 연구에서는 어떤 집단이 그 범주에 포함되며 어떤 집단이 여기에서 배제되는지는 그리 중요하지 않다. 이익집단 연구의 문제의식은 다양한 집단의 조직화·형성·유지·발전의 성패를 결정짓는 원인이 무엇이며, 영향력을 관철하기 위한 채널과 활동방식은 무엇인가 하는 점이다. 이러한 관점에서 볼 때 이익집단의 일차적 관심은 집단행동의 관찰과 경험적 분석이 유리한 경제적 이익집단에 집중될 수밖에 없었다. 그러나 1960년대 이후 이익집단 이론이 보여주는 분명한 경향은 시민단체(citizen group)나 공익적 주창단체(public advocacy group)를 이익집단의 한 유형인 공익적 이익집단(Public interest group)으로 아우르고 있다는 점이다. 베리는 1960년대 후반과 1970년대에 널리 알려지게 된 공익적 이익집단을 "자신들의 고유한 경제이익을 도모하지 않는 로비 집단이며 정확하게는 집단재(collective goods)의 획득을 추구하며 조직의 구성원이나 활동가들에게 선택적으로 그리고 물질적으로 수혜를 부여하지 않는 이익집단"으로 규정했다.17)

정리하자면 이익집단을 시민사회 내의 모든 이익 결사체로 보든 아니면 공공 정책에의 영향력 행사를 위해 모인 압력집단으로 보든 이익집단의 관점에서 볼 때 NGO는 그것의 한 유형에 해당된다. 그러나 한국의 경우 NGO 연구자들이나 활동가들 모두는 대개 자신의 연구

16) Frankand R. Baumgartner and Beth L. Leech, *Basic Interest*(Princeton University Press, 1998), pp.25~30.

17) Jeffrey M. Berry, *The Interest Group Society*(Brown & Company, 1984), p.29.

분야나 소속단체를 이익집단의 한 유형으로 간주하는 것에 대해 심한 거부감을 갖고 있다. 왜냐하면, 그들은 여전히 이익집단을 극히 소수의 특수 이익을 대표하여 정부정책에 압력을 행사하거나 강제하는 민주적 과정의 장애물(drag)로 인식하고 있는 반면 NGO는 우리사회의 보편적인 공공선과 공익에 헌신하는 민주주의의 전사로 칭송하고 있기 때문이다. 문제는 바로 이 지점에 있다. 공익과 사익을 날카롭게 대비시키고 공익의 구현자로서 NGO를 상정하는 이러한 인식은 '시민사회 내의 다양한 결사체 연구 일환으로써 NGO 연구'를 근본적으로 제약하게 만든다. 'NGO=공익적 시민단체'라는 등식은 모든 NGO들이 기본적으로 변혁적이고 도덕적인 성격을 지녔다는 잘못된 인식을 일반인들에게 유포시킬 우려가 있다.[18] 그뿐만 아니라 이른바 메이저 시민단체의 정책적 영향력을 주요 초점으로 삼게 함으로써 지나치게 연구 영역을 제약하고 비시장·비정부 영역의 역동성과 다양성에 대한 연구를 어렵게 만들 위험성이 있다.[19] 그러한 지적이 오래 전부터 여러 연구자들로부터 제기되어 왔지만 끊임없이 재생산되는 이유는 바로 이러한 잘못된 개념 정립 연구에 일차적 원인이 있다 하겠다.

(2) NGO와 결사체

시민사회 내의 조직에 관한 가장 오래된 개념 중 하나는 결사체이다. 오늘날 세계적 차원에서 다양한 이유에 의해 촉발될 결사체 수의 급증은 19세기 민족국가의 등장에 견줄 만한 또 하나의 변혁, 즉 결사체 혁명으로 명명되고 있다. 결사체에 대한 논의는 범람하고 있지만 그것의 개념과 유형에 대한 학계의 합의는 아직 확립되어 있지 않은데, 개념

---

18) 정상호, 「시민사회연구의 과제: 공익적 시민운동을 넘어서」, 한국산업사회학회 편, ≪경제와 사회≫, 통권 60호(2003).

19) 김준기·김정부, 「NGO 연구에 대한 비판적 고찰」, 200쪽.

연구와 관련하여 두 가지의 특징을 포착할 수 있다.

첫째, 결사체의 매개 및 중개 역할에 대한 주목이다. 코헨과 로저스는 결사체를 개인과 가족을 국가와 선거 등 공식적인 제도에 연결시켜주는 다양한 영역에서의 비가족 조직으로 정의하고 있다. 그들은 이러한 개념 규정하에서 자연발생적 공동체와 같은 1차적 결사와 조직적 형태를 갖추고 특정 기능을 수행하는 2차적 결사(secondary associations)를 엄밀히 구분하여 사용하고 있다. 허스트는 결사체를 개인과 가족을 국가와 시장에 연결해 주는 모든 매개집단(intermediary group)으로 정의하였다. 다른 하나는 결사체의 조직적 성격이다. 조직사회학에서의 연구 성과는 결사체를 이해하는 데 유용한 시사점을 제공하고 있는데, 여기에서는 조직을 공동체적(communal) 조직과 결사체적(associative) 조직으로 구분하고 있다. 베버는 결사체 안에서 개인의 활동은 자신의 목표를 충족하는 한에서 이루어진다는 점에서 기본적으로 수단적(instrumental) 성격을 갖고 있으며, 아울러 다양한 이유에서 특정한 형태의 사회적 관계를 지배하는 규제적 질서를 보유하고 있다는 점에서 조직적 성격을 갖고 있다고 보았다. 이런 근거로 베버는 결사체를 "개인적 선택에 의하여 가입한 회원들에 한하여 유효성을 갖는 확정된 규제 절차를 갖고 있는 조직"으로 정의하였다. 결국, 결사체는 개인·가족·국가·시장·자연 공동체와 구분되는 자발성에 기초한 사회집단으로서, 개인이나 가족을 국가에 연결시켜주는 매개 조직이라고 정리할 수 있다.[20]

결사체 이론은 조직의 목표가 공익이냐 사익이냐 하는 목표보다는 그것의 자원적(voluntary) 특성을 주목하고 있기 때문에 결사체의 범주보다는 결사체의 유형적 특성과 민주주의와의 내재적 연관성을 중시한다. 그렇기 때문에 시민운동과 같은 공익적 시민단체에 특권적 지위를 부

20) 결사체에 대한 다양한 개념 규정에 대해서는 이 책의 제3장 106쪽을 참조.

여하지 않으며, 반대로 이익집단이나 직능단체들을 배제하지도 않는다. 결사체주의자의 관점에 의하면 NGO는 어떤 특성을 공유하고 있는 결사체의 하위 유형에 해당된다. NPO를 사적으로 조직된 비영리 자원조직으로 규정하고 있는 미국의 지적 전통에서 볼 때 결사체와 NPO의 경계 구분은 불가능하거나 무의미하다. 실례로 미국의 의회는 NPO들의 소득세 감면 조건을 두 유형으로 구분하고 있는데, 하나는 공동체의 삶의 질을 개선하기 위해 활동하는 사회단체(social benefit) 조직이며, 다른 하나는 노동조합이나 직능단체와 같이 회원들의 복리증진을 위한 상조(mutual benefit) 조직이다. 두 유형의 본질적 특징은 소수의 투자가들을 부유하게 만들기 위해 조직된 것이 아니다. 따라서 많은 상조 조직의 목적이 자기 회원들의 경제적 복지를 개선하는 것이지만, 그것 자체가 사적 이익의 형태로 간주되어 면세 지위를 박탈하고 있지 않다는 점을 주목할 필요가 있다.[21)]

문제는 다시 NGO에 대한 한국에서의 개념 규정이다. 앞서 설명한 것처럼 공공선·공익·공공성에 대한 지나친 강조가 시민사회의 조직적 분석 수단으로써 NGO의 연구 가능성을 심각하게 제약하고 있다. 한국에서의 NGO 개념은 결사체의 하위 유형 중 다원주의적 시민 결사체만을 대상으로 삼고 있다고 보여진다. 더 정확하게 표현하자면, 다원주의적 시민 결사체 중 특정한 하위 형태인 공익적 자원 결사체만을 지칭하는 것으로 축소되어 있다고 할 수 있다.

---

21) Christopher Hoyt, "Tax-Exempt Organization," J. Steven Ott, *The Nature of the Nonprofit Sector*(Westview Press, 2001), p.148.

3) NGO와 NPO는 다른 것인가?

한국에서의 NGO 개념 연구는 두 가지 점에서 국제적 관례로부터 벗어나 있다. 첫째, NGO의 국제적 용례는 국제정치적 맥락에서 정부 간 기구에 대응하는 조직을 지칭한다는 점이다. 미국이나 일본의 경우 단체의 활동무대가 국제사회인 경우 NGO로, 국내일 경우 NPO로 명명하고 있다. EC나 EU의 경우에도 개별 국가의 자원 단체를 의미할 때는 VO가 압도적으로 사용되지만 해외원조나 제3세계 개발과 관련된 단체들에게는 NGO를 일반적으로 사용하고 있다.[22] 국제적 수준에서 NGO의 일반적인 용례는 일국적 단위의 공익적 시민단체가 아니라 경제개발이든 민주주의의 증진이든 국민국가의 경계를 넘어서는 초국적·국제적 협력의 네트워크를 의미한다.[23]

그러나 더 심각한 둘째 문제는 NGO와 NPO가 서로 다른 외연과 내포를 갖는 이질적 개념, 정확하게 말해서, NGO는 NPO의 부분 집합이라는 주장과 인식에 놓여 있다. 먼저, NGO와 NPO의 관계에 대한 연구자들의 입장을 살펴보면, NGO와 NPO는 각국의 역사적 맥락과 선호를 반영하는 용어일 뿐 본질적으로 서로 다른 것이 아니라는 주장이 존재한다. NGO·NPO는 정부기관과 기업을 제외한 시민사회의 일체의 자발적인 공적 결사체(Voluntary civil associations)로서 본질적으로 같은 것(NGNPO)이라는 김상준의 주장이 대표적이다.[24] NGO를 '조직화된 자발적 결사체'로 규정하고 있는 조희연 역시 그것의 하위 범주로 사회복지단체와 이익집단, 동호회, 기타 사회조직을 아우르고 있다는 점에서 NPO와 동일한 개념으로 인식하고 있음을 알 수 있다.[25]

---

22) 주성수, 「NGO의 특성과 개념 정의: 한국적 적용의 탐색」, 3쪽.

23) Sarah E. Mendelson and John K. Glenn, *The Power and Limits of NGOs*, p.7.

24) 김상준, 「시민사회 그리고 NGO·NPO의 개념: 공공성을 중심으로」, 39쪽.

이와는 달리 NGO를 정치적으로 진보적 성향을 가진 사회운동적 시민단체로 국한하고, 다른 한편에서는 NPO를 탈정치적인 사회서비스단체로 한정하려는 분리주의적 경향 역시 강력하게 존재하고 있다. "NPO는 법적으로 공익법인과 사회단체를 포함하는 것으로 볼 수 있고, NGO는 주로 시민단체를 의미"한다는 입장[26]이나 제도적 실체를 갖는 공식조직인 NPO가 자원조직으로써 봉사적·참여적 의미가 강한 NGO보다 포괄적 개념이라는 김인춘의 주장[27]이 여기에 해당된다. 그렇지만 이런 입장을 대표하고 있는 연구자는 "NPO는 비영리단체로 번역하여 비영리병원과 사립학교에서 직능단체까지 포함하는 넓은 의미로, NGO는 시민단체로 번역하여 NPO 중에서 공익을 추구하는 회원조직으로 규정하는 것이 옳다"라고 주장하고 있는 박상필이다.[28] 그는 또 "NPO가 가장 넓은 의미를 지닌 상위의 개념이다. NGO는 NPO 중에서 공익단체의 하나"라고 설명하고 있다.[29]

NGO를 진보적인 운동조직에 국한하려는 이 같은 배타적 경향은 심각한 몇 가지 문제를 안고 있다. 첫째는 이론적 부정확성이다. 이점은 참고문헌과 인용문을 보면 쉽게 알 수 있는데, 이들이 NGO의 개념·유형·역할·관계 등과 관련하여 인용·설명·주장하고 있는 거의 대부분의 이론 틀과 방법론은 NGO가 아니라 NPO 연구에서 발전되어 온 것이다. 설령 인용된 주요 논문이나 저서가 NGO라는 용어를 사용하는 경

25) 조희연, 「한국시민사회단체(NGO)의 역사, 현황과 전망」, 김동춘 외, 『NGO란 무엇인가』(아르케, 2000), 129쪽.

26) 이연호, 「김대중 정부와 비정부조직 간의 관계에 관한 연구」, ≪한국정치학회보≫, 35/4. 겨울(2001), 147~148쪽.

27) 김인춘, 「비영리영역과 NGOs: 정의, 분류 및 연구방법」, 25쪽.

28) 박상필, 『NGO와 현대사회: 비정부, 비영리, 시민사회, 자원 조직의 구조와 동학』, 79~80쪽.

29) 박상필, 「NGO의 개념화: 경험적 개념을 중심으로」, 408쪽.

우, 십중팔구는 국제원조 및 발전 기구와 연관된 것이 틀림없다. 그런 점에서 한국의 NGO 연구는 전혀 다른 조직적 실체를 연구하고 설명하기 위해 고안된 개념과 이론을 편의적으로 차용·왜곡시켜 왔다는 혐의로부터 자유롭지 못하다고 할 수 있다. 둘째는 이러한 편의적 용법이 체계적인 국가 간 비교 연구를 가로막고 있다는 점이다. 살라먼과 안하이어는 "발전국가들의 활동가들은 비영리 활동의 영역을 특정한 유형의 조직, 즉 NGO로 한정하는 경향을 보이고 있다"라고 지적하면서, "NGO는 기능상 포괄적이지만, 그럼에도 선진국의 비영리 섹터 안에 통상적으로 포함되는 것의 작은 부문만을 표현"한다고 설명하고 있다.[30] 이 같은 주장의 요지는 개발 NGO를 비영리 조직의 광활한 세계와 등치하려는 편향에 대한 일침인데, 공익적 시민단체를 비정부 조직(NGO)으로 환원하고 있는 우리의 연구 풍토 역시 비슷한 오류를 범하고 있다고 할 수 있다. 아무튼 보편성이 결여된 한국에서의 NGO 개념에 대한 특수주의적 인식과 NGO와 NPO 개념에 대한 기계적 이해와 분리는 국가 간 비교 연구를 저해하고 있는 가장 중요한 원인이다.

4) 공익과 NGO

NGO 연구를 어렵게 만들고 있는 원인 중 하나는 공익·공공선·공공성 등 NGO보다 더 오래된 논쟁적 개념이 그것의 요건을 검증하는 중요한 기준으로 제시되고 있기 때문이다. 김상준은 "공공성(publicness)은 시민사회와 NGO·NPO의 준거 기준이자 규범적 핵심으로, NGO·NPO를 NGO·NPO답게 하는 가장 기본적인 속성"이라고 주장하고 있다.[31]

---

30) Lester M. Salamon and Helmut K. Anheier, *Defining the nonprofit sector: A cross-national analysis*, p.4.

31) 김상준, 「시민사회 그리고 NGO·NPO의 개념: 공공성을 중심으로」, 59쪽.

박상필은 NGO의 네 가지 조건 중 하나로 공익 추구를 제시하고 있으며,[32] 백승현은 NGO를 "영리를 추구함이 없이 정부로부터 독립적으로 활동하면서 공공이익을 지향함으로써 공동체의 통합을 지향하는 조직"으로 정의하고 있다.[33]

공익과 관련된 문제는 두 가지이다. 첫째는 NGO 개념을 구성하는 본질적 조건으로 공익·공공성·공공선 등을 제시하는 것이 보편적이며 타당한 것인가의 문제이다. 더욱 복잡한 둘째 문제는 NGO의 자격조건으로 내세우고 있는 이러한 원리들이 구체적으로 무엇을 의미하는가에 대한 문제이다. 중요성에 비해 충분한 논의가 이루어지지 못한 이 문제들을 순서대로 살펴보자.

(1) NGO의 판별 기준으로서 공익의 보편타당성

개념의 핵심 요건으로써 공익을 다루는 것 자체가 앞서 살펴본 결사체와 이익집단과의 본질적 차이라 할 수 있다. 결사체 민주주의나 이익집단 이론에서 공익은 개념의 판별 요소가 아니라 유형을 구분하는 하위 기준일 따름이다.

먼저, NGO 관련 서구의 문헌에서도 일반적으로 NGO의 중요한 기준으로써 공익과 공공성을 강조하고 있다. 이러한 분야에서 공익의 요건이 크게 논란이 되지 않는 이유는 국제기구나 단체에 의한 정치경제적 지원·원조·구제 활동은 대가성이나 호혜성을 조건으로 하지 않는 인도적 차원의 사업이 주류를 이루고 있기 때문이다.[34] 이론의 여지가

32) 박상필, 「NGO의 개념화: 경험적 개념을 중심으로」, 393쪽.

33) 백승현, 「한국의 시민단체(NGO)와 공공성 형성」, ≪시민정치학회보≫, 5권(2002), 235쪽.

34) Thomas F. Carroll, *Intermediary NGOs: The Supporting Link in Grassroots Development*(Kumarian Press, 1992), pp.8~12.

적은 NGO의 공적 성격 때문에 국제사회에서 NGO들은 공식적 국제 기관들이 발전 문제의 만병통치약으로 선호하고 있는 마법의 탄환(magic bullet)으로 여겨지고 있다.[35)]

그렇지만 NPO 연구에서 공익 요건은 훨씬 완화되거나 혹은 포괄적 의미로 사용되고 있는데, 두 가지 입장으로 구분할 수 있다. 살라먼과 안하이어는 NPO 개념의 기능적 접근을 설명하면서, 그것이 지향하는 목적에 따라 공익 혹은 공적 목표를 추구하는 제1유형과 그보다 협소한 집단이익과 상조(mutuality)를 지향하는 제2유형으로 구분하고 있다. 이러한 접근에서 NPO는 어떤 공동의 혹은 공유하고 있는 목표를 위해 그리고 상부상조의 정신으로 상호작용하는 자발적으로 동참한 사람들의 집단으로 정의된다.[36)]

제1유형은 우리와 마찬가지로 공익을 비영리 조직을 가름하는 필요조건으로 제시하는 경우이다. 살라먼은 비영리 조직의 6가지 특징을 제시하고 있는데, 그중 하나가 공적 이익(public benefit)이나 공공선에의 기여이다.[37)] 특히 이러한 입장은 NPO를 정부의 대체물(supplementary)로 간주하는 정부실패 이론에서 분명하게 드러난다. 이들은 제공해야 할 공공재의 질과 범주, 이를 조달하기 위한 세원 결정을 함에 있어 정부는 중위투표(median vote)의 선호나 지배적인 정치동맹의 요구를 따른다고 전제한다. 그렇지만 시민들은 이러한 시스템이 제공하는 서비스보다 훨씬 더 다양한 선호를 갖고 있기 때문에 정부의 획일적 공공재 제공은 결코 이를 충족시킬 수 없다. 이를 해결하기 위해서, 각 개인들은 차별

35) Michael Edwards and David Hulme, *Beyond the Magic Bullet: NGO Performance and Accountability in the Post-Cold War World*(Kumarian Press, 1996), p.4.

36) Lester M. Salamon and Helmut K. Anheier, *Defining the nonprofit sector: A cross-national analysis*, pp.33~35.

37) Lester M. Salamon, "What is the Nonprofit Sector and Why Do We Have It?" J. Steven Ott, *The Nature of the Nonprofit Sector*(Westview Press, 2001), p.164.

화된 사적 시장에 의존하는 방법이 있지만 이러한 대안은 높은 비용을 수반하기 때문에 결국 최상의 대안은 NPO라는 것이다. NPO의 공익적 성격을 강조하는 이러한 입장은 NPO가 제공하는 서비스의 집단재적(collective goods) 성격, 즉 지불 여부와 상관없이 일단 생산된 뒤에는 모든 사람이 누리는 상품이나 서비스를 제공하는 NPO의 역할에 주목하는 것이다.

이보다 일반적인 제2유형은 NPO의 요건으로 공익을 느슨하게 정의하거나, 공익 대신에 수익의 비배분성(non-profit distributing)을 강조하는 입장이다. 한스만의 계약실패 이론은 NPO가 소비자와 시민 모두에게서 신뢰를 얻게 된 과정을 설명하고 있는데, 그에 따르면 생산자와 소비자 사이의 정보의 비대칭이 존재하는 곳에서 서비스를 전달하는 효율적 매개로서 NPO 조직이 선택된 가장 큰 원인은 공익 추구가 아니라 수익을 분배하지 않는 NPO의 속성(non-distribution constraint)이라고 한다. 왜냐하면, 이러한 비배분성은 소비자를 기만할 이유와 기회를 원천적으로 제거함으로써 사회적 신뢰를 증진시키기 때문이다.[38]

한편 NPO와 관련된 많은 서구의 연구들은 구성원들의 집합적 복리를 위해 결성된 조직들을 공익과 배치되는 사적 이익으로 간주하지 않고 있음에 유의할 필요가 있다. 앞서 언급한 것처럼, 미국의 경우 NPO들의 소득세 감면 조건을 두 유형으로 구분하고 있는데, 하나는 공동체의 삶의 질을 개선하기 위해 활동하는 공익(social benefit) 조직이며, 다른 하나는 노동조합이나 직능단체와 같이 회원들의 복리증진을 위한 상조(mutual benefit) 조직이다. 두 유형의 본질적 특징은 소수의 투자가들을 부유하게 만들기 위해 조직된 것이 아니라는 점이다. 따라서 많은 상조

---

38) 헬무트 안하이어·볼프강 사이벨 엮음, 『제3섹터란 무엇인가』, 노연희 옮김(아르케, 2002), 43쪽.

〈표 4-1〉 NGO의 조직적 특성

조직의 목적 / 조직의 근거	영리 조직	비영리 조직
공공조직	공기업	정부산하단체
민간조직	이익집단, 직능집단 등	(협의의) NGO

자료: 김종성·김연수, 「NGO와 정부간 관계에 대한 신제도주의적 접근」, ≪한국사회와 행정연구≫, 14권 1호(2003), 24쪽.

회의 목적이 자기 회원들의 경제적 복지를 개선하는 것이지만, 그것 자체가 사적 이익의 형태로 간주되어 면세 지위를 박탈하는 것은 아니다.[39] 더글라스 역시 회원들의 가입 동기가 이타주의와 무관한 상조회(mutual benefit organizations) 역시 NPO의 중요한 한 유형으로 범주화하고 있는데, 그는 상조회 조직이 개별적인 일대일 거래(quid pro quo)에 기초하기보다는 집단적으로 회원들에게 재화와 서비스를 제공한다는 점에서 전형적인 상업적 영리기업과 분명한 차이를 갖고 있다고 설명하고 있다.[40]

반면, 한국의 경우에는 공익을 소수자의 권익옹호(advocacy)와 같이 엄격히 정의하고, 영리를 기업의 이윤추구 활동은 물론 이와 연관된 포괄적 집단행위로 규정함으로써 NGO의 개념을 최소화하는 경향이 뚜렷하다. <표 4-1>은 그러한 경향을 보여주는 대표적인 사례이다.

(2) 공익이란 무엇인가

적지 않은 한국의 연구자들이 NGO의 요건으로써 공익과 공공성을 강조하고 있지만 그것의 구체적 내용이 무엇인지에 대해서는 충분히 설명하지 않고 있다.

39) Christopher Hoyt, "Tax-Exempt Organization," p.148.

40) James Douglas, "Political Theory of Nonprofit organization," J. Steven Ott(ed), *The Nature of the Nonprofit Sector*(Westview Press, 2001), p.213.

먼저, 공공성 개념은 이중적 의미를 내재한다는 사실을 인식하는 것이 유용하다. 하나는 공식적인 것(officialness)으로 국가 또는 정부의 범역 내에서 이뤄지는 권력과 권위의 공식적 행사와 관련된 활동이며, 다른 하나는 공적인 것(publicness)으로 공동체적 삶에 있어서 가장 궁극적이고 최종적인 권위의 원천으로 기능과 책임을 담당하는 것을 의미한다. 민간부문에 위치한 NGO의 공공성은 국가 자체나 산하 기구들에 의해 수행되는 활동을 의미하는 것이 아니라 공동체의 공동선과 공동이익을 위한 일체의 활동을 의미한다.[41] 공공선은 철학적 논리에 따라 세 가지 입장으로 분류가능하다.

첫째, 가장 많은 지지자와 계보를 확보하고 있는 사유 방식은 다수 혹은 모든 사람에게 좋은 것을 의미하는 산술적 접근(aggregative meanings)이다. 합산적 의미의 공공선 이론은 두 가지로 세분할 수 있는데, 하나는 모두에게 좋은 것을 의미한다는 주장(good-for-everyone formulation)이다. 이러한 입장은 공중(public)을 단순히 개인들의 합으로 이해하고, 제안된 정책이 구성원들 모두에게 좋은 것이 아니라면 그 공동체는 공공선을 갖고 있지 못하다고 본 로크(Locke)로 대표된다. 그렇지만 이러한 절대적 공공선 이론에 대해서는 현대 국가에서 정체 내의 모든 사람들에게 좋은 정책은 존재할 수 없다는 비판이 줄기차게 제기되었다. 가장 대표적인 주장은 집단을 구성하고 있는 다수 구성원들의 이익(만족과 고통)의 합, 즉 51%가 공동선이라는 벤담의 공리주의이다. 경제학에서도 공리주의의 인식을 적극 계승하였는데, 공공선을 규정하기 위해 그 누구도 피해를 주지 않고 적어도 한 사람의 처지는 개선되는 상황, 즉 파레토-최적의 개념과 비용의 지불이나 회원 여부와 상관없이

---

41) 백승현, 「한국의 시민단체(NGO)와 공공성 형성」, ≪시민정치학회보≫, 5권 (2002), 222~224쪽.

배제되지 않는 공공재와 집합재 개념이 고안되었다.[42] 아무튼 다수가 지지하고 선호하는 정책이 공공선이라는 가장 일반화된 인식이 여기에 해당된다.

둘째, 개인이 아니라 개인이 속한 집단·공동체·정체에 좋은 것이 공동선이라는 기능적 혹은 집합적 의미(functional or collective meanings)의 공공선 이론인데, 이러한 입장은 공동체주의자들에게서 명확하게 드러난다. 공동체주의자들은 공공선을 단순한 개인의 선호의 총합으로 환원하였던 공리주의가 자유주의적 전통의 원자주의와 도구주의에 근거한 것이라 비판하고 있다. 그 구체적 내용을 보면, 개인을 공동체나 사회적 관계에 본질적으로 선행하는 피조물로 본 것이 타당하지 않으며, 공동체는 구성원의 이익과 가치와 구분되는 독자적 가치를 지니고 있고, 공공선은 개별적 이익의 단순 합산이 아니라 사회적·문화적 관계 혹은 상호작용 속에서 형성된다는 것이다.[43]

셋째, 공동선이나 공익을 선험적이거나 고정된 것으로 이해하기보다는 공정한 절차와 토론에 의해 형성되는 것이라는 심의적 또는 구성적 입장이 존재한다. 무엇보다도 이러한 입장을 지지하는 연구자들은 공공선은 본질적으로 어떤 행위가 그것에 부합되는지 확정지을 수 없는 경합적 개념(contested concept)이며, 그것에 대한 호소는 선동의 위험을 내재하고 있고, 권력집단의 조작 가능성(manipulability)이 상존한다는 점을 경계하고 있다. 이를 대표하는 가장 대표적인 관점은 심의 민주주의(deliberative democracy)이다. 심의 민주주의에서 공공선은 시민들 각자의

---

42) Jane Mansbridge, "On the Contested Nature of the Public Good," Walter W. Powell and Elisabeth S. Clemens(eds), *Private Action and the Public Good*(Yale University Press, 1998).

43) Craig Calhoun, "The Public Good as a Social and Culture Project," Walter W. Powell and Elisabeth S. Clemens(eds), *Private Action and the Public Good*(Yale University Press, 1998).

사유와 논거의 개방적 심의와 토론과정을 거쳐 합리적 결정에 도달하는 과정을 의미한다. 이처럼 공공선에 도달하는 집합적 결정과정은 의미 있는 주장들이 소통되는 경합의 공간이기 때문에 반드시 다수 의견일 필요는 없다. 왜냐하면, 이러한 과정을 통해 다수 견해 자체가 변화될 수도 있고, 때로는 다수가 아닌 어떤 집단이나 이념도 공동체의 선으로 승인(approbation)될 수 있기 때문이다.[44] 공공선은 발견(found)되는 것이 아니라 단지 형성(forged)되는 것이라는 캘혼 역시 이러한 입장을 대표하고 있다. 그는 공공선이 공동체 구성원들 사이의 어떤 가치에 대한 일치를 통해 도출되는 것이 아니라 각 당사자들이 다른 관점을 이해하려는 노력과 이성적 토의와 담론을 통해 그 실체가 구축되어지는 사회문화적 프로젝트라고 정의하고 있다.[45]

(3) 한국의 NGO 연구에서의 공익과 공공성 논의

그렇다면 한국의 연구자들은 어떤 입장과 근거에서 공익을 NGO의 필요조건으로 제시하고 있을까. 대개의 경우 공익의 정의에 대한 규정을 생략하고 있어 정확히 알 수 없지만, 사회구성원 전체 또는 절대다수에게 선으로 받아들여지거나 이익이 되는 것을 의미한다는 산술적, 혹은 공리주의적 입장에 서 있다고 추정할 수 있다.

그렇지만 NGO의 공익 규정에서 더욱 두드러진 경향은 공공선에 부합하는 어떤 특정한 가치를 선험적으로 전제하고 있는 공동체주의적 관점이다. 특히 공리주의로서는 정당화되기 어려운 평등과 같은 사회적

---

44) Jane Mansbridge, “On the Contested Nature of the Public Good.”

45) Craig Calhoun, “The Public Good as a Social and Culture Project,” pp.26~28. 덧붙일 수 있는 또 하나의 주장은 공공선을 민주적 절차와 같은 특정 과정의 산물로 규정하는 절차적 접근(procedural meanings)이다. 이에 대해서는 Jane Mansbridge, “On the Contested Nature of the Public Good”를 참조하라.

가치와 소수자나 사회적 약자의 사회경제적 지위 개선을 위한 제반 활동(advocacy)이 공공선의 핵심으로 거론되어 왔다. 이처럼 공공선에 대한 가치중심적 접근을 통해 민중운동과 노동운동과 같은 사회운동이 NGO의 일원으로 정당화되었다.

예를 들어, 김인춘은 살라먼과 안하이어의 구조적 정의를 적용하여 NGO를 자치적·민간의·비영리추구의 조직들로서 '소외된 사람들의 삶의 질을 향상시키는 활동'을 하는 조직들로 규정하고 있다.[46] 노동조합을 비롯한 직능단체가 NGO에 포함되는가의 여부는 쟁점 중 하나인데, 이들 이익단체는 비록 비정부조직이고 자발적·자율적인 조직체이지만 추구하는 목적이 공익이 아니라 집단이익이라는 점 때문에 NGO가 아니라는 주장이 존재한다.[47] 박상필 역시 "노동조합의 활동은 일정한 계급성을 내포하고 있는 데 반해 NGO는 탈계급적 또는 초계급적 의미가 강하기 때문에 한국에서 노동조합을 실체적 의미의 NGO에 포함시키기는 어렵다"라는 입장을 펴고 있다.[48] 이러한 입장에서는 시민의 보편이익의 실현을 목적으로 하는 NGO와 특수 이익을 얻기 위한 이익집단은 극명하게 대조된다. 많은 연구자와 활동가들이 NGO를 "사적 이윤을 추구하지 않는 조직으로 전체 사회의 편익의 증진이나 공공가치를 궁극인 목적으로 삼는다는 점에서 공익성을 지향하는 조직"으로 규정하고 있다.[49] 이에 반해 신광영은 노동조합이나 노동운동단체들도 노동자들의 집합적인 경제이익을 추구하기는 하지만 기존의 불평등한 사회

---

46) 김인춘, 「비영리영역과 NGOs: 정의, 분류 및 연구방법」, 23쪽.

47) 백승현, 「한국의 시민단체(NGO)와 공공성 형성」, 225쪽; 김종성·김연수, 「NGO와 정부 간 관계에 대한 신제도주의적 접근」, ≪한국사회와 행정연구≫, 14권 1호(2003), 24쪽.

48) 박상필, 「NGO의 개념화: 경험적 개념을 중심으로」, 395쪽.

49) 이근주, 『정부와 NGO 간의 파트너십에 관한 연구-환경 NGO를 중심으로』(한국행정연구원, 1999).

경제적 구조를 개혁하거나 변혁시키려는 사회운동 기구라는 점에서 공공선을 추구하는 비영리기구로 볼 수 있다는 입장을 밝히고 있다.[50)]

눈여겨 볼 점은 노동조합이 NGO에 해당되는가의 논쟁의 양쪽 당사자 모두 자신들의 논리적 근거를 공익과 공공선에서 찾고 있다는 점이다. 배제하는 쪽은 노조의 결성 및 활동 원리가 근본적으로 공익과 무관한 집단이익이라는 점을 강조하고 있는 반면, 해당된다는 쪽은 사회적 약자인 노동조합의 진보적 균형추로서의 사회적 역할에 주목하고 있다. 정태석은 이러한 대립과 긴장을 소극적 공공선과 적극적 공공선 개념으로 설명하고 있다. 그에 따르면, 소극적 공공선은 수적 다수에 의해 규정되며, 적극적 공공선은 목표나 지향점의 성격에 의해 규정된다. 좀 더 평등하고 정의로운 사회상태를 지향하는 것이 적극적 공공선의 의미이며, 사회적 약자와 소수자들의 권리 향상을 위해 활동하는 다양한 시민사회단체들을 NGO로 규정할 수 있다는 것이 그의 생각이다.[51)] 이런 관점에서 그는 노동운동단체들을 포함한 다양한 민중운동단체들 역시 NGO의 범주에 당연히 포함된다고 주장한다.[52)]

---

50) 신광영, 「비정부조직과 국가정책」, ≪한국행정연구≫, 봄(1999), 31쪽.

51) 정태석, 「시민사회와 NGO」, 김동춘 외, 『NGO란 무엇인가』(아르케, 2000), 10~11쪽.

52) 정태석, 「시민사회와 NGO에 관한 최근 논의의 비판적 검토」, 178쪽.

제 5 장

기능과 역할 연구: NGO는 언제나 민주주의를 촉진하는가?

1. NGO의 두 가지 기능, 주창과 사회서비스

"NGO는 무엇을 하는가?"라는 질문에는 "안 하는 것이 없다"가 정확한 답이다. NGO는 국가가 할 수 없는 것을 감시하고, 국가가 하기 싫어하는 것을 주창하며, 국가에 모자라는 부분을 혁신하고, 국가가 필요성을 인정하면서도 행동할 여력이 없는 부문에 서비스를 제공한다. 앞의 두 가지 활동은 주창 활동(advocacy NGO)의 영역이며, 나머지 항목은 주로 현장 활동(operational NGO)과 가깝다. 여기에 하나를 덧붙이자면 정부활동에 대한 정당성의 판별(Legitimation NGO)이 NGO의 주요 활동이다.[1)]

오래전부터 민주주의의 학교로서 NGO의 기능과 역할이 강조되어 왔다. 사회공론의 장으로서 NGO는 대의 민주주의의 감시자 역할을 하며, 정책결정에 직접 참여하기를 바라는 시민들의 참여를 매개함으로써 참여 민주주의를 발전시켜 왔다. 주성수는 NGO의 기능을 다섯 가지,

1) 조효제 편역, 『NGO의 시대』(창작과 비평사, 2000), 12쪽.

즉 사회공론의 장, 국가와 시장의 견제, 사회문제 해결, 사회자본 생산, 사회서비스 기능으로 요약하고 있다.[2)]

NGO의 기능과 역할은 주창 활동과 서비스 활동으로 분류하는 것이 가장 간명하며 일반적이다. 본 연구에서도 그러한 분류를 따르고 있다. 그렇지만 한국의 경우 주창(advocacy)이라는 외래어가 생소하여 정확한 의미 전달이 어렵고, 서비스 기능은 마치 NGO가 아닌 NPO 영역인 것처럼 잘못 알려져 있어 자주 인용되지는 않고 있다. 본 연구에서는 주창 활동을 대표 기능과 참여 기능으로 세분하여 살펴볼 것이다.

2. NGO의 주창 활동

1) 대표 기능

(1) **다수의 이익 대표**

NGO는 누구의 이익과 요구를 대표하는가. 이에 대한 해답은 두 가지로 나누어 살펴볼 수 있다. 하나는 파당적인 주장과 특수 이해를 넘어서는 시민 일반의 보편적 요구이다. 국가권력과 시장의 힘에 맞서 공적 이익을 수호한다는 점이 NGO를 정당과 이익집단과 구분 짓게 만드는 중요한 경계선이다. 다른 하나는 사회적 약자와 소수자의 권익 증진이다. 이 글에서는 편의상 전자를 대표 기능으로, 후자를 대변 기능으로 명명하고자 한다.

먼저, NGO의 대표 기능은 공공재를 생산함으로써 공동체 구성원 전체의 이익과 관점을 대표하는 것이다. 현대의 대의 민주주의는 기본

---

2) 주성수, 『NGO와 시민사회: 이론. 정책. 모델』(한양대학교 출판부, 2004), 103쪽.

적으로 국민 주권이 정당과 이익집단에 의해 대표되는 대의 시스템이다. 문제는 이러한 정치과정의 수혜자들은 일반 시민이 아니라 상대적으로 많은 자원을 갖고 잘 조직화되어 있는 일부 집단의 회원이나 리더들이라는 점이다. 그런 점에서 대의 민주주의는 정책결정과정에 대한 특권적 지위와 접근 권한을 갖고 있는 조직화된 이익에 유리한 체제이며, 특정 분파나 이익이 다른 이익을 희생하여 전체 이익을 대변하려는 대표 왜곡(misrepresentation)의 위험성을 숙명처럼 안고 있다.

이러한 이익정치의 일차적 폐해는 공공재나 집단재의 결핍 현상이다. 왜냐하면 집단이 크면 클수록 개인이 제공받는 전체 이익의 양이나 집단 행위에 대한 보상은 줄어드는 반면 조직화 비용이 증대될 것이기 때문이다. 따라서 조직화가 어려운 일반 시민들이 희망하는 집합재는 늘 최적의 공급 상태에 미달하게 된다. 역사적으로 공공성에 대한 자각은 두 가지의 경로를 따라 순차적으로 발전되어 왔다. 하나는 복지·국방·치안·인프라 등 국가의 공적 영역의 확대이며, 다른 하나는 이와 연관된 국가의 활동을 감시·견제하거나 환경·인권·평화 등 새롭게 부상되는 공공재의 창출자로서 NGO의 비약적인 성장이다. 특히 후자와 관련하여, 미국의 이익정치에서 1960년대 이후 “직업이나 전문직으로서가 아니라 회원, 기부금, 활동가들을 동원하는 로비형 조직으로서 시민단체, 그리고 집단재를 추구하되 집단재의 획득이 선별적·물질적으로 조직의 회원이나 활동가들에게만 귀속되는 것이 아닌 공익적 이익집단(public interest group)의 급증은 가장 주목할 만한 현상”이었다.[3)]

앞에서 살펴본 것처럼 한국에서는 NGO가 시민 일반의 이익(공익)을 증진시키기 위한 시민운동이라는 관점이 오래전부터 지지되어 왔다. 한

---

3) Jeffrey M. Berry, *The New Liberalism: The Rising Power of Citizen Groups*(Brookings Institution Press, 1999), p.10.

국의 시민운동을 이끌었던 대표적인 한 활동가는 시민운동을 특정 계급과 계층의 이익과 관점이 아닌 다수 시민을 위한, 시민에 의한 합법적 방식의 운동, 비폭력적 운동, 구체적인 정책대안 중심의 운동으로 규정하였다.[4] 백승현 역시 공익을 주목적으로 하는 조직체를 NGO로 규정하고, 공공성을 지향하는 한국의 NGO가 유달리 강한 정치성을 갖게 된 이유를 일제로부터 권위주의 정권에 이르기까지 국가권력에 대한 오랜 비판과 저항운동의 소산으로 설명하고 있다.[5]

조희연은 한국의 NGO가 시민사회의 의사와 요구를 제도 정당을 대신하여 반영하여 온 대의의 대행(proxy representation) 혹은 준정당적 기능을 주목하고 있다. 그는 이러한 역할을 수행해 오면서 한국의 NGO가 다른 나라와 다른 몇 가지 특징, 즉 연대를 통한 정치 운동의 강한 전통과 경실련이나 참여연대와 같은 종합형 시민운동의 커다란 영향력을 갖게 되었다고 설명하고 있다.[6] 한편, 시민단체의 대표성에 대한 경험적 성과로는 모종린의 연구가 있다. 그는 이 연구를 통해 경제 분야의 대표적 시민단체인 참여연대가 진보적 이념을 가진 시민들의 이익을 대표하고 있다는 경험적 근거를 제시하였다. 진보적 성향의 응답자가 참여연대의 대표성에 대해 긍정적 평가를 내리고 있고, 높은 수준의 정책 친밀도를 느끼고 있다는 사실을 제시하고 있다.[7]

(2) **사회적 소수자와 약자의 대변**

NGO의 중요한 기능 중 하나는 다수 시민을 대표하는 것과 아울러

---

4) 서경석, 「민중신학의 위기」, ≪기독교사상≫(1993), 37쪽.

5) 백승현, 「한국의 시민단체(NGO)와 공공성 형성」, 225쪽.

6) 조현연·조희연, 「한국 민주주의의 이행」, 조희연 편, 『한국 민주주의와 사회운동의 동학』(나눔의 집, 2001), 296쪽.

7) 모종린, 『시민단체 대표성 연구』(자유기업원, 2004), 74~82쪽.

사회적 약자와 소수자의 권익을 증진시킴으로써 더욱 평등한 사회를 건설하는 일이다. 차별과 편견, 역사성, 주변부성, 정체성의 특성을 공유하고 있는 사회적 소수자(social minority)란 통계학이나 인구학적으로 소수이면서 동시에 상대적으로 낮은 지위 때문에 차별과 배제를 당하는 하위집단을 지칭한다.[8)]

NGO의 이러한 사회적 소수자의 대변 기능은 오래전부터 주목받아 왔다. 한 국제기구는 NGO의 이러한 기능을 다원주의와 관용의 개념을 빌어 설명하고 있는데, 이들에 따르면 "강력하고 견고한 NGO 섹터는 소수집단들이 다수주의의 횡포를 회피할 수 있도록 하므로 민주주의의 장기적인 발전에 필요조건"이라는 것이다.[9)] 특히 제3세계의 경우 NGO를 "사적 이익을 추구하지 않는 비정부조직으로 불이익을 당하는 사람들의 삶의 질을 향상시키는 것을 목적으로 하는 조직체라는 규정이 일반적"이다.[10)]

사회적 소수자는 사회와 시대에 따라 규정된다. 국가인권위원회는 최근 국가인권정책기본계획(NAP) 권고안을 발표하였는데, 여기에 따르면 사회적 소수자 및 약자에는 장애인, 비정규직노동자, 이주노동자·난민, 여성, 아동·청소년, 노인, 성적 소수자, 병력자(에이즈환자·한센인), 군인·전의경·새터민·시설생활인 등 11개의 집단이 해당된다. 여기에 혼혈계, 양심적 병역거부자 등 인종적·종교적·문화적 소수자들을 덧붙일 수 있다. 흥미로운 점은 사회적 소수자를 위한 NGO의 활동과 연구의 비대칭성이다. 말하자면, 사회적 소수자를 위한 NGO 단체의 현장 활

---

8) 이남석, 「사회적 소수자의 집단적 권리보장을 위한 일: 수혈거부를 중심으로」, '한국의 시민참여와 민주주의' 한양대학교 제3섹터연구소 주최 학술세미나(2005), 95~96쪽.

9) World Bank, *Handbook on Good Practices for Laws Relating to Non-Governmental Organizations*(Washington, D.C., 1997).

10) 백승현, 「한국의 시민단체(NGO)와 공공성 형성」, 222쪽.

동은 전례 없이 활성화되고 있지만 이들 단체에 대한 이론적 분석은 여성을 제외하고는 답보 상태를 면치 못하고 있다.

이들 분야에 대한 체계적 성과의 정리는 필자의 역량과 의도를 넘어서는 것이므로 여기에서는 성적 소수인 여성, 인종적 소수인 외국인노동자, 종교적 소수인 양심적 병역거부 등 세 영역의 NGO 연구만을 살펴보고자 한다. 먼저 성적 소수인 여성운동의 성과와 한계를 다루고 있는 개괄적 논문으로는 강이수의 연구가 있다. 강이수는 1990년대 선진국과 제3세계 여성운동의 퇴조나 약화와 달리 한국 여성운동이 약진할 수 있었던 '예외적 성과'의 원인을 밝히고 있다. 그녀는 이에 대한 해답으로 한국의 여성운동이 특별한 여성들만의 과제가 아닌 일반 여성들의 일상적인 문제를 해결하는 데 초점을 두었고 특히 성폭력과 가정 폭력 문제를 둘러싼 여성운동계의 대응과 연대가 '여성 일반'의 정체성을 형성하는 데 중요한 계기가 되었다는 점을 지적하고 있다.[11] 페미니즘이나 여성 문제에 일가견이 없다 하더라도 강이수가 향후 여성운동의 과제로 지적하고 있는 사항들은 다른 부문의 시민운동가와 연구자들에게도 유용한 지침이 될 수 있다. 그녀는 먼저 '성공의 위기'라는 역설적 현상에 유념할 것을 강조하고 있다. 즉, "여성운동이 정책지향적 접근방식을 선택하면서, 그리고 국가와의 관계망을 넓혀 나갈수록 스스로의 의제를 미리 절충하고 타협해 나가게 되며 이 과정에서 자칫 여성운동이 국가에 의해 포섭(co-optation)되거나 지배될 위험성에 대한 경각심이 필요"하다는 것이다. 특히 그녀는 여성운동의 NGO화 경향에 대한 우려를 다음과 같이 피력하고 있다.[12]

11) 강이수, 「90년대 여성운동과 연대 그리고 정체성의 문제」, 김진균 편저, 『저항, 연대, 기억의 정치: 한국사회운동의 흐름과 지형 Ⅱ』(문화과학사, 2003), 107쪽.
12) 같은 책, 126쪽.

"국민의 정부 이후 여성운동의 NGO로서의 역할과 기능이 크게 확대되고 있다. NGO로서의 활동은 국가와 사회운동의 가교 역할로서 국가가 성인지적으로 정책을 구성하게 하는 데 중요한 영향을 미쳤다. 그러나 운동이 전문화·제도화될수록 활동가들은 기술관료화되고 운동의 주체가 되어야 할 대중여성들은 운동체계의 고객으로 대상화될 위험이 있다는 지적에 주의를 기울일 필요가 있다."

1990년대 들어 가장 급성장한 NGO 중 하나는 외국인노동자 지원단체이다. 외국인노동자 지원단체를 대상으로 한 대표적인 연구로는 이정환과 설동훈의 연구가 있다.[13] 그중 설동훈의 논문은 10여 년에 걸친 외국인노동자 지원 단체의 결성 추이, 단체 간 네트워크, 지원 단체의 활동, 단체 내부의 분화 과정 등을 구체적으로 정리하여 놓고 있다. 설동훈은 외국인노동자 지원 단체의 과제로써 외국인노동자의 자체 조직과 주체성을 배양하고 국내 지원 단체의 네트워크를 강화할 것을 제안하고 있다.[14]

이남석은 사회적 소수자의 관점에서 양심에 따른 병역거부 문제를 살펴보고 있는데, 특히 그가 중점을 두어 설명하고 있는 것은 대체복무법 제정을 위한 시민단체의 활동 성과와 과제이다. 이남석은 개혁성향의 민변 등 법조단체와 학술단체, 종교단체로 구성된 '양심에 따른 병역거부권실현 및 대체복무제도개선을 위한 연대회의'의 활동의 성과로써 첫째, 여론의 관심을 모아 이 문제가 사회적 의제가 되었고, 둘째, 징병 대상인 대학생들 사이에서 병역거부에 대한 공감대를 확산시켰으

13) 이정환, 「외국인노동자 공동체와 관련 NGO」, 석현호·정기선·이정환·이혜경·강수돌 지음, 『외국인노동자의 일터와 삶』(지식마당, 2003); 설동훈, 「한국의 외국인노동자 운동, 1992-2002년」, 김진균 편저, 『저항, 연대, 기억의 정치: 한국사회운동의 흐름과 지형 II』(문화과학사,2003).

14) 설동훈, 「한국의 외국인노동자 운동, 1992-2002년」, 99쪽.

며, 셋째, 종교적 자유가 허락(교소도 내 예배 허용)되었으며, 넷째, 사법부의 형량이 완화되었다는 점을 들고 있다. 그는 관련 단체들에게 공론화 전략을 넘어 구체적인 대안 제시 활동, 즉 입법청원 제도를 적극 구사할 것을 제안하고 있다.[15)]

2) 참여 기능

이익이 집단의 형성을 통해 조직화되는 것처럼, 현대사회에서 대부분의 참여는 NGO를 통해 실현된다. 시민들은 NGO에 대한 자발적 참여를 통해 대의 민주주의 체제의 수동적 유권자에서 능동적 시민(active citizen)으로 전환된다. 토크빌은 다양한 유형의 결사체를 통한 시민참여가 민주주의 특히 시민덕성을 배양하는 데 미치는 긍정적 효과를 이미 오래전에 간파하였다. 그에 의하면 교회, 노동조합, 자치센터, 사친회 등에의 가입과 활동은 사회적 고립을 방지하고 사람들로 하여금 협력하고 공동 이익을 발견하게 만드는 자유의 학교이다. 그러한 참여를 통해 정치적 이익들이 정식화되고 조직적 기술이 고양되며, 개인적 목표만을 우선시하는 그릇된 경향이 억제되고 공적 정신이 충만하게 된다.[16)]

NGO의 가장 중요한 기능 중 하나가 시민들의 자발적 참여이며, 이러한 시민참여는 대의 민주주의의 한계를 극복하고 참여 민주주의의 발전을 가져온다는 점에 큰 이견은 없다. 그렇지만 어떤 유형의 결사체에 대한 참여가 가장 바람직한 결과를 낳는가에 대해서는 커다란 차이가 존재한다.

---

15) 이남석, 「입법과정과 NGO: 대체복무법 제정을 위한 NGO의 역할에 관한 고찰을 중심으로」, 한양대학교 제3섹터연구소 세미나 자료집(2004), 48~56쪽.

16) 토크빌, 『미국의 민주주의』, 임효선·박지동 옮김(한길사, 1997), 261쪽.

(1) 바람직한 시민참여와 NGO의 규모

먼저, 민주주의의 관점에서 소규모 지역 결사체를 강조하는 입장이 있다. 이점과 관련하여 다시 토크빌은 처음으로 결사체의 규모에 따른 시민참여의 효과의 차이를 예리하게 간파했던 인물이다. 토크빌은 프랑스에서처럼 중앙집중적인 거대 관료조직의 권력구조나 대규모 정치제도들은 고립된 개인들을 압도하고, 원자화와 정치적 소외를 강화시키는 경향이 있다고 경계하였다. 반면 지역의 공적 문제에 대해 다양한 참여기회를 제공하는 소규모의 잘 조직화된 매개 결사체들은 개인들을 광범위한 공적 이슈에 효과적 영향력을 행사할 수 있는 능력을 지닌 공적 정신이 충만한 시민들로 변화시킨다고 극찬하고 있다.[17] 퍼트남의 사회자본론 또한 민주주의의 핵심 지표로써 결사체, 특히 지역 결사체 활동의 생동력에 주목하고 있다. 퍼트남은 이탈리아의 효과적인 민주지배에 대한 경험적 연구를 통해 지역별 거버넌스의 차이는 그 지역이 풍부한 자율적 사회조직의 체계를 갖추었느냐가 결정한다고 결론지었다. 즉, 시민적 자발성에 기초하여 지역에 근거를 둔 다양한 협력적 네트워크가 사회공동체에 대한 관심과 신뢰, 정치적 시민참여, 사회적 연대와 유대를 형성해 민주주의와 경제발전에 기여할 것이라 지적하고 있다.[18] 아울러, 그는 지역 결사체 회원의 감소를 공적 영역의 감소와 사회를 개선하려는 노력의 감소로 판단하고 있는데, 그런 연유에서 전국적 단체에 가입하는 것보다 지역 단체에 가입하는 것이 더 많은 사회자본을 생산할 수 있다고 권유하고 있다.[19] 바바(Barber) 역시 시민적 덕성과 참여를 증진시키는 데 일상적 삶의 공간에서 지속적으로 반복되는 대

---

17) Daniel Bell, "Civil Society versus Civic Virtue," Amy Gutmann, *Freedom of Association*(Princeton University Press, 1998), pp.247~248.

18) Robert D. Putnam, *Democracies in Flux*(New York: Oxford University Press, 2002).

19) Jeffrey M. Berry, *The New Liberalism: The Rising Power of Citizen Groups*, p.388.

면접촉(face-to-face) 결사체가 가장 중요하다고 강조하고 있다.[20)]

반면, 이와는 정반대로 협소하고 파편적인 집단이익과 조합주의적 관점을 넘어설 수 있는 전국적 단위의 거대 결사체가 바람직하다는 입장이 제시되었다. 가장 대표적인 것은 조합주의의 창안자인 슈미터의 사적 이익정부(Private Interest Government)라는 개념이다. 사적 이익정부는 '결사체적이거나 이익에 기반한 집단행동이 공공정책의 목표 달성에 기여하게 되는 일련의 구조'이자 적절하게 설계된 제도에 따라 전체 이익에 공헌하도록 만들어진 특수 이익을 갖는 사회집단으로서 자율적 규제를 시행하는 기관을 의미한다. 이러한 사적 이익정부로서 적합한 결사체적 수준은 개별 집단의 협소한 이익집약을 넘어 공동체에 대한 헌신과 사회전체의 공동이익을 고려할 수 있는 전국적 단위의 결사체이다.[21)] 올슨 역시 사회 전체를 더욱 번영하게 하려는 거시적 유인과 장기적 관점을 갖고 있는 포괄적 조직의 장점을 피력한 바 있다. 그에 따르면, 기업과 노조의 정상조직(peak association)은 소규모 단체들과는 달리 거의 국가적 시각을 견제하게 되는데, 이를테면 노동당이나 사회당은 더욱 포괄적인 지지층을 갖고 있기 때문에 모체인 개별 노동조합보다 덜 편협한 견해를 갖게 된다는 것이다.[22)]

---

20) Stijn Smismans, "European Civil Society: institutional interest and the complexity of a multi-level policy," *Democracy and the role of associations: political, organizational and social contexts*(Routledge, 2005), pp.64~86.

21) Wolfgang Streeck and Philippe C. Schmitter, "Community. market. state-and associations? The prospective contribution of interest governance to social order," Streeck and Schmitter, *Private Interest Government: Beyond Market and State*(Sage Publication, 1985), pp.16~20.

22) 맨슈어 올슨, 『국가의 흥망성쇠』, 최광 옮김(한국경제신문사, 1990), 93쪽.

(2) 정치적 참여와 사회적 참여

형식적으로 NGO의 직접적인 정치적 활동은 금기 사항으로 간주되는 것이 일반적이다. 미국의 경우, 세법의 조항 501(c)(3)에 따라 면세혜택을 받는 비영리단체들(NPO)은 정치후보를 지지하거나 반대하는 일체의 선거캠페인에 참여할 수 없다.[23] NGO의 정치참여에 대해 한국의 경우 법적으로나 정서적으로 보수적 관점이 더 우세하다. 한 연구자는 시민운동은 어떠한 경우에도 비정파성 혹은 중립성이라는 원칙에 충실해야 한다고 주장하고 있는데, 그 이유로 시민단체들이 자신들의 정치사회적 영향력을 무기로 과도하게 정치에 참여하게 되면 이념과 노선, 가치를 달리하고 있는 시민들은 선택을 강요받게 되어 정치사회적 혼란과 분열을 야기할 수 있기 때문이다.[24]

그렇지만 본 장에서 사용되고 있는 NGO의 정치 참여의 의미는 선거를 통해 국가권력의 장악을 목표로 하는 정당 활동과 달리 정부의 비판·감시 및 공공정책에의 영향력 확대를 위한 다양한 권익주창 활동을 아우르는 포괄적 의미이다. 한편 NGO의 사회적 참여는 비정치적인 사회복지단체, 교육, 문화예술단체, 친목 및 연고단체의 활동을 지칭한다.

먼저, NGO를 통한 정치적 참여의 순기능을 강조하는 입장이 존재한다. 가장 대표적인 것은 신다원주의(new pluralism)인데, 이들은 국가에 대한 대항세력으로 활동하는 시민사회의 정치적 역할을 중시한다. 이들은 시민사회가 국가와 기업 권력으로부터 자율적인 공적 기능을 수행하기 위해 조직된 것들이 아니라, 사회적 가치를 수호하고 정책변화를 모색하며 정권교체까지도 추구하는 정치적 활동을 한다는 것이다.[25] 보

---

23) World Bank, *Handbook on Good Practices for Laws Relating to Non-Governmental Organizations*(Washington, D.C., 1997), pp.62~63.

24) 최낙관, 『시민단체의 정치참여와 개혁: 그 논리와 한계』(자유기업원, 2004), 100~101쪽.

수주의자들이 권익주창과 정치활동을 하는 기관들과 활동을 시민사회의 개념에서 제외시키고 있는 것과는 대조적으로 신다원주의자는 시민사회의 대의적·정치적 기능을 중시한다. NGO의 권력견제 기능과 정치적 대표 기능을 강조하는 전통은 남미와 동유럽 등 제3세계 연구자들에게서 두드러지게 나타나고 있다. 소머스는 동구 혁명을 가능하게 했던 시민사회는 새로운 사회적·정치적 영역으로, "대중적 사회운동과 집단동원의 영역이며, 비공식 네트워크, 시민 결사체의 영역이며, 또 참여적 공공 생활을 유지하는 공동체 연대의 영역이다"라고 강조한다.[26) 또 남미 NGO를 분석한 맥도날드는 "시민사회는 사적 영역과 거버넌스의 공식적인 정치 제도들 사이에서 이루어지는 조직화된 정치활동의 영역이다"라고 정의한다.[27) 또 제3세계의 개발을 지원하는 국제기관인 UNDP, USAID 등도 개발에 참여하는 NGO의 정치적 역할을 중시한다. UNDP는 "NGO는 정치·문화·경제·사회 활동에 시민참여를 연결시켜 주고, 공공정책에 영향력을 행사하기 위해 그들을 조직하며, 특히 취약계층과 소외계층을 위해 공적 자원에 대한 접근의 기회를 획득한다"라고 설명한다.[28) 민주화 이후의 동구, 남미, 아시아 국가들에서 NGO는 대의 민주주의 문제를 보완하는 역할을 하며 무력한 정당의 역할을 대신하는 '준정당적' 기능을 한다고 볼 수 있다. 인도와 필리핀

---

25) B. Edwards and M. Foley, "Civil Society and Social Capital beyond Putnam," *The American Behavioral Scientist*, 42/1(1998), p.14.

26) M. Somers, "Romancing the Market, Reviling the State: Historicizing Liberalism, Privatization, and the Competing Claims to Civil Society," Crouch, C., Elder, K. and Tambini, D. eds., *Citizenship, Markets and the State*(Oxford: Oxford University Press, 2001), pp.23~24.

27) L. MacDonald, *Supporting Civil Society: The Political Role of NGOs in Central America*(New York: St. Martin's, 1997), p.3.

28) UNDP, "UNDP and Governance: Experiences and Lessons Learned"(2000), p.31 (www.undp.org/Docs/gov/Lessons1.htm).

등지의 제3세계 국가의 경우, 정당과 노조의 나약성 때문에 그 공백을 NGO가 대행하며 준정당적 기능을 수행한다.[29]

그렇지만 더 오랜 전통을 갖는 것은 사회생활, 즉 가족, 친구, 이웃 및 직장 동료들과의 상호작용에의 참여나 지역 커뮤니티와 사회적 약자를 위한 이타적 동기에서 비롯된 사회적 활동을 중시하는 입장이다. NGO의 사회적 참여 중 가장 대표적인 것은 서비스를 필요로 하는 수혜자에게 서비스를 제공하는 자원활동(volunteering)이다. 시민들의 자원활동에 대한 최근의 연구는 그것이 이타적인 동기에서 출발하는 자원봉사 혹은 사회가 필요로 하는 서비스를 제공하여 사회복지의 자원을 확장시킨다는 기능을 넘어서서 시민적 자발성의 한 표현양식으로서 혹은 민주적 시민참여의 지표로서 매우 중요하게 인식되기 시작하였다.

벨은 자원활동을 흔히 자원봉사활동이라 불리는 비정치적인 서비스 제공 중심의 활동인 소극적 모델과 사회변화 지향적인 적극적 모델로 구분하고 있다. 그는 오늘날 진행되고 있는 자원활동은 서비스 전달이라는 소극적 행동모델이라기보다는 권능강화(empowerment)의 경험에서 나온 능동적 행동모델에 근접하다고 설명하고 있다. 그는 적극적 모델이야말로 변화의 필요성을 인식하고 개인이 사회를 변화시키고 기여할 수 있다는 확신과 능력을 갖춘 개인을 전제하고 있기 때문에 민주주의에서 가장 중요한 가치인 행동의 자유를 표현한다고 주장한다. 또한 자원활동은 단순한 인간봉사가 아닌 시민의 자발적인 의지와 욕망의 발현이자, 국가나 어떤 조직 또는 개인들의 강압에 의하지 않는 조직화된 자발적 행동이라는 의미로서 근대 민주주의 이론에 필요한 시민사회의 상대적 자율성 이념의 철학적 기초를 공유하고 있다.[30] 이밖에도 버바

---

29) G. Clarke, "Non-Governmental Organizations and Politics in the Developing World," *Political Studies* 46/1(1998), pp.40~41.

30) Bell(1999); 이선미, 「시민참여로서의 자원활동」, ≪시민사회와 NGO≫, 봄-여름,

등은 실증적 연구를 통해 비정치적 참여가 정치적 참여를 증진시키는 긍정적 연관효과를 갖고 있음을 증명하였다. 그는 정치나 공공정책과 상관없는 비정치적 제도와 기구에의 참여는 조직적, 의사소통상의 기술을 발전시킴으로써 정치적 활동을 촉진한다고 주장하였다. 그 근거로써 교회(남부교회와 민권운동, 백인교회와 보수세력)를 들고 있는데, 교회는 열악한 지위에 있는 사람들의 정치적 활동을 동원하는 계급에 기반한 정당과 노조가 약한 미국에서 이의 기능적 대체물이라는 것이다.[31)]

(3) NGO의 참여 기능에 대한 국내 연구

지난 16·17대 총선에서 시민단체들이 전개한 낙천낙선운동은 NGO의 정치참여에 대해 폭발적인 대중적 관심과 학술적 논쟁을 야기하였다. 무엇보다도 낙천낙선운동이 한국시민단체의 대표적인 정치개혁 실천 전략으로 자리 잡을 수 있었던 데에는 일반 국민들의 높은 지지 여론과 시민운동을 이끌고 있는 지도부 그룹의 긍정적 평가에 기인한다.[32)] 지난 16대에는 응답자의 73%가 총선연대의 낙선운동에 대한 찬성 의사를 표명했으며,[33)] 17대에도 응답자 가운데 79.7%가 낙선운동

창간호(2003)에서 재인용

31) S. Verba et al, *Voice and Equality*(Cambridge: Harvard University Press, 2002), pp.18~19.

32) 긍정적 평가가 압도적이었다는 점과 더불어 낙선율로 상징되는 운동의 실제 효과가 매우 가시적으로 나타났다는 점 역시 낙선운동이 대표적 선거운동의 하나로 정착되는 배경을 이루었다. 16대 선거 당시 총선시민연대는 낙선대상으로 지목된 후보들 중 실제 낙선율이 무려 68.6%라는 사실에 기초하여, "우리도 놀랐다"라는 반응을 보일 정도로 낙천낙선운동이 매우 성공적이었던 것으로 평가했다(『2000 총선연대 백서』). 이와 마찬가지로 이번 17대 국회의원 선거에서 낙천낙선운동을 주도했던 '2004 총선시민연대'는 낙선운동 대상자 206명 가운데 실제 129명이 낙선한 결과(낙선율 62.6%)에 비추어 이번 선거를 낙선운동을 통해 "국민의 승리"와 "국민이 주권자"임을 보여준 선거라고 평가하고 있다 (2004 총선시민연대 2004년 4월 16일 보도자료).

대상자를 지지하지 않겠다고 응답한 것으로 나타났다.[34] 낙선운동에 대한 적극적 평가는 시민단체 활동가들에게서도 발견된다. 2000년 낙천낙선운동은 시민운동가들을 상대로 한 설문조사에서 '지난 10년간 최고의 시민운동'으로 꼽힌 바 있다. 시민운동의 활동가들은 낙선운동이 정치권에 대한 시민사회의 개입 가능성을 확인한 것은 물론 노선과 지역을 넘어 시민운동 진영의 연대를 강화시켰다는 점을 들어 한국 시민운동사의 기념비적 성과로 자평하고 있다.[35]

학계의 평가 역시 긍정적 평가가 주를 이루어 왔다. 총선연대의 낙선운동은 취약한 대의정치와 왜곡된 정당정치를 대신할 수 있는 민주적이고 개혁적인 시민정치의 맥락을 지니며, 참여 민주주의의 확대·심화라는 차원에서 평가해야 한다는 입장[36]과 여기에서 한 걸음 더 나가, 국민주권의 회복과 참정권 확보를 지향했다는 점에서 서구적 의미에서의 시민혁명적 성격을 갖고 있으며, 동시에 헌법정신에 어긋나는 정치제도와 정치관행에 대한 국민적 저항운동의 성격을 갖고 있다는 주장이 그러하다.[37] 또한 적지 않은 경험적 연구들이 시민단체의 낙선운동이 유권자들의 투표율을 증가시킨 것으로 설명하고 있다.[38]

---

33) 조기숙·김선웅, 「총선연대의 낙선운동이 16대 총선 투표율을 낮추었나?」, ≪한국정치학회보≫, 36집 1호(2002), 164쪽.

34) 김영태, 「시민운동과 17대 국회의원 선거: 낙선운동의 효과를 중심으로」, 광주사회조사연구소, ≪사회연구≫(2004).

35) 연합뉴스, 2004.9.9.

36) 김의영, 「시민단체의 정치참여 어떻게 볼 것인가」, 한국정치학회 춘계학술회의 발표 논문(2004).

37) 정대화, 「정치개혁과 시민운동의 역할」, 한국정치학회 「Post-IMF Governance 하계학술회의 발표논문」(2000), 10~11쪽.

38) 조기숙·김선웅, 「총선연대의 낙선운동이 16대 총선 투표율을 낮추었나?」; 진영재·엄기홍, 「낙천낙선운동의 선거적 결과: 선거참여율, 득표, 당락, 그리고 정당 지지를 중심으로」, 진영재 편, 『한국의 선거 IV』(한국사회과학데이터센터, 2002).

한국의 경우 NGO의 유형에 따른 참여의 경험이 어떤 차별적 효과를 낳는지에 대한 실증적 연구가 매우 부족한 실정이다. 이점과 관련하여 결사체를 이익단체, 사회운동단체, 봉사단체, 친목단체의 네 형태로 분류하여 접근한 유재원의 연구 결과는 중요한 시사점을 제공하고 있다. 유재원은 실증적 경험연구를 통해 복지와 서비스 전달을 전담하는 봉사단체의 구성원이 사회신뢰와 시민적 의무감이 높을 뿐만 아니라 통상적·비통상적 정치참여에 적극적이고 정치의식도 많이 보유하고 있음을, 즉 이상적 민주시민과 사회자본을 생성하는 데 가장 탁월한 기능을 수행하고 있다고 주장하였다.[39] 한편 장수찬은 결사체의 참여 경향은 남성일수록, 나이가 많을수록, 교육수준이 높을수록, 상위 계급일수록 높다고 정리하고, 한국에서는 결사체 참여율이 높은 사람일수록 정부기관에 대한 불신이 높다는 예외적 사실을 밝혀냈다. 그는 정치참여 수준이 높을수록 정부기관을 불신하고 정치만족도 역시 저조한 악순환(vicious cycle)이 발생하는 까닭을 정치참여 과정에서 생기는 부정적 정보(정치권력에 대한 불신과 좌절)의 획득으로 설명하고 있다.[40] 주성수는 시민참여를 선거와 같은 관례적 참여와 NGO활동이나 자원활동과 같은 비관례적 참여로 구분하고, 현재 한국의 시민참여의 특징을 비관례적 참여의 혁명, 관례적 참여의 쇠퇴, 온라인 시민참여의 활성화로 요약하고 있다.[41]

---

39) 유재원, 「사회자본과 자발적 결사체」, ≪한국정책학회보≫, 9권 3호(2000), 38쪽.
40) 장수찬, 「한국사회에 나타난 악순환의 싸이클: 결사체 참여, 사회자본, 그리고 정부신뢰」, ≪한국정치학회보≫, 36집 1호(2002).
41) 주성수, 『NGO와 시민사회: 이론. 정책. 모델』.

3. 사회서비스 활동

1) 이론

NGO는 왜 정부의 고유 기능인 시민에 대한 공적 서비스를 정부를 대신해 제공하게 되었을까? 이에 대한 가장 설득력 있는 해석 중 하나는 '정부실패 이론', 혹은 이 이론을 창안해 낸 경제학자 와이스브로드의 이름을 딴 와이스브로드 모델이다.[42] 정부실패이론은 제공해야 할 공공재의 질과 범주, 이를 조달하기 위한 재원 결정을 함에 있어 정부는 중위 투표자(median vote) 혹은 지배적인 정치동맹의 선호를 따른다고 전제한다. 그렇지만 현대사회에서 시민들은 다양한 선호를 갖고 있기 때문에 정부의 획일적 공공재 제공에 전혀 만족하지 못하게 된다. 이를 해결하기 위해서는 다양한 개인적 방식들(경찰을 대체할 경비견이나 더 나은 지역으로의 이사 등)이 존재하기는 하지만 이러한 시장 구매 방식은 커다란 비용을 지불해야 하기 때문에 결국 최상의 대안은 신뢰할 만한 서비스를 제공하는 NPO라는 것이다.

또 다른 설명은 한스만의 계약실패 이론이다. 계약실패 이론은 우선 이윤추구 기업으로 하여금 자신들에게 유리한 쪽으로 소비자의 무지를 활용하게 만드는 생산자와 소비자 사이의 정보 비대칭을 주목하고 있다. 이러한 상황에서 수익 분배를 하지 않는 비배분적 제약 때문에 소비자를 기만할 이유와 기회가 없기 때문에 서비스를 전달하는 효율적 매개로서 NPO 조직이 선택된다는 것이다. 한스만은 NPO의 사회적 신뢰는 두 가지 조건에 의존하고 있는데, 하나는 비배분적 조건의 유지이고, 다른 하나는 민주적인 내부의 지배구조로 보고 있다.

---

42) Burton Weisbrod, *The Voluntary Nonprofit Sector*(Lexington Books, 1978).

마지막 설명은 NPO의 서비스 제공 기능이 정부와의 기능적 분화에 근거하고 있다는 제3자 정부와 경제학의 거래비용 이론이다. 이 모델에서 NPO는 공공재 전달을 돕는 정부의 파트너 혹은 계약자(partnership or contractual relationship)로서 사회서비스 제공의 주체가 되며, 정부는 재원을 조달한다. 살라먼은 기존의 NPO와 정부관계를 설명해 왔던 이론들, 즉 정부실패나 시장실패 이론들은 모두 자금과 정책 방향의 제공자로서 정부의 역할과 서비스 전달자로서 정부의 역할을 구분하는 데 실패했다고 판정하면서 미국 복지국가의 새로운 이론으로써 제3자 정부론을 제시한 바 있다. 그는 그동안 증대되어 왔던 것은 확실히 전자와 관련된 정부의 능력이었던 반면, 서비스 전달자로서 중앙 정부는 다른 기관, 즉 주·시·대학·병원·은행·산업체 등등으로 방향을 돌렸다는 것이다. 이는 전통적 복지국가 이론에서 주창해 온 관료적 획일성과는 달리, 미국의 경우 예외적으로 정부기능을 수행하는 다양한 제3자를 활용하여 왔다는 사실을 말하는 것이다. 그 결과, 정부와 제3자 집행기관(implementor)이 서로 공공지출의 사용과 관련한 재량권이나 공적 권위의 행사를 공유하는 제3자 정부의 정교한 시스템이 구축되었다는 것이다.43)

2) 분포 현황

NGO의 사회서비스 기능은 다른 어떤 것보다도 가장 오래된 연원을 갖고 있다. 주지하다시피 사회가 국가 이전에 존재했다는 사실, 즉 종교적 자선단체, 지역소방대, 구조대 등 다양한 형태의 공동체(community)

43) Lester M. Salamon, "Of Market Failure, Voluntary Failure, and Third-Party Government: Toward a Theory of Government-Nonprofit Relations in the Modern Welfare State," Susan A. Ostrander and Stuart Langton, *Shifting the Debate: Public-Private Sector Relations in the Modern Welfare State*(Transaction Books, 1987), pp.35~37.

〈그림 5-1〉 영역별 NPO 분포 현황

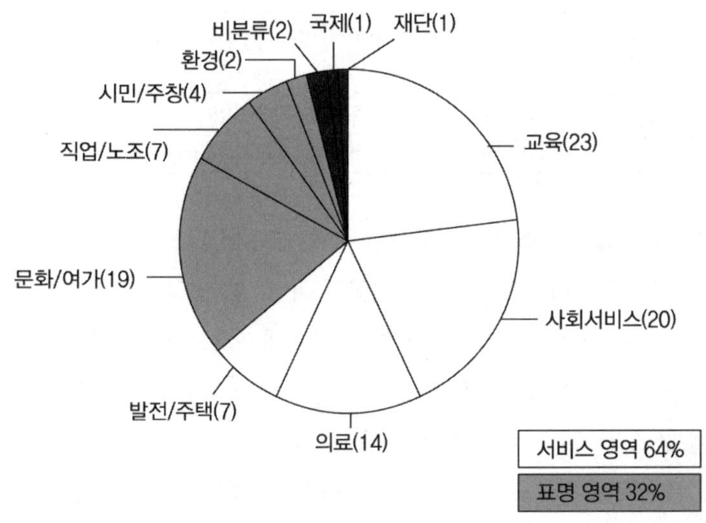

〈표 5-1〉 활동 유형별 시민사회 섹터의 분포(노동력 비율)

국제 평균		한국	
서비스(64%)	교육(23%)	서비스(82%)	교육(48%)
	사회서비스(20%)		사회서비스(15%)
	의료(14%)		의료(26%)
	발전/주택(7%)		발전/주택(0%)
표명(32%)	문화/여가(19%)	표명(18%)	문화/여가(5%)
	직업/노조(7%)		직업/노조(3%)
	시민/권익주창(4%)		시민/권익주창(10%)
	환경(2%)		환경(0%)
기타(4%)	비분류(2%), 국제(1%), 재단(1%)	기타(0%)	

가 근대적 형태의 정부 출현 이전에 이미 적지 않은 영역에서 공동의 관심사를 처리해 왔다.

<그림 5-1>에서 알 수 있듯이 사회서비스 기능은 역사적으로 오래되었을 뿐만 아니라 비중에 있어서도 권익주창 활동을 압도하고 있다.

〈표 5-2〉 **미국의 면세 NPO의 구성 현황**

단체구성(%)	자선(48), 사회복지(14), 친목(10), 노동과 농업(7), 기업(6), 사회클럽(6)
추이(1978~1990년)	자선단체의 증가(67%↑), 기업(45%↑), 사회서비스(14%↑), 노동과 농업(18%↓)

살라먼과 소코로브스키의 시민사회 국제 비교 연구는 NPO의 활동영역을 12개로 분류하고, 이를 다시 직접적 서비스를 전달하는 서비스 기능(service function)과 이익·신념·가치를 드러내 놓는 표명 기능(expressive function)으로 구분하였는데, 이에 따르면 서비스 기능(64%)은 일단 규모 면에서 표명 기능(32%)을 확연히 압도하고 있다. 이들의 비교 연구에서 한국은 서비스-압도(service-dominant) 모델의 전형적 사례로 거론되고 있다.[44]

미국에서 면세 혜택을 받는 NPO들의 구성 현황을 보더라도 사회서비스를 제공하는 시민사회조직이 압도적이며, 그 경향이 최근 들어 뚜렷이 증가하고 있음을 알 수 있다. 면세 NPO들은 1978년 80만 6,375개였으나 1990년에는 27%가 증가하여 102만 2,223개가 되었고, 이들의 재정(revenue) 규모는 미국 GDP의 약 10%에 달하는 것으로 추정된다.[45] 이 중 가장 많은 비중을 차지하는 것은 자선 단체(charitable organization)와 사회복지 단체로, 전형적인 서비스 부문에 해당되는 이 두 분야는 전체의 62%를 차지하고 있으며, 증가 속도에 있어서도 타 분야를 압도하고 있다.

---

44) Lester M. Salamon and S. Wojciech Sokolowski, *Global Civil Society: Dimensions of the Nonprofit Sector*(Kumarian Press, 2004), p.24.

45) Christopher Hoyt, "Tax-Exempt Organization," p.148.

4. NGO와 민주주의의 친화성 테제에 대한 반론

1) 허구적 가정에 대한 비판: 맥락이 중요하다(context is matters)

지금까지 살펴본 것처럼 시민사회론, 결사체주의, 사회자본론 등은 NGO가 수행하고 있는 대표·참여·사회서비스 기능이 민주주의 발전의 필수적 요소임을 강조하고 있다. 이러한 내재적 연관론에 대한 반론도 적지 않게 제기되어 왔는데, NGO의 기능이 늘 민주주의 발전에 긍정적인가에 대한 이들의 답은 '꼭 그렇지만은 않다'는 것이다. 이러한 시각은 인식론에 따라 두 가지로 나누어 살펴볼 수 있다.

첫 번째 입장은 경제적 관점에서 NGO 활동을 부정하고 있는 올슨의 논리이다. 올슨에 따르면, 민주주의라는 정치적 이상과 성장 및 효율성을 추구하는 경제적 목표는 본질적으로 상충될 수밖에 없다.[46] 올슨은 제2차세계대전 이후의 영국과 독일·일본의 흥망성쇠의 요인을 분석하면서, 이전의 정통적 설명에서 탈피하여 비경제적 요인, 즉 이익집단들의 집단행동이 경제에 미치는 영향을 주목하였다. 집단적 이해를 추구하는 로비활동과 권익주창 활동이 사회적 갈등을 심화시키고 정부 통치력을 크게 제한시켜 국가 경쟁력의 쇠퇴를 가져왔다는 것이다. 그는 특히 정치적 대변혁이나 외세의 침략을 받지 않은 상태에서 조직을 민주적으로 설립할 수 있는 자유를 가진 영국의 경우 너무 많은 강력한 단체들과 성장억제적인 분배연합이 번성한 결과, 변화하는 환경과 기술에 대한 적응을 지연시키는 제도적 경화증(institutional sclerosis)을 앓게 되었다고 설명하고 있다.[47] 인식론적으로 올슨을 계승하고 있는 후쿠야

---

46) 최광, 『利益集團과 國民經濟』(국민경제제도연구원, 1991), 48쪽.

47) 맨슈어 올슨, 『국가의 흥망성쇠』, 127쪽.

마 역시 NGO 영역의 과도한 활성화는 공적 생활의 지나친 정치화와 그로 인한 공공정책의 왜곡을 가져올 위험이 크다고 주장하고 있다.[48)]

두 번째 입장은 결사체가 늘 긍정적이거나 부정적인 것이 아니라 그것이 뿌리를 두고 있는 맥락이 중요하다는 역사적 제도학파의 주장이다. 이들은 민주주의를 사회적 신뢰 때문이 아니라 사회집단 혹은 국가와 대중 사이의 오랜 갈등과 불신의 산물로 바라본다. 역사 제도주의에 따르면 자발적 결사체의 한 유형으로써 NGO 역시 개인적 참여나 사회적 신뢰의 촉진자로서가 아니라 민중적 지렛대(leverage)라는 의미가 더욱 중요하다.[49)] 이들의 문제의식은 모순된 역사적 경험에 대한 지적 호기심, 즉 퍼트남이 시민사회가 고도로 발전하였다고 본 북부(good Northern) 이탈리아 지역에서 과거에는 왜 파시즘이 유례없이 번성하였으며, 북부 아일랜드와 같이 종교적으로 극심한 분열사회(divided society)에서는 자발적 결사체 조직과 활동이 왜 빈번한 폭력과 소요를 유발하는지를 묻고 있다. 이들의 해답은 간명하다. 구체적 조건과 맥락이 민주주의 안에서, 그리고 민주주의를 위한 결사체의 역할에 결정적 영향을 미친다는 것이다. 이들의 결론은 결사체의 민주주의에 대한 기여는 선험적으로 고정된 것이 아니라 나라마다 다르다는 것이다. 예를 들어, 토크빌 테제는 이탈리아의 경우 다소 유용한 반면 북부 아일랜드에서는 오히려 부정적(negative)이었고, EU의 경우 긍정적 관계가 발견되었다는 것이다.[50)]

---

48) Francis Fukuyama, *The great disruption :human nature and the reconstitution of social order*(New York: Free Press, 1999).

49) Theda Skocpol & Morris P. Fiorina, "Making Sense of the Civic Engagement Debate," Skocpol & Fiorina(eds.), *Civic Engagememt in American Democracy* (Brookings Institution Press, 1999), pp.14~15.

50) Sigrid Abingdon Roßteutscher, *Democracy and the role of associations: political, organizational and social contexts*(Routledge, 2005), pp.239~240.

벨은 미국의 대표적인 지역시민단체인 RCA에 대한 사례 연구를 통해 때로 시민사회에서의 결사체 생활은 시민적 덕성을 잠식할 수도 있다는 사실을 보여주고 있다. 그는 중산층 거주자의 집단이익을 추구하고 있는 RCA는 회원들에게는 지역 공동체와 국가 공동체에 대한 충성과 헌신도의 현저한 감소로, 비회원들에게는 공공서비스를 위한 세수 기반의 감소로, 사회적 차원에서는 소외감과 빈부 격차의 증대를 유발하고 있음을 입증하였다. 그는 시민사회에 대한 토크빌적 관점은 150년 이전에 만들어진 것으로 더 이상 현대 생활에 설득적이지 않다고 결론짓고 있다.[51] 뉴튼 역시 사회의 균열과 갈등을 확대재생산하는 비사회자본(unsocial capital)을 생산하는 조직을 주목하였는데, 구성원 간의 결속력은 강하지만 사회 전반에 대해서는 배타적이고 적대적인 태도를 취하고 있는 이러한 조직으로는 갱·민명대·종교적 근본주의자·우익 극단주의자·마피아·테러리스트 등이 해당된다.[52]

2) 누구를 이롭게 하는가(Who benefit?): NGO의 세 가지 편향성

(1) 공여자(donor) 편향성

국제 및 개발 NGO들의 활동의 궁극적 목표는 제3세계 민중의 복지와 권익 증진이 아니라 자원 제공자(donors)의 정치경제적 이익 확보에 있다는 주장이다. 동유럽 NGO들의 활동을 분석한 한 연구에 따르면, 최근 이들 지역에서 지역 NGO와 국제기구나 서구 민간단체와의 연계는 상당히 활동적이지만, 협력 정도는 원만하지 않으며 특히 지원받고 있는 국가 내부와의 사회적 연계는 대단히 취약하다는 것이다. 그 원인

---

51) Daniel Bell, "Civil Society versus Civic Virtue," p.260.

52) Kenneth Newton, "Social and Political Trust," Pippa Norris ed., *Critical Citizens: Global Support for Democratic Government*(Oxford: Oxford University Press, 1999).

은 부분적으로 공산통치의 유산에 뿌리를 갖고 있는 유약한 민주 제도의 부실한 작동에 있지만, 그보다 중요한 원인은 국제 NGO들이 지역 주민들의 이익보다는 공여자(donors)의 이익을 먼저 고려하고 있다는 점이다.[53]

인도를 비롯한 제3세계 NGO를 분석한 피어스(Jenny Pearce)는 1990년대 들어 국제 NGO가 급증하면서 제기된 일련의 비판을 NGO 반대론(anti- NGO shift)으로 지칭하면서, 이러한 경향은 애초에 도움을 주고자 했던 대상보다는 공식적 기부자의 의도에 반응하게 만들며, 서방 선진국들이 주도하고 있는 경제자유화 정책을 지지하게 만들 위험이 있다고 지적하였다. 그는 NGO는 더 이상 지역발전과 복합적 위기상황의 중요한 해결가능성을 제공하기보다는 개도국 민초들의 고생에 무관심하고 무능한 정부를 가려주는 유용한 은폐물로 작동하고 있다고 꼬집고 있다.[54] 리프(David Rieff) 역시 1980년대 말 이후 NGO의 갑작스런 부각은 세계화와 민영화라는 신자유주의 조류와 밀접한 연관이 있다고 설명하고 있다.[55]

공여자 편향성과 아울러 또 하나의 비판의 초점은 NGO들이 외부지원에 의존하게 되면서 점차 그들을 외부 통제에 종속되게 만들었다는 것이다. 구체적으로는 사람들로 하여금 자신들의 요구와 이해를 정부에 당당하게 주장하게 만드는 시민들의 권한 강화(empowerment), 즉 시민사회의 민주적 발전과정에 기여할 수 있는 여지를 없애버린다는 점이다. 장기적 관점에서 볼 때 오히려 외부의존적인 NGO들의 번성은 자발적이고 창의적인 사회적 대안을 제시하지 못하게 만들고 있다는

---

53) Sarah E. Mendelson and John K. Glenn, *The Power and Limits of NGOs*, p.4.

54) Jenny Pearce, *Development, NGOs, and Civil Society*(An Oxfam Publication, 2000), p.20.

55) 조효제 편역, 『NGO의 시대』.

것이다.[56]

정리하자면, 비판자들은 NGO의 자치 능력과 풀뿌리 단체(Southern NGO)의 발전을 가로막는 가장 큰 위협은 서구 공여국(Nouthern donor)에 대한 책임감을 우선적으로 고려하고 있는 왜곡된 현실이라고 지적하고 있다. 허독(Hudock)은 남반부 NGO들은 자신들이 원래 봉사해야 할 소외된 대상을 위해서가 아니라 너무 자주, 북반부 NGO를 위한 프락치(proxy) 역할을 수행해 왔다고 신랄하게 비판하고 있다.[57]

(2) 계급·계층적 편향성

일국적 관점에서 NGO의 활동은 자원을 더 많이 보유하여 조직화에 유리한 특정 계급이나 계층의 목소리를 더 많이 반영한다는 비판이다. 이익정치의 편향성(upper class bias)을 초래한 장본인이 기업집단으로 대표되는 특수이익(special interest)이라면 NGO의 편향성 비판은 주로 전문직 중산층을 겨냥한다는 중요한 차이가 있다. 시민참여 실태를 실증적으로 분석한 버바 등은 민주적 참여의 핵심은 소리와 평등(voice and equality)인데, 미국정치에서 시민들의 목소리는 종종 우렁차고 간혹 분명하게 울려 퍼지지만 거의 동등하지 않다고 결론짓고 있다. 버바는 참여의 불평등과 왜곡을 초래한 가장 중요한 구조적 원인으로 교육을, 제도적 요인으로 미국정치에서 일반화된 기부 관행을 지적하고 있다.[58] 스카치폴 또한 오늘날 미국 시민사회의 결사체 활동에서 가장 부유하고 최고 교육을 받은 미국인들이 더 많은 특권적 지위를 누리고 있다는 사실을 주목해야 한다고 주장하고 있다. 스카치폴은 금세기 고등교육을

---

56) Ann C. Hudock, *NGOs and Civil Society: Democracy by Proxy*(Polite Press, 1999), p.4.

57) 같은 책, p.110.

58) S. Verba et al, *Voice and Equality*, p.509.

받는 전문직 중상류층의 부상이 결사체 혁명을 이끈 구조적 원인이라고 설명하면서, 1,800만에 달하는 이들은 비영리 기구에 고용된 전문가들이며, 이러한 단체들을 후원하는 대부분의 사람들 역시 고등교육을 받고 상대적으로 부유한 사람들이라는 것이다.[59)]

NGO의 중산층 편향성에 대한 지적은 선진국보다는 남미를 비롯한 제3세계 연구자들에게서 더 자주 목격된다. 한 연구자는 남미의 중간계급 전문직에 뿌리를 둔 NGO를 비정치적인 여피(non-politicized yuppie) NGO라고 꼬집고 있다. 이들은 남반부 NGO들의 실질적 기능 중 하나는 공공부문과 민간부문에서 안정된 경제적 지위를 잡지 못한 교육받은 중간계급에게 양질의 취업 기회를 제공하는 것이라고 조롱하고 있다.[60)] 이러한 지적은 분야별 NGO에서도 발견되는데, 남미의 한 연구자는 양성평등을 위한 여성 NGO들의 활동이 여성 전체의 지위상승으로 연결되기보다는 여성 내부의 격차를 오히려 증대시키는 결과를 초래하였다고 지적하고 있다. 예를 들어 사회 각 분야에서의 할당제 확대와 고용평등을 위한 각종 입법들이 고학력, 중상 계층 여성들의 상층으로의 진입과 제도화에는 긍정적 효과를 낸 반면, 저학력, 하층 여성들에게는 거의 무관한 정책이었으며 따라서 여성 내부의 위계화와 격차의 확대를 가져왔다고 지적하고 있다.[61)]

계층적 편향은 아니지만 NGO의 부정적 효과 중 하나는 극단주의자나 과격한 행동주의 집단의 과잉대표 현상이다. 이에 대해 경험적 자료에 근거를 둔 비판은 결사체에 의한 참여가 증진되면 될 수록 정치과정과 정책결정이 극단적 주장을 서슴치 않는 조직화된 소수의 수중에 떨

59) Theda Skocpol and Morris P. Fiorina, "Making Sense of the Civic Engagement Debate," pp.495～496.

60) Ann C. Hudock, *NGOs and Civil Society: Democracy by Proxy*, p.84.

61) 강이수, 「90년대 여성운동과 연대 그리고 정체성의 문제」, 124쪽.

어지게 된다고 본 피오리나의 연구이다. 그 근거로 오늘날 미국의 공화당은 과거보다 이데올로기에 의해 더 많은 영향을 받고 있으며 맹신적인 종교 근본주의 우파가 전국 조직의 2/3를 통제하고 있다는 사실을 제시하고 있다. 그녀는 특히 단일 이슈에 치중하는 시민단체(single issue group)의 번성이 미국정치에서 흔하게 목격되는 양극화 현상과 밀접한 연관이 있다고 설명하고 있다. 왜냐하면, 회원과 정체성이 중복(cross-pressure)됨으로써 온건한 성격을 지닐 수 있었던 과거의 결사체와 달리 단일 이슈 단체들은 양극단으로의 원심력으로 작용하기 때문이라는 것이다.[62] 버바와 나이 역시 공적 영역에서 논쟁적 떠버리들이 지배하고 온건한 중도적 의견이 잘 대표되지 못하는 연유를 밝히고 있다. 그들에 의하면 극단주의자들은 상징이나 원칙을 더욱 강조하고, 합당한 타협으로 보이는 것을 거부하며, 다른 사람들이 분명하게 구분하지 않는 문제를 흑백으로 재단하고, 자신들에게 동의하지 않는 사람들을 적으로 간주하기 때문이라는 것이다.

루미스와 시글러 역시 공익적 시민단체의 번성을 20세기 미국의 이익정치에서 가장 주목할 만한 현상으로 꼽고 있는데, 이들에 따르면 시민단체의 급증은 기존에 경험하지 못한 유례없이 심각한 갈등을 야기하여 이념대립의 양극화에 기여했다는 것이다. 이념적 시민단체들은 선거에 적극적으로 개입하고, 정책결정 의제의 초기부터 분명한 입장을 개진함으로써 정책결정과정을 더욱 불확실하고 결과를 예측불가능하게 만들어 놓았다. 루미스와 시글러는 공익지향적 시민단체의 번성이 시민간의 의사소통체계의 과잉정치화 현상(hyperpolitics)을 초래했다고 주장하고 있다.[63]

---

62) Morris P. Fiorina, "Extreme Voices: A Dark Side of Civic Engagement," Theda Skocpol & Morris P. Fiorina(eds.), *Civic Engagememt in American Democracy* (Brookings Institution Press, 1999), pp.410~412.

(3) **친정부 편향성**

이러한 입장에 선 이들은 NGO가 국가로부터 독립된 자율적 영역이라는 기본 전제에 대해 근본적 의문을 제기한다. 그런 점에서 이러한 관점에 대한 정확한 표현은 친정부 편향성이라기보다는 국가권력 의존성이라고 할 수 있다.

미국의 경우 1970년대 중반까지는 NPO 섹터의 독립성에 대해 그 누구도 의심을 품지 않았다. NPO와 정부 관계에 대한 가장 종합적인 의회 보고서인 1973년의 필러(Filer) 위원회 보고서(The Commission on Private Philanthropy and Public Needs)는 "시민들이 자발적 돈과 시간을 후원하는 자원조직이야말로 미국 사회와 미국인의 명성을 특징적으로 가장 잘 드러내 주는 제도"로 규정하였다. 이 보고서에는 NPO 섹터에 영향을 미친 환경적 요인으로 정부규제와 면세 조항을 인식하고 있지만 NPO 섹터의 자율성을 손상하는 심각한 요인으로 고려하지 않았다.64)

NPO의 독립성이 허구라는 인식(illusory independence of the third sector)이 등장한 계기는 레이건 정부의 출범이었다. 레이건 정부는 집권하자마자 선거공약 사항이었던 재정 감축(budget cuts)을 전격적으로 단행하였다. 이러한 조치는 사회복지·의료·교육·환경·문화 관련 연방 프로그램에 심각한 영향을 미쳤다. 특히, 재정 적자를 줄이기 위해 레이건 행정부가 시도한 연방세 감면 조항 폐지는 NPO 섹터에 커다란 위협 요

---

63) 손병권, 「다원주의와 이익집단정치의 장래: 1960년대와 1970년대 시민집단의 등장 이후 이익집단정치의 변화상과 이익집단정치의 미래에 대한 전망」, ≪미국학≫, 22집(1999), 72쪽.

64) Peter Dobkin Hall, "Abandoning the Rhetoric of Independence: Reflections on the Nonprofit Sector in the Post-Liberal Era," Susan A. Ostrander and Stuart Langton, *Shifting the Debate: Public-Private Sector Relations in the Modern Welfare State*(Transaction Books, 1987), p.20.

인으로 작용하였다. 살라먼과 에이브람슨이 잘 지적한 것처럼 레이건 혁명의 모순적 효과는 그의 갑작스런 예산 감축 조치가 그동안 정부로부터 독립된 길을 가기 위해 꾸준히 노력을 경주해 왔고 그 결과 성공적으로 자율적 기반을 구축해 놓았다고 자평해 온 NPO 섹터의 존속에 심각한 위협으로 작용했다는 점이다.[65)]

NPO에 대한 갑작스런 정부의 재정 지원 감축은 NPO로 하여금 생존에 대해 진지하게 고민하는 계기를 제공하였으며, 연구자들 사이에 정부와 NPO 간의 구조적 상호의존성과 상호침투로 인한 부문 간 중첩성(sectoral hybridization)을 인정하게 만들었다. NPO 섹터의 발전이 '정부에도 불구하고가 아니라 바로 정부 때문'에 발생한 결과라는 주장이 확산되었고, 그 근거로 정부는 대부분의 NPO들의 수입 중 압도적으로 중요한 원천이라는 사실이 밝혀지기도 하였다.[66)] 레이건 행정부의 파상적 공세에 맞서기 위한 주요한 대응전략으로 단체의 효율성, 책임감, 접근성을 제고할 수 있는 전문화가 제시되었다.

3) 국내의 NGO 비판론(anti-NGO perspectives)

위에서 정리한 비판론의 순서에 맞추어 국내의 쟁점들을 살펴보자. 한국에서 제기된 NGO 비판론 가운데 가장 대표적인 주장은 시민 없는 시민운동 혹은 중산층 시민운동에 대한 비판이다. 흥미로운 점은 이러한 비판들이 진보와 보수 진영 모두에게서 제기되고 있다는 점이다.

---

65) Lester Salamon and Alan Abramson, *The Federal Government and the Nonprofit: Implications of the Reagan Budget Proposals*(Washington, D.C.: The Urban Institute Press, 1982), pp.14~16.

66) Lester M. Salamon, "Of Market Failure, Voluntary Failure, and Third-Party Government: Toward a Theory of Government-Nonprofit Relations in the Modern Welfare State," p.31.

먼저, 좌파적 관점의 비판은 운동의 관점에서 시민사회 이론의 이론적 적실성을 문제 삼고 있는 김세균이 대표적이다. 그는 자유주의적 시민사회 이론은 물론이고 그람시의 시민사회 이론조차 "부르조아지의 권리 자체를 문제 삼는 대중운동을 계급적 성격을 탈각한 시민운동으로 전환시키고, 다시 말해 부르조아 국가의 정당성을 인정하면서 부르조아 국가가 정한 규칙에 따르는 운동으로 전환시키는 이데올로기적 효과를 산출"하고 있다고 비판하였다.[67] 민중주의적 시각을 견지하고 있는 이들은 경실련이나 참여연대의 활동은 대중적 사회운동이라기보다는 전문가중심의 자유주의 시민운동, 시민 없는 엘리트 시민운동으로 전락했다고 비판하고 있다. 이들은 한국의 시민운동이 단기적인 자유주의적 정치개혁운동 중심과 신자유주의 체제에 안주해 왔다고 진단하면서 그 결과 시민사회의 하부구조는 만성적으로 취약하다고 평가하고 있다. 즉, 시민사회단체의 구조와 환경, 그리고 대중적 기반은 취약한데 비해 상대적으로 시민사회의 가치와 영향력은 과잉대표 되었다는 것이다.[68] 송주명 역시 그간의 시민운동이 전문가나 상근운동가 중심이라는 점에서 시민 없는 시민운동이라는 비판이 유효하다고 평가하면서, 세계화의 추세 속에서 추상적 '시민'이 아니라 양극화에 따른 중간 계층의 하향분화로 인해 확대되어 가는 시민사회 '하층'을 운동의 분명한 기반으로 삼을 것을 제안하고 있다.[69] 좌파적 관점에서의 비판의 핵심을 정리하자면 NGO 활동과 인식이 자본주의의 핵심문제인 토대·계급·민중의 문제를 간과하고 있다는 점이다.

---

67) 김세균, 「시민사회론의 이데올로기 함의 비판」, 유팔무·김호기, 『시민사회와 시민운동』(도서출판 한울, 1995), 161쪽.

68) 이희수, 「세계화시대에 노동운동의 관점에서 바라본 시민운동의 대중성」, ≪기억과 전망≫(2004), 60쪽.

69) 송주명, 「논평」, ≪기억과 전망≫, 여름호(2004), 44쪽.

보수주의적 시각에서의 비판 역시 NGO 활동이 점차 명망가 및 엘리트 중심으로 변질되어 가고 있다는 점을 문제 삼고 있기는 마찬가지이다.[70] 이를테면 한국의 NGO 성장에 주도적 역할을 한 집단은 일반시민보다는 사회운동가나 교수, 변호사 등 주요 엘리트 집단이며, 시민사회와 시민사회 활동이 이들 특정 엘리트 그룹에 의해 주도되는 소위 'Top-down 성장모형'이라는 것이다. 한 걸음 나아가 소수의 전문가와 지식인들이 중심이 되어 사회문제를 이슈화하고 운동을 전개하고 있는 우리의 현실을 감안할 때 한국의 NGO를 진정한 의미의 자발적 결사체로서 시민운동단체로 규정하기 어렵다는 주장마저 제기되고 있다.[71] 보수주의적 비판들은 이러한 엘리트와 명망가 주도 성격이 시민단체의 선단식 조직구조 속에 투영되고 강화되어 과두제적 지배구조를 형성한다고 보고 있다. 그 결과 조직적 차원에서는 시민단체가 본래 추구하고자 했던 목적보다는 조직의 유지에 치중하며, 개인적 차원에서는 시민단체 지도자들이 단체의 역량을 개인적인 이익추구 수단으로 사용하는 이른바 목적전치(goal-displacement) 현상을 부추길 가능성이 크다고 지적하고 있다.[72]

또 다른 비판은 한국의 NGO 활동이 개혁을 명분으로 정치적 중립성을 훼손함으로써 친정부기관화되었다는 주장이다. 물론 이러한 비판이 전사회적으로 확산된 계기는 16대와 17대 총선에서의 낙천낙선운동이었다. 낙천낙선운동을 계기로 표출된 보수적 비판들은 두 가지의 근거를 갖고 있다. 첫 번째는 낙천낙선운동의 합법성 여부이다. 한 연구자는 후보등록 시한이 만료되지 않은 상황에서 사전에 낙천 대상자를 선정하는 낙천운동은 인격살인의 위험성이 있는 참정권 제한 행위이며, 정

---

70) 신율, 『시민사회, 사회운동, 신사회운동』(자유기업원, 2001).

71) 최낙관, 『시민단체의 정치참여와 개혁: 그 논리와 한계』, 40쪽.

72) 유석춘 엮음, 『한국의 시민사회, 연고집단, 사회자본』(자유기업원, 2002), 35쪽.

치를 포기하거나 그만둘 의사가 있는 인사들까지 선정하여 그들의 과거 행적을 공개하는 것은 비신사적 행위라고 비난하였다. 그는 시민불복종 논리에 근거한 낙선운동은 헌법이 보장하고 있는 타인의 공무담임권을 자의적으로 제한하고 있다는 점에서 합리화되기 어렵다고 비난하고 있다.[73] 경실련 대표를 역임한 이석연 역시 "개혁을 명분으로 악법에 대한 저항권 이론을 내세워 법의 테두리를 뛰어넘을 때, 시민운동은 그 한계를 벗어나서 그 행위에 대한 헌법적 정당성 내지 국민적 신뢰를 상실하게 된다"라며 초법적 시민운동에 자성을 촉구하였다.[74]

이와 연관되어 있는 또 하나의 비판은 NGO의 활동이 정치적 중립성을 훼손시킴으로써 정부의 홍위병 혹은 여권의 외곽기관으로 전락하였다는 비판이다. 저명 작가인 이문열은 한 칼럼을 통해 시민연대의 낙천낙선운동에 대해 DJ의 그림자 역할을 해온 시민단체가 여권의 홍위병이 돼서 문화혁명식 재판을 시도하고 있다고 비판했다.[75] 그는 이듬해 신문 칼럼을 통해 언론사 세무조사를 지지하는 시민단체를 또 다시 홍위병에 빗대어 표현함으로써 'NGO=홍위병'이라는 세간의 부정적 인식을 확산시키는 데 결정적으로 기여하였다.[76] 보수적 입장의 비판자들은 개혁과 진보를 주창하는 NGO 활동은 일부 적극적인 목청 큰 사람들의 소리만을 반영함으로써 '침묵하는 다수 국민의 소리'를 배제하거나 무시하는 결과를 가져온다고 힐난하고 있다. 다음과 같은 주장은 이를 잘 대변하고 있다.[77]

---

73) 김도종, 「16대총선과정에서 나타난 정치개혁운동에 대한 평가」, ≪한국민주시민교육학회보≫(2001), 82쪽.

74) ≪시민의 신문≫, 2002.1.25.

75) ≪중앙일보≫, 2000.2.8.

76) ≪동아일보≫, 2001.7.8.

77) 송복, 「이 국가적 난국에 시민사회는 무엇을 할 것인가」, 제4회 중앙일보 시민사회포럼 심포지엄 발표문(2002).

“포퓰리즘은 언제나 철저하고 과감한 개혁을 주창한다. 그러기 위해서 제도적 정당이나 제도화된 의회보다는 붕당이라는 패거리를 형성해서 거기에 힘이 실리고, 그리고 그 패거리를 중심으로 한 주변의 NGO와 같은 사회세력들을 모아서 사실상 누구나 감지하는, 누구의 눈에나 다 보이는 ‘국가 안의 국가’를 만든다. 이 패거리는 제도 밖에 있는 ‘비제도적 세력’이고 법치에 벗어나 있는 ‘초법규적 세력’이 된다.”

제 6 장

관계 및 조직 연구: 적대적 경쟁자인가 파트너인가?

1. NGO와 정부의 관계 연구

한국에서의 NGO와 정부의 관계 및 유형에 관한 연구는 서구와 큰 차이를 보이고 있다. 복지국가의 발전과 밀접한 관계가 있는 서구의 경우 사회서비스 중심의 NGO와 정부의 관계가 일차적 관심사이지만 민주화로의 이행 및 공고화 과정에 더 많은 영향을 받은 한국의 경우 권익주창 NGO와 정부의 관계에 더욱 주목하는 양상이다. 한편, NGO와 정부의 관계 및 유형화 연구에서 나타나고 있는 공통점은 국익과 권력을 중심으로 국제관계를 설명하고 있는 현실주의(realism)의 갈등적 세계관과 협의와 조정 가능성에 바탕한 이상주의(idealism)의 협력적 세계관이 원용되고 있다는 점이다. 즉, 매우 다른 기준과 용어를 사용하고 있지만 NGO와 정부의 관계를 설명하는 한쪽에는 갈등이 다른 한쪽에는 협력이 존재하고 있으며, 나머지 사례들은 다양한 조합들을 결합시킨 그 사이의 어딘가에 존재하고 있다.

1) 서구의 연구

NPO와 정부와의 관계에 대해 가장 체계적인 설명 중 하나는 영(Dennis R. Young)의 해석이다. 그는 이를 대체적 모델, 보완적 모델, 적대적 모델로 나누어 설명하고 있는데 이 분야에 대한 가장 체계적이고 폭넓은 정보를 담고 있다.[1]

첫째, NPO를 정부의 대체물로 인식하는 대체 모델(supplementary model)에서 NPO와 정부의 기능과 역할은 일종의 영합적(zero-sum) 관계에 놓인다. NPO는 스스로 자금을 충당하여 공공재에 대한 시민들의 요구를 충족시킨다. 이 관계의 특성은 정부의 공공재에 대한 지출 증가와 NPO의 역할이 일반적으로 역(inverse relationship)의 관계에 놓이게 된다는 점에 있다. 대체적 모델의 이론적 기원은 '정부실패 이론'을 창안해 낸 경제학자 와이스브로드라는 점에서, 이 모델은 종종 와이스브로드 모델로도 불린다.[2] 이 모델에 따르면, NPO의 활동 폭을 결정하는 것은 선호의 다양성이다. 예술과 같이 선호가 다양한 경우 NPO의 활동은 실질적이지만 국방, 치안 등 단일한 경우 활동 폭은 제한될 수밖에 없다. 아울러, 1960년대처럼 정부 활동의 증대와 공적 영역의 확장(government activism)은 NPO에게는 커다란 위협으로 인식된다.

둘째, NPO와 정부의 관계를 기능적 분화에 기초한 유기적 협력 관계로 인식하는 보완 모델(complementary model)이 있다. 이 모델에서 NPO는 공공재 전달을 돕는 정부의 파트너 혹은 계약자(partnership or

---

1) Dennis R. Young, "Complementary, Supplementary, or Adversarial? A Theoretical and Historical Explanation of Nonprofit-Government Relations in the United States," Elizabeth T. Boris & C. Eugene Steuerle(eds.), *Nonprofits and Government: Collaboration and Conflict*(The Urban Institute Press, 1999).

2) 더 자세한 설명은 제5장의 3절 187쪽을 참조.

contractual relationship)로서 사회서비스 제공의 주체가 되며, 정부는 재원을 조달한다. 이 둘은 정부지출 증대가 NPO 활동의 증가로 나타난다는 점에서 정(direct)의 관계라 할 수 있다. 이 모델의 강력한 옹호자는 살라먼(Lester Salomon)의 제3자 정부와 경제학의 거래비용 이론이다. 먼저, 거래비용 이론에서는 현대생활에서 NPO의 급성장을 생산비용 절감(outsourcing)과 지역 사정을 잘 아는 NPO가 제공하는 서비스가 다양한 수요자의 선호를 충족시키고 있다는 점에서 설명하고 있다.

살라먼은 기존의 NPO와 정부관계를 설명해 왔던 이론들, 즉 정부실패나 시장실패 이론들은 모두 자금 및 정책의 제공자로서 정부의 역할과 서비스 전달자로서 정부 역할을 구분하는 데 실패했다고 판정하면서 미국 복지국가의 새로운 이론으로써 제3자 정부 이론을 제시한 바 있다. 그는 그동안 증대되어 왔던 것은 확실히 전자와 관련된 정부의 능력이었던 반면, 서비스 전달자로서 중앙 정부는 다른 기관, 즉 주·시·대학·병원·은행·산업체 등등으로 방향을 돌렸다는 것이다. 이는 전통적 이론에서 주창해 온 관료적 획일성과는 달리, 미국의 복지국가는 정부 기능을 수행하는 매우 다양한 제3자를 활용해 왔다는 사실을 말하는 것이다. 그 결과, 정부와 제3자 집행기관(implementor)이 서로 공공지출의 사용과 관련한 재량권이나 공적 권위의 행사를 공유하는 제3자 정부의 정교한 시스템이 구축되었다는 것이다.[3)]

셋째, 적대 모델(adversarial model)에서 정부는 NPO에 대한 통제자이고, NPO는 공공정책의 입안과 집행과정에서 정부를 감시하는 적대적 관계로 설정된다. 이 모델의 이론적 기원 역시 앞서 설명한 와이스브로드의 정부실패 이론과 한스만(Henry Hansmann)의 계약실패 이론에 두고

---

3) Lester M. Salamon, "Of Market Failure, Voluntary Failure, and Third-Party Government: Toward a Theory of Government-Nonprofit Relations in the Modern Welfare State," pp.35~37.

〈표 6-1〉 NPO와 정부의 관계

모델	대체 모델	보완 모델	적대 모델
NPO 위상	공공재에 대한 요구의 충족-NPO가 자금 충당	·사회서비스 제공자이자 파트너 ·정부가 자금 충당	·공공정책 변화를 정부에 촉구 ·공중에 대한 책임성 담보
특성	정부의 공공재정과 NPO의 역할은 역(inverse) 관계	·비례(direct) 관계	·특정한 관계의 부재
사례	종교적 자선 및 상조단체	고등교육 기관(하버드, 예일)	1960~1970년대 사회운동
이론가	Burton Weisbrod	Lester Salomon	Henry Hansmann

자료: Young(1999)에서 작성.

있다. 앞서 설명한 것처럼 와이스브로드의 정부실패 이론은 다수파의 선호를 강조하고 있는데 이는 필연적으로 이익집단이든 자원결사체이든 서비스와 공공정책에서 배제된 소수파의 조직적 동원을 유발한다. 정부실패 이론에서는 다수파의 선호를 정책화하려는 정부와 소수파의 권익주창(advocacy)에 열중하는 NPO와의 갈등을 필연적인 것으로 전제한다. 또 하나의 이론적 뿌리는 한스만의 계약실패 이론이다. 계약실패 이론은 우선 이윤추구 기업으로 하여금 자신들에게 유리한 쪽으로 소비자의 무지를 활용하게 만드는 생산자와 소비자 사이의 정보 비대칭을 주목하고 있다. 이러한 상황에서 비배분적 제약(수익 분배가 없는) 때문에 소비자를 기만할 이유와 기회가 없기 때문에 서비스를 전달하는 효율적 매개로서 NPO 조직이 선택된다는 것이다. 중요한 점은 적대 모델에서는 정부 역시 NPO에 대해 개입하고 감시한다는 것이다. 한스만은 NPO의 사회적 신뢰는 두 가지 조건에 의존하고 있는데, 하나는 비배분적 조건의 유지이고, 다른 하나는 민주적인 내부의 지배구조로 보고 있다. 적대 모델에서 정부는 이러한 두 가지 조건이 유지·준수될 수 있도록 감시하고 개입한다는 것이다. 지금까지의 논의를 간략히 정리하면 <표 6-1>과 같다.

2) 한국의 연구

한국에서의 정부와 NGO 관계에 대한 연구는 두 가지로 세분할 수 있다. 하나는 정부와 NGO의 관계에 대한 현재적 유형 연구이고 다른 하나는 관계의 변화에 대한 통시적(通時的) 연구이다. 먼저, 유형 연구를 살펴보기 이전에 김영래가 오래전에 사용한 한국 이익집단의 분류모형은 많은 시사점을 제공한다. 오늘날 번성하고 있는 NGO와 정부의 유형 연구 역시 이 구분으로부터 그리 멀리 떨어져 있지 않기 때문이다.[4]

첫째, 현재적 유형연구는 다음과 같다. 박상필은 NGO 활동의 자율성과 재정의 자율성이라는 두 가지 기준을 갖고 협력형, 자율형, 종속형, 권위주의적 억압 또는 민주적 포섭형의 네 가지로 유형화를 시도하고 있다.[5] 그렇지만 이러한 유형화는 객관적 개량화가 가능한 재정과 달리 활동의 자율성을 어떤 기준으로 판별하고, 정도를 지수화할 수 있는가의 문제를 남기고 있다. 신광영은 국제 무대에서 활동하는 NGO와 정부의 관계를 살피고 있는데, NGO의 요구에 대한 정부의 수용 자세와 NGO의 유형(갈등형, 합리형)에 따라 포섭적, 갈등적, 협조적, 지배적 관계로 구분하고 있다.[6] 권해수는 정부와 NGO의 목적과 수단의 일치 여부에 따라 관계를 구분하고 있는데, 이 둘이 모두 일치하면 자율관계이고 모두 불일치하면 억압관계이다.[7] 둘 중 하나만 일치할 경우, 즉 수단은 일치하지만 목적이 불일치하면 관용관계, 그 반대인 상황은 갈등관계이다. 김준기는 조직 사이에 교환되는 자원의 대체가능성과 중요

---

4) 제1장의 <표 1-2> 참조.

5) 박상필, 「시민단체와 정부의 관계유형과 지원체제」, ≪한국행정학보≫, 제33권 1호(1999).

6) 신광영, 「비정부조직과 국가정책」.

7) 권해수, 「시민단체의 조직화과정과 정책변화에 대한 영향력 비교 연구」, 서울행정학회, ≪한국사회와 행정연구≫ 10권 1호(1999).

〈표 6-2〉 정부-NGO 파트너십의 유형별 사례

과정＼효과	긍정적	부정적
갈등적	·동강댐건설 백지화 ·낙천낙선운동, 소액주주운동 ·노사정위원회	·금융구조조정 ·재벌개혁
협력적	·개방형 직위제도 ·공무원 고용휴직제	

자료: 김광웅(2000)

성을 기준으로 정부-NGO 관계를 유형화하고 있다.[8] 그는 상호의존관계, 정부주도 일방관계, NGO주도 일방관계, 상호독립형의 네 유형으로 구분하였다. 한편, 김광웅은 NGO-시장-정부의 삼자협력체계의 부상이라는 행정 패러다임의 변화를 주목하고 정부와 시민사회의 관계를 <표 6-2>과 같이 구분하고 있다.[9]

둘째, NGO와 정부 관계의 변천 과정에 대한 역사적 접근들이 있다. 박병옥은 한국의 NGO와 정부의 관계를 1987년 6월 항쟁 이전의 탄압과 저항의 단계, 1987년 이후 민중주의적 변혁운동이 다원주의에 기초한 개혁운동으로 전환하였던 비우호적 견제 단계, 문민정부 출범 이후 비판과 감시기능을 수행하되 사회적 공공선의 실현을 위한 개혁정책에는 협력하였던 견제와 보완 단계, 국민의 정부 이후 개혁의 파트너로서 시민단체가 독립적이고 동등한 역할을 수행하는 협력의 확대 단계로 구분했다.[10] 한 연구자는 정권과 시민사회의 관계를 군사독재정권하의

8) 김준기·김정부, 「NGO연구에 대한 비판적 고찰」, 서울대학교 행정대학원, ≪행정논총≫, 39권 3호(2001), 210쪽.

9) 김광웅, 「협력체제(partnership)와 효과적인 국정운영」, 한국행정학회 2000년도 기획세미나 발표논문집(2000).

10) 박병옥, 「한국 시민운동과 정부 간 관계의 재정립 방안」, 박재창 편, 『정부와 NGO』(법문사, 2000).

억압·갈등관계에서 1987년 6월 항쟁 이후 관용관계로 질적으로 변화하였고, 김영삼 정권하에서는 정부주도적 협력관계로, 김대중 정권하에서는 자율적 협력관계로, 노무현 정부하에서는 동반자적 협력관계로 발전해 왔다고 구분하고 있다. 그는 군사독재정권 시절에 군부가 정권과의 연대세력이었다면 오늘날에는 시민단체가 그 역할을 대신하고 있다고 주장하고 있다.[11]

정부와 NGO의 관계에 대한 연구는 그것이 유형론이든 역사적 접근이든 대체로 성공적이지 않은 것 같다. 김준기는 이에 대해 각 유형화 방식의 장단점과 설명력의 차이에 대한 논의가 생략되어 있는 한계, 즉 이론적 엄밀성을 지적하고 있다.[12] 그러나 더욱 본질적 원인은 누차 설명한 것처럼, 시민사회와 NGO를 운동과 규범으로 충만한 동질적 실체로 간주해 온 편협한 개념화에 기인한다. 공익에 충만한 NGO라는 인식으로는 과거 정권과의 협력적 관계에서 민주화 이후 점차 반정부단체화 되어가고 있는 보수적 시민단체의 변신을 설명할 수 없기 때문이다. 이러한 이론적 문제점을 극복하기 위해서는 NGO의 내적 분화와 다양성에 주목하여야 하며, 특히 NGO와 정부의 관계를 결정하는 정치적 혹은 제도적 요인을 판별하는 것이 중요하다. 이에 대해서는 결론에서 자세히 설명할 것이다.

---

11) 최낙관, 『시민단체의 정치참여와 개혁: 그 논리와 한계』, 55쪽.

12) 김준기·김정부, 「NGO연구에 대한 비판적 고찰」, 211쪽.

2. 조직 연구

1) 거시 현황 연구

한국 시민단체의 조직 현황에 대한 정보를 제공하는 자료로는 연감과 총람이 있다. 두 가지 모두 시민의 신문사에서 발간하고 있는데,『한국민간단체총람』은 3년마다 발행되며 1997년, 2000년, 2003년, 2006년판이 발간되었다.『한국시민사회연감』은 단체 정보와 자료보다는 각 분야의 현황, 주요사건, 성과, 과제 등을 서술한 것으로 2003년부터 2005년까지 세 차례 발행되었다.

시민단체의 전반적 현황에 대한 서술과 분석은 대체로『한국민간단체총람』에 의존하여 왔다.[13] 그렇지만 시민단체와 민간단체의 활동영역, 설립년도, 재정·회원·상근 규모, 활동지역, 법적 지위, 홍보방법 등을 망라하고 있는『한국민간단체총람』은 신뢰할 만한 정확한 자료를 제공한다기보다는 시간에 따른 거시 지표의 변화 양상만을 제공해 주는 자료집의 성격이 강하다.

<표 6-3>는 시대에 따른 시민사회단체의 분야별 분포 경향을 보여주고 있다. 눈에 띄는 점은 분야별 순위가 단기간에 커다란 변동을 보이고 있다는 점이다. 2003년에는 사회서비스 단체의 비중이 1위(32.8%)였으나 불과 3년 뒤에는 2위(18.5%)로 낮아졌고, 반면, 환경단체는 숫자(287→736)나 비중(5위→3위)에서 가장 비약적인 발전을 보이고 있다. 시대별 흐름을 반영하여 2006년도 총람의 대분류 항목에는 여성과 온라인 단체를 신설하였다. 상위 3영역의 구성은 시기마다 약간의 차이를

13) 조희연 편,『한국 민주주의와 사회운동의 동학』(나눔의 집, 2001); 김영래,「이익집단의 개념과 유형」, 김영래 편,『이익집단정치와 이익갈등』(도서출판 한울, 1997); 주성수,『NGO와 시민사회: 이론, 정책, 모델』.

〈표 6-3〉 한국 시민사회단체의 분야별 분포

분야	2000년		2003년		2006년	
	단체수	비율(%)	단체수	비율(%)	단체수	비율(%)
시민사회	1,013	25.2	1,004	25.5	1,336	24
지역자치, 빈민	222	5.5	216	5.5	325	5.8
사회서비스	743	18.5	1,293	32.8	1,030	18.5
환경	287	7.1	409	10.4	736	13.2
문화	634	15.8	438	11.1	549	9.8
교육, 학술	235	5.8	140	3.6	355	6.3
종교	107	2.7	94	2.4	28	0.5
노동, 농어민	217	5.4	295	7.5	170	3.0
경제	501	12.5	6	0.2		
국제	44	1.1	42	1.1	93	1.6
여성					296	5.3
On-Line					638	11.4
기타	20	0.5	-	-	-	-
합계	4,023	100%	3,937	100%	5556	100%

자료: 2000년은 조희연(2001), 141쪽; 2003년과 2006년은 『한국민간단체총람』에서 작성.

보이고 있지만 비중은 각각 59.5%, 68.3%, 55.7%로서 편중 경향이 지속되고 있음을 알 수 있다.

『한국민간단체총람』이 안고 있는 가장 큰 문제점은 분류 척도라 할 대분류가 애초부터 잘못 설정되었다는 점이다. 1997년부터 10개의 대분류 척도를 사용하였으나 어떤 근거와 기준에서 이러한 대분류 척도가 설정되었는지가 전연 불분명하다. 살라먼과 안하이어 등 비교 연구자들이 정립한 국제NPO분류(ICNPO)나 영국의 자원섹터분류(NCVO) 등은 명확히 배타적 범주를 경계로 한 활동 영역에 따른 분류이다.[14] 그러나 『한국민간단체총람』은 활동 영역의 개념이 아닌 평가자의 주관적 가치관이 개입되고 활동 목표에 따른 분류인 '시민사회'가 하나의 독자적인

14) Lester M Salamon and Anheier, Helmut K, *Defining the nonprofit sector: A cross-national analysis*, pp.136~140.

대분류로 설정되어 있다. 그렇다면 나머지 대분류인 빈민·환경·문화 등 9개 영역은 시민사회가 아니라는 것인지, 왜 여성 대신 지역·빈민을 독자적 대분류로 설정하였는지 등의 무수한 질문거리를 남겨 놓았다.

국제비교를 거의 불가능하게 만들어 놓았다는 한계 말고도 『총람』이 안고 있는 문제점은 적지 않다. 어떤 대분류 항목은 지나치게 포괄적이어서 그 세부 추이를 확인하기 어려운 반면, 어떤 대분류 항목은 거의 무의미한 비중을 차지하고 있다. 가령, 대분류인 시민사회에 시민사회일반, 여성, 청년·학생, 행정·정치·법, 인권·추모사업회, 평화·통일, 소비자·생활 등 사회통념상 권익주창 NGO라 분류되는 거개의 단체를 포함시켜 놓은 반면, 경제는 너무 비중이 작아 결국 2006년판에는 항목 자체가 소거되어 버렸다. 분류의 자의성은 여성단체를 대분류로 격상시켜 놓은 데서 여실히 드러난다. 시민단체에서 여성이 차지하는 비중은 2003년 233개(5.9%)에서 2006년 296개(5.3%)로 오히려 감소하였지만, 시대정신을 반영(?)하여 시민사회일반에서 해방시켜 독자적 대분류로 범주화하였다. 이는 과거의 잘못된 분류 항목에 대한 정당한 수정이라는 의미가 있지만, 여하튼 연감의 생명이라 할 과학적 분류 설계에 중대한 결함이 있었다는 점을 반증하는 것이다.

이보다 더 큰 문제는 용어와 개념의 부주의한 혼용이다. 2000년판에는 NGO 혹은 시민단체(4,023개)를, 2003년판에는 시민운동단체(3,937개)를, 2006년에는 시민단체와 시민운동단체(5,556개)라는 용어를 함께 사용하고 있다. 이러한 용법은 마치 시민운동단체가 시민사회단체(대분류 중 하나)보다 외연이 큰 상위 범주의 개념이라는 혼동을 불러일으킬 우려가 있다. 시민운동단체 對 민간단체(직능·사회단체, 기초조사단체, 재외동포단체)라는 이분 도식의 자의성 역시 심각한 문제점을 안고 있다. 이러한 분류법에 따르면, 한국의 대표적 관변단체인 새마을운동중앙협의회는 시민운동단체에 포함되는 반면 비영리 자원활동에 종사하는 순수

봉사단체는 시민단체가 아니라 민간단체로 분류된다.[15] 아울러, 2000년에는 "민간단체의 개념에 전통적인 의미에서의 비영리단체(NPO)라고 할 수 있는 교육법인이나 학술재단, 의료법인뿐만 아니라 개별기업의 노동조합이나 각 분야의 개별 동호회, 순수학술연구소 등은 포함되지 않았으나"[16] 2003년부터는 노동조합과 학술단체 등을 포함시키고 있다. 이는 전체 조사 대상의 수의 증가(2003년 1만 5,180개→2006년 2만 2,996개)가 시민사회의 활성화를 반영하는 것이 아니라 분류 기준의 변화에 기인한 것이라는 의구심을 갖게 만든다.

또 하나의 문제점은 회원 수와 관련된 정보들이 대단히 부정확하다는 점이다. 2003년 시민단체의 평균 회원수는 1만 4,800명이었으나 2006년에는 300명으로 급감하는 양상을 보이고 있다. 평균 회원수 상위 3개 분야에 있어 2003년에는 경제·노동·종교였으나 2006년에는 국제·종교·사회서비스로 급격한 변화를 보이고 있다. 문제는 이러한 회원수의 변동이 시민사회 내의 실제 변화를 반영하는 것이 아니라 검증 없는 부실한 신고 및 누계 시스템의 오류일 가능성이 매우 농후하다는 점이다. 가령, 『2006 총람』에서는 회원 수가 가장 많은 시민단체로 서울올림픽국제봉사회(500만 명), 한국청소년단체협의회(320만 명), 새마을운동중앙협의회(232만 7,000명) 등을 나열하고 있는데, 이들 3개 단체의 총 회원 수는 무려 1,000만 명이 넘는 엄청난 규모이다. 그러나 내막을 들여다보면 부실하기 짝이 없다. 서울올림픽국제봉사회의 경우 홈페이지와 카페를 확인하기만하면 회원 수가 대단히 과장되어 있음을 쉽게 알 수 있다(2004년 6월 현재 300만 회원, 그것도 160여 개국의 외국인 회원을 포함해서 그렇다). 한국청소년단체협의회 역시 독자적으로 활동을 하고

---

15) ≪시민의신문≫, 2006.1.9.

16) 조희연, 「한국시민사회단체(NGO)의 역사, 현황과 전망」, 143쪽.

있는 62개 회원단체의 협의체이기 때문에 이를 별도로 합산하였을 경우 중복 계산하였을 가능성이 매우 크다.

2) 조직 특성 및 리더십 연구

거시적 자료의 부정확성을 극복할 수 있는 유력한 방법은 신뢰할 만한 경험적 성과의 축적이다. 여기에서는 재정, 회원, 리더십, 정책결정과정의 네 가지 범주로 나누어 설명하고자 한다.

(1) **재정**

NGO의 재정 수입에 대한 체계적인 연구는 매우 빈약한 편이다. <표 6-4>는 한국의 시민단체의 재정과 관련하여 몇 가지 의미 있는 사실을 전달해 주고 있다.

우선, 예상대로 일반 회비의 재정 기여도가 대체로 낮다는 점을 확인할 수 있다. 두 조사 모두 수입 대비 회비 비중은 50%를 넘어서지 못하고 있다. <그림 6-1>은 대표적 시민단체인 참여연대와 경실련의 재정구조 중 수입에서 회비가 차지하는 비중을 나타낸 그림이다. 두 단체 모두 회비 비중이 50%를 넘고 있지 못하며, 특히 해마다 회비 비중이 엄청난 차이를 보이고 있다는 점에서 재정의 불안정성을 확인할 수 있다.

이러한 결과는 미국의 영리추구형 이익집단과 공익적 이익집단의 재

〈표 6-4〉 **재정 구조 비교**

	회원회비	정부지원	자체수입	외부기부	기타(용역)
NGO[1)]	41.2	14.8	12.8	15.3	15.9
시민사회단체[2)]	37.2	19.1	20.9	8.6	14.2
자원봉사단체[3)]	14.8	44.4	25.8	5.3	9.7

자료: NGO[1)] 은 양용희(1998), 77쪽; 시민사회단체[2)]와 자원봉사단체[3)]은 한국자원봉사단체협의회(2002), 74~75쪽에서 재구성.

〈그림 6-1〉 회비가 수입에서 차지하는 비중

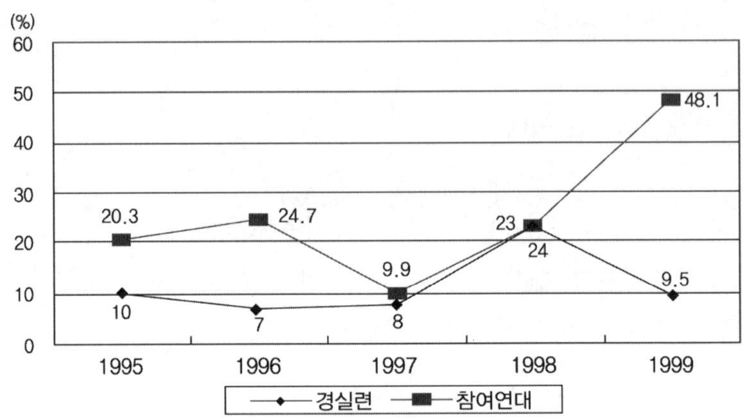

자료: 양현모, 『NGO의 의사결정과정: 경실련과 참여연대 사례』(한국행정연구원, 2000) 에서 재인용.

정 구조의 차이를 연구한 베리의 분석과 비슷한 양상을 보인다. 베리는 영리 부문과 관련된 이익집단들은 회계의 4분의 3을 회비로 충당하지만 비영리 부문의 시민단체들은 예산의 3분의1에서 절반 정도를 회비로 충당할 뿐이며, 나머지는 각종 재단이나 거액 기부(sugar daddies), 주요하게는 정부의 보조금(grant)으로 충당하고 있음을 밝힌 바 있다.[17)]

또 하나 주목할 점은 재정과 관련된 자원봉사단체의 조직적 특성이다. 자원봉사단체의 경우 회원의 순수 회비 비중은 전체의 14.8%에 불과한 것으로 조사되었으며, 가장 큰 비중을 차지하고 있는 것은 정부지원(44.4%)과 자체수입(25.8%)으로 나타났다. 외부 용역도 일종의 사업수익이기 때문에 자원봉사단체의 경우 정부지원과 수익사업이 수입의 거의 대부분을 차지한다고 할 수 있다. 적어도 재정구조와 관련하여 자원단체의 경우는 시민단체와는 다른 조직 특성을 갖고 있는 부문이라고 할 수 있다.

---

17) Jeffrey M. Berry, *The Interest Group Society*(Brown & Company, 1984).

〈표 6-5〉 운동부문별 회원특성 비교

(단위: %)

	여성운동 (13)	환경운동 (9)	인권운동 (8)	사회정의 및 복지운동(17)	구사회운동 (10)
전문·사무직	33.3	51.5	74.7	55.1	53.2
판매·생산직	11.8	13.8	14.5	14.3	21.6
주부	42.7	11.3	2.7	14.0	14.6
30대	11.8	25.2	21.8	13.0	9.8
40대	30.3	29.2	26.6	37.1	45.0

(2) 회원

시민운동이 중산층운동이라는 등식이 광범위하게 유포되어 있는 현실을 고려할 때 시민단체 회원으로 누가, 어떤 동기에서 참여하고 있는가에 대한 연구는 매우 흥미로운 주제이다.

<표 6-5>는 일반 회원의 직업별 분포를 보여주고 있는데, 신·구사회운동을 막론하고 전문·사무직 종사자의 비율이 높게 나타나, 한국의 시민운동이 중산층 중심으로 전개되어 왔다는 지적을 뒷받침하고 있다.[18] 시민단체, 특히 참여연대나 환경운동연합과 같은 권익주창(advocacy) 단체의 경우 회원의 계층별 구성에서 중산층이 압도적일 것이라는 추론은 해당 단체의 내부 자료를 통해서도 확인되고 있다(<그림 6-2> 참조). 특히, 참여연대의 회원구성은 환경운동연합에 비하면 그 구성원의 폭이 상당히 좁은 편이다. 1999년 6월을 기준으로 하여 회원구성을 살펴보면, 전체 회원의 23.6%가 사무직이며, 전문직이 9.8%, 학계가 27%로서 전체 회원의 50% 이상이 사무전문직으로 구성되어 있다. 이렇게 회원구성의 폭이 좁은 것은 참여연대의 활동이 전문가 중심의 활동이기 때문이다.[19]

18) 송호근, 「신사회운동 참여자 분석」, 권태환·임현진·송호근 공편, 『신사회운동의 사회학: 세계적 추세와 한국』(서울대학교 출판부, 2001), 35쪽.

〈그림 6-2〉 참여연대와 경실련의 직업별 회원 현황

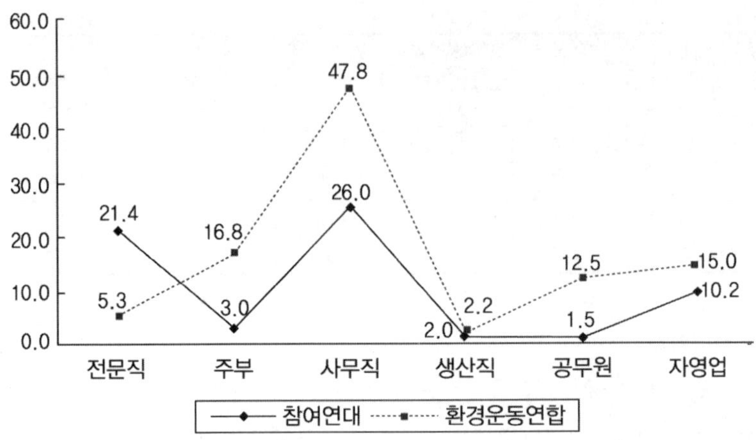

자료: 참여연대 조직관리국, 「회원현황」(2000.6); 환경운동연합, ≪함께사는길≫(1999. 11).

그런데, 주부의 참여율이 지극히 낮은 것은 서구와 뚜렷이 구분된다. 주부의 참여율은 여성운동과 환경운동의 경우를 제외하고 낮은 수준에 머물러 있다. 서구사회에서는 기혼 여성들의 사회활동 통로가 다양하고 그 기회도 넓게 열려져 있는 반면, 한국의 여성들은 결혼과 함께 가정 속으로 퇴장하는 경향이 여전히 강한다는 점을 시사한다.[20] 이선미의 연구 역시 이를 뒷받침한다. 그녀의 조사에서 지난 1년간 자원 활동에 참여한 경험이 있는 응답자는 약 16%(여성 16.6%, 남성 16.1%)로 나타났는데, 이는 선진국에 훨씬 못 미치는 결과이다. 이선미의 연구에서 흥미로운 사실은 가사와 육아의 책임을 떠맡고 있는 30대 기혼 여성의 경우 자원 활동 참여율이 가장 낮게 나타난다는 점인데, 이는 전반적으로 왜 여성들의 시민단체 참여율이 낮은지를 암시하여 주는 좋은 지표라고

19) 조희연, 「참여연대 5년의 평가와 전망」, 참여연대 5주년 기념 심포지엄 '한국 시민운동, 21세기 대안을 찾아' 발표문(1999).

20) 송호근, 「신사회운동 참여자 분석」, 226쪽.

할 수 있다.[21]

시민단체 회원의 계층이나 직업별 구성보다 더 흥미로운 것은 그들의 정치사회적 특성이다. 서구의 경우 정치사회적 참여와 실제 행동을 매개하는 가장 중요한 변수로서 교육과 정치적 관심이 주목받아 왔다. 교육수준이 높고 상대적으로 정치적 관심이 많은 시민들이 투표, 집회 참여, 정치인 접촉 등 관례적인 정치참여뿐 아니라 서명운동, 불매운동, 시위, 파업 등 직접행동, 그리고 NGO와 각종 단체 활동을 통해 다양한 참여에 더욱 적극적이다. 즉, NGO에 참여하는 시민들은 교육과 정치적 관심이 높고, 또 단체 활동을 통해 정치참여와 소통의 기술을 터득한다.[22]

한국에서의 경험적 연구들 또한 이러한 서구의 경험을 유효한 것으로 뒷받침하고 있다. 김재한은 시민단체의 활동을 지지하거나 혹은 실제 활동하는 사람들은 대체로 젊은 세대이며, 자신을 진보적이라 생각하고며, 기존 사회질서나 국제질서에 강한 불신감을 갖고 있다는 사실을 해명하였다. 그의 조사에서 이러한 친NGO층들은 여성보다는 남성, 다른 종교보다는 기독교, 여타 매체보다는 한겨레신문의 구독층 사이에서 상대적으로 높은 비율로 발견된다.[23] 모종린의 연구 결과 또한 이와 유사하다. 그에 따르면, 응답자 중 시민단체 참여율이 가장 높은 계층은 대학 이상의 학력자로서 소득이 300~500만 원 수준이었으며, 자신을 진보라고 생각하고 있는, 시간 운용이 비교적 자유로운 학생 및 사무·전문·관리직이다.[24]

---

21) 이선미, 「시민참여로서의 자원활동」, ≪시민사회와 NGO≫, 봄-여름, 창간호(2003), 128~131쪽.

22) Mark E. Warren, *Democracy and Association*(Princeton University Press, 2001), pp. 70~82.

23) 김재한, 『시민운동 지지층과 비판층의 비교분석』(자유기업원, 2002), 67~69쪽.

24) 모종린, 『시민단체 대표성 연구』, 30쪽.

가입 동기와 관련하여서는 흥미로운 차이가 발견된다. 송호근의 조사는 일반 회원들의 가입경로가 홍보나 토론회와 같은 인지적 경로가 아니라 '학연 혹은 지연을 통한 면식관계'(회원권유, 55%)와 과거 운동을 같이 했던 사람들끼리의 단체 설립(33%) 등 거의 대부분이 연고적 동원에 기초하고 있음을 밝히고 있다. 즉, 시민단체들은 과거의 운동단체들과 마찬가지로 개인적 연줄망(personal network)에 기초한 동원전략에서 아직 벗어나지 못하고 있다는 것이다.[25] 반면, 이선미의 연구는 자원활동에 참여하게 된 가장 주요한 동기는 일반적으로 여겨온 착한 사람들의 선한 동기 혹은 여가선용이 아니라 사회문제 해결을 위한 시민으로서의 책임감이라는 의무적 동기임을 밝혀냈다.[26] 김재한의 연구 결과 또한 NGO 참여자들은 혈연·지연·학연과 같은 전통적 연고의식을 덜 중요시하는 반면 지역주의에 대해서는 더 강한 반감을 갖고 있는 것으로 나타났다.[27]

(3) 리더십과 의사결정과정

실무자들 역시 넓게 보아 시민단체의 리더십을 구성한다고 할 수 있다. 왜냐하면 한국에서 시민단체의 상근 실무자들은 단순히 급료를 지급받는 직원(staff)이 아니라 사회운동으로 생업을 유지하는 직업운동가들이기 때문이다. 이들의 상당수는 대졸 이상의 학력과 민주화운동 경력을 가졌으며, 연령별로는 30~40대가 전체의 70.8%를 차지하고 있다.

<표 6-6>에서 알 수 있는 것처럼, 겸직 실무자(무급자원봉사자)들은 주로 교수, 변호사, 의사, 종교인과 같은 자유전문직에 분포되어 있는 반면, 상근 실무자들은 교사, 간호사, 학원 강사, 일반 사무직 등에서

---

25) 송호근, 「신사회운동 참여자 분석」, 233쪽.

26) 이선미, 「시민참여로서의 자원활동」, 133쪽.

27) 김재한, 『시민운동 지지층과 비판층의 비교분석』, 40~44쪽.

〈표 6-6〉 시민단체 실무자의 전·현직 분포

(단위: %)

직업 동일	전 직								미취업
	전문직	관리직	준전문	사무직	판매직	서비스직	생산직	농어민	
37.4	6.1	4.3	9.2	18.4	3.1	1.8	6.1	1.2	12.3

자료: 송호근(2001), 230쪽.

〈표 6-7〉 상근 활동가 수의 분포

상근활동가수	1997	2000	2003
5인 미만	69.2	69.0	60.0
5인 이상~10인 미만	13.7	15.6	19.7
10인 이상~50인 미만	13.8	12.6	17.6
50인 이상~100인 미만	2.0	0.8	2.1
100 이상	1.4	0.4	0.7

자료: 해당 년도 『한국민간단체총람』.

전직한 사람들이었다. 실무자들의 직업 분포가 생산·서비스보다는 전문·사무직이 대종을 이룬다는 점에서 신사회운동의 특성을 확인할 수 있다. 흥미로운 점은 활동가들이 대단히 낮은 보수 수준에도 불구하고 타 직종에 비해 상대적으로 높은 직무 만족도를 보이고 있다는 것이다. 한 연구에 따르면, 이들의 보수 수준은 월 110만 원 이하가 71.5%일 정도로 열악하지만, NGO 근무자들은 자신의 직업에 대해 높은 긍지와 사명감을 갖고 있으며, 계속 일할 의사를 갖고 있는 것으로 나타났다.[28)]

한편, 시민단체 지도자의 직업별 구성과 인식에 대해서는 박상필의 연구가 있다. 그의 조사에 따르면, 한국 NGO 지도자들은 자신을 중도(43.0%)나 진보(49.7%)로 인식하고 있으며, 대졸 이상의 학력이 압도적이고(86.6%), 기독교와 불교가 다수를 차지하였다.[29)]

28) 이희태·김석용, 「NGO 근무자의 직무만족 영향요인 분석」, 265쪽.

29) 박상필, 『NGO와 현대사회: 비정부, 비영리, 시민사회, 자원 조직의 구조와 동학』,

한편 <표 6-7>은 상근자의 평균 분포이다. 5인 미만 단체가 전체의 60%를 상회하고 있고, 1인 상근 단체수가 1997년에는 15.4%, 2000년에는 14.1%를 차지하고 있다는 점은 한국의 시민단체가 지닌 영세성을 잘 드러내 주고 있다. 흥미로운 사실은 10인 이상 유급 상근자를 둔 대형 단체들의 비중이 지속적으로 증가하고 있다는 사실이다. 이는 시민단체 사이에서도 재정과 인력의 양극화 현상이 심화되고 있다는 추론을 가능하게 해준다.

끝으로 최근 들어 NGO의 의사결정구조에 대한 비판적 주장들이 지속적으로 제기되고 있다. 가장 강력한 문제제기는 집행기능과 의결기능이 미분화된 비민주적 구조에 대한 질타이다. 참여연대와 경실련을 사례로 연구한 양현모는 총회가 최고 의결기구로서 권한을 행사하지 못하고 단지 회원들의 친목모임으로 전락하였으며, 대표성의 문제를 안고 있는 대의원회나 운영위원회 역시 실질적 역할을 수행하지 못하고 있는데, 이러한 공백 속에서 집행기구인 상임집행위원회가 의결기능까지 담당하고 있다고 지적하고 있다.[30] 한편, 동일한 대상을 분석한 다른 연구는 시민단체의 목적전치 현상을 지적하고 있다. 이들에 의하면, 조직의 차원에서 시민단체는 본래 설정한 목적 달성을 위한 활동보다는 조직 자체의 존립과 유지에 더욱 치중하고 있고, 개인적 차원에서는 시민단체의 지도자나 상근자들이 단체의 조직과 역량을 자신의 개인적 목적을 위한 수단으로 악용하고 있다는 것이다.[31] 시민단체의 의사결정구조가 관료화되었으며, 비민주적이라는 비판에 대해 박원순은 정반대

385~392쪽.

30) 양현모, 『NGO의 의사결정과정: 경실련과 참여연대 사례』(한국행정연구원, 2000), 134~138쪽.

31) 유석춘·김용민, 「한국시민단체의 목적전치: 경실련과 참여연대를 중심으로」, 유석춘 엮음, 『한국의 시민사회, 연고집단, 사회자본』, 35쪽.

의 입장을 피력하고 있다. 그에 따르면, 시민단체는 상하관계보다는 평등하고 개방적인 관계에서 일하기 때문에 기강과 규율이 별로 없으며, 지나칠 정도로 산만하고 무질서한 측면이 존재한다는 것이다. 관료화의 문제점보다는 오히려 관료주의적인 엄밀성과 법칙성이 도입될 필요가 있다고 지적하고 있다.[32]

32) 박원순, 『한국의 시민운동: 프로크루스테스의 침대』(당대, 2002), 98~99쪽.

제 7 장

국가별 비교 연구: 한국 NGO가 회비·서비스 압도형?

1. 문제제기

NGO 연구의 가장 낙후된 영역 중 하나는 국가별 비교 연구이다. 특히 아시아권 내에서 일국별로 존재하는 시민사회들을 통일된 기준을 갖고 교차 비교한 연구는 국내외를 통해 거의 전무한 실정이다.

일정한 방법론과 준거 틀에 의해 국가별 비교 연구를 수행한 사례는 한국과 일본에 한정되어 있다. 먼저, 이기호는 양국의 시민사회의 차이를 생활정치의 관점에서 살펴보고 있다. 그에 따르면, 두 나라의 시민사회의 성격은 세 가지 점에서 두드러진 차이를 보이고 있는데, 첫째는 아젠다의 수준에 있어서 한국의 시민운동이 평화와 민주주의와 같은 문제 해결형과 연대 창출형 아젠다에 집중한다면, 일본의 시민운동은 마을만들기(まちづくり)나 복지서비스 제공과 같은 공공성 창출형 아젠다가 주를 이루고 있다. 둘째, 참여 시민의 성격에 있어 한국은 개혁과제에 관심이 있는 '변혁지향적 민'의 성격이 강하다면, 일본은 공동의 과제에 관심이 있는 '참가형 민'의 성격을 지니고 있다. 셋째, 공공영역

의 성격의 차이이다. 한국의 경우 문제해결형 및 연대성 창출형 아젠다가 중심을 이루기 때문에 이슈의 사회적 파급효과가 크며, 저항적 시민사회의 모습을 띠게 된다. 반면 일본은 공공재 창출형 아젠다가 강하기 때문에 민관 협력관계가 중요시된다.[1]

한국의 시민운동이 '운동' 차원에서 이루어지고 있으며 정치적 성향이 강한 반면 일본의 시민운동은 중앙정치에 대하여 무관심한 성격을 갖고 있다는 지적은 다른 연구에서도 공통적으로 발견된다. 홍일표·하승수는 제도와 운동의 두 가지 기준을 갖고 한국과 일본의 시민운동의 차이를 설명하고 있다. 먼저, 제도의 차원에서 두 나라의 차이는 크지 않지만 지방차원에서는 오랜 자치의 역사를 갖는 일본이 더 발전된 제도들을 구비하고 있다. 그러나 제도상의 유사성에도 불구하고, 국가차원에서 전개되는 시민참여 운동은 한국이 일본보다 훨씬 더 강력하고 활발하게 전개되고 있다. 한국의 경우, 일본과 달리 '준정당적 시민운동'이 국가차원에서의 시민운동을 활발히 전개하여 중요한 정치적·정책적 성과를 거두고 있는 반면, 일본의 국가차원의 시민운동은 거의 사례를 찾기 어려운 실정이다. 이는 1960년대 이후, 대부분의 운동주체들이 지역으로 퇴각하면서 발생한 중앙·전국적 운동의 공백의 결과로 해석될 수 있다는 것이다.[2]

가장 방대한 자료와 체계적 방법이 시도된 국가별 비교 연구는 한국을 비롯한 36개 국가의 시민사회를 분석한 살라먼과 소코로브스키[3]의 *Global Civil Society*와 한양대학교 제3섹터연구소가 수행한 『한국시민사

---

1) 이기호, 「생활정치의 관점에서 본 한일 간 시민운동의 비교 연구」, ≪시민사회와 NGO≫(2003년 제1권 1호,. 봄-여름), 173~203쪽.

2) 홍일표·하승수, 「시민참여의 한일비교: 제도와 운동의 동학」, 주성수 편, 『정치과정에서의 NGO』(한양대학교 출판부, 2004), 271~273쪽.

3) Lester M. Salamon and S. Wojciech Sokolowski, *Global Civil Society: Dimensions of the Nonprofit Sector*.

회지표: CIVICUS 국제공동연구 한국보고서』가 있다. 두 연구에서 분석된 한국시민사회의 비교사적 특성을 간략히 정리한다.

2. Global Civil Society[4)]

1) 시민사회조직(CSO)의 고용노동력 비율

<그림 7-1>이 보여주는 것처럼 경제활동인구 중 시민사회 조직이 고용하고 있는 노동력(workforce)은 전체 평균 4.4%에 이르고 있다. 예상할 수 있듯이 미국과 유럽 등 선진국에서 NPO 부문의 노동력 비중은 7.4%에 달하고 있으나, 개발도상국에서 그것의 비중은 4분의 1에 해당되는 1.9%에 그치고 있다. 한국은 2.4%로 전체 36개 국가 중 21위에 머무르고 있으며, 특히 시민사회조직 노동력 중 자원봉사 비중이 개도국 평균인 38.3%에 한참 못 미치는 22.8%(28위)로써 후진적 유형을 보이고 있다.

흥미로운 사실은 자원봉사 활동이 점차 전문화된 유급 활동가들을 대체할 것이라는 일반적 가정과는 달리 유급 고용과 자원봉사는 서로를 강화(mutually reinforcing)시키는 경향이 뚜렷하다는 점이다. 사례 대다수가 유급 활동가들과 자원봉사자의 비율에 있어 어느 한쪽으로의 일방적 편중 경향을 보이기보다는 모두 평균 이하인 경우(53%)이거나 모두 평균을 상회하는 경우(25%)에 해당되는 사실이 이를 뒷받침한다.

---

4) 이 연구에서는 국가를 선진국(16 developed countries), 발전도상국(15 developing countries), 이행국(5 transitional countries)의 세 가지 그룹으로 구분하고 있다. 한국은 발전도상국으로 분류되어 있다.

〈그림 7-1〉 유급 고용과 자원봉사의 비중

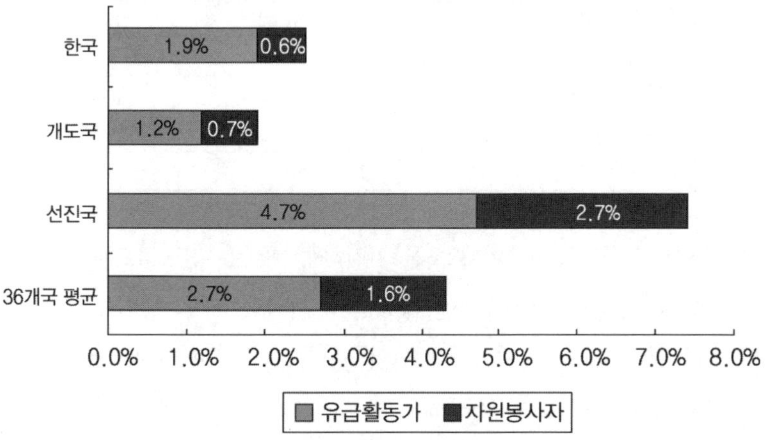

2) 상식 뒤집기 하나: 한국은 서비스 압도형 국가

살라먼과 소코로브스키의 조사는 NPO의 활동영역을 12개로 분류하고, 이를 다시 직접적 서비스를 전달하는 서비스 기능(service function)과 이익·신념·가치를 드러내 놓는 표출 기능(expressive function)으로 구분하였다. 33개 국가들의 활동유형과 영역에 따른 시민사회섹터의 노동력의 분포는 <표 7-1>과 같다.

일단 서비스 기능이 규모 면에서 표출 기능을 압도하고 있다는 점이 확연히 드러난다. 살라먼과 소코로브스키는 몇 가지 점을 강조하고 있는데, 첫째는 자원봉사자와 유급 스태프들이 대단히 상이한 역할을 수행하고 있다는 점이다. 즉, 서비스 분야는 유급 활동가들의 비중이 압도적인 반면(73%) 표출 분야는 자원봉사의 비중이 유급 활동가 비율의 두 배(41%: 24%)에 달하고 있다. 특히, 서비스 기능 수행의 경우 선진국의 경우 80% 정도는 유급인 반면, 개도국은 유급의 비율이 67% 정도에 그치고 있다. 이는 기본적으로 정부의 재정조달 능력의 차이에 기인

〈표 7-1〉 활동유형별 시민사회섹터의 노동력 분포

서비스 영역(64%)	표출 기능(32%)	기타
교육(23%)	문화/여가(19%)	비분류(2%)
사회서비스(20%)	직업/노조(7%)	국제(1%)
의료(14%)	시민/권익주창(4%)	재단(1%)
발전/주택(7%)	환경(2%)	

한다. 둘째, 서비스 비중이 82%를 차지하는 한국은 전형적으로 서비스-압도(service-dominant)형 모델에 해당된다. 한국은 페루, 벨기에, 이스라엘, 아일랜드, 인도, 파키스탄에 이어 7위를 차지하고 있다. 끝으로, 다소 예외적이라 할 표출-압도(expressive-dominant) 국가군은 두 개의 그룹으로 나누어 설명할 수 있다. 하나는 소비에트 정권에 영향을 받은 중앙유럽 국가들로서, 사회복지서비스를 중앙 정부에 집중시킴으로써 직업·체육·여가 등 독립적 시민조직의 출현을 억제했던 경우이다. 반대의 그룹은 19세기 말부터 중앙 정부의 복지재정과 지원 속에서 건강한 지역 노동 및 사회운동 조직들의 네트워크가 발전하기 시작한 노르딕 국가이다. 그 결과 사회서비스에 대한 시민단체의 관여 필요성이 줄어들었던 반면 권익옹호나 여가와 관련된 표명 활동은 발전하게 되었다.

3) 상식 뒤집기 둘: 한국은 회비 압도형 국가

시민사회조직의 재정 구조는 회비(fees)가 53%, 정부 지원이 34%, 사적 기부나 자선(philanthropy)이 12%로 나타났다. 시민사회조직의 12개 중 8개 분야에서 회원들의 회비가 재정의 지배적인 자원으로 나타났으며, 그리고 의료와 사회서비스는 공적 지원의 비중이 가장 큰 분야(public sector-dominance fields)이고, 종교와 국제지원은 사적 기부의 비중이 지배적인 분야(private philanthropy-dominant field)로 밝혀졌다.

〈그림 7-2〉 시민단체의 국가별 재정구조 비교

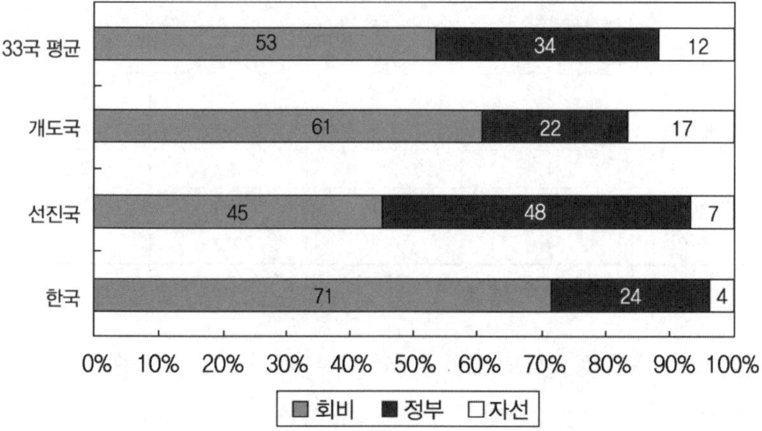

국가별 비교를 살펴보면, 한국은 회비-압도(fee-dominant)형 국가로 나타났는데, 이러한 유형은 시민사회조직이 가장 적은 개도국이나 이행국가에서 특히 두드러진다. 반면 정부지원-압도형 국가는 북유럽과 영국, 프랑스, 오스트리아, 이스라엘 등 시민사회조직이 잘 발전된 복지국가에서 나타났는데, 이는 복지서비스의 전달체계를 위임받은 협력적 동반자관계(partnership)가 일찍이 발전된 탓으로 보인다.

3. CIVICUS 국제공동연구 한국보고서

1) 취약한 환경과 강한 가치

<표 7-2>는 한국 시민사회의 기본적 형태가 다른 나라의 그것에 비해 환경이 매우 약하고 가치가 강한 특성을 갖고 있음을 잘 보여주고 있다. 점수로는 환경보다 구조가 더 낮은 점수를 기록하고 있지만, 독

〈표 7-2〉 6개국의 4차원 간 비교

	구조	환경	가치	영향
한국	1.5	1.6	2.3	1.9
볼리비아	1.8	1.4	1.7	1.8
베트남	1.6	1.4	1.7	1.2
대만	1.4	2.2	2.2	2.2
체코	1.7	2.1	2.3	1.8
독일	1.6	2.3	2.2	2.5

자료: 이선미, 「국제비교를 통해 본 한국 시민사회」, 73쪽.

일, 체코, 대만 등에서도 모두 4개의 차원 중 가장 낮은 점수를 기록하고 있기 때문에 한국만의 특징이라고 보기는 어렵다. 시민사회를 둘러싼 환경 중에서는 특히 신뢰, 관용 등의 사회문화적 환경과 시민사회의 자율적 활동을 지원하는 법률적 환경이 눈에 띄게 약하며, 그 외에도 시장-시민사회 관계, 국가-시민사회 관계 역시 낮은 편에 속한다. 한국 시민사회의 강점인 가치의 사회적 확산에 있어서는 거의 대부분의 가치들에 있어 높은 점수를 기록하고 있지만 다른 나라와 비교해 보았을 때 특히 투명성 증진에 있어 강점이 있는 반면, 관용과 비폭력 가치 확산에 있어서는 현저하게 낮은 점수를 기록하고 있다.[5)]

2) 한국 시민사회의 권익주창 특성

<표 7-3>은 지역주민 설문과 지역 포커스그룹의 평가 결과를 포함한 다른 자료들을 참고해 한국 시민사회의 지표를 평가한 전국 대표들의 평가결과이다. 이 표는 한국 시민사회의 특성이 서비스와 사회자본보다는 권익주창에 가까운 '정치지향적' 시민사회라는 사실을 경험적

5) 이선미, 「국제비교를 통해 본 한국 시민사회」, 주성수 편, 『한국시민사회지표: CIVICUS 국제공동연구 한국보고서』(아르케, 2006), 86쪽.

〈표 7-3〉 **한국 시민사회의 가치와 영향: 서비스, 사회자본, 권익주창 비교**

1) 가치: 시민사회(단체)는 정치, 사회경제적 가치의 증진에 얼마나 기여하는가?		
서비스	사회자본	권익주창
빈곤퇴치 증진 2.3	사회적 관용 증진 1.9 사회 비폭력 평화증진 2.0	민주주의 증진 2.6 사회 투명성 증진 2.6 양성평등 증진 2.7 지속가능 환경 증진 2.6
2) 영향: 시민사회(단체)는 정책, 시장, 시민에 얼마나 영향력을 갖고 있는가?		
서비스	사회자본	권익주창
이해관계 호응 2.0 사회적 약자의 욕구충족 1.5 소외층 서비스 1.5	사회자본 축적 1.0 시민교육·정보제공 1.5 시민집단행동강화 1.8 소외층 역량강화 1.6	정치적 개혁 2.5 환경보호 2.7 부정부패 방지 2.6 양성평등정책 2.7 사회복지정책 2.0 인권보호정책 2.5 국가책무성 감시 2.4

지표 점수는 0: 영향력 없음, 1: 적은 영향력, 2: 일부 영향력, 3: 강한 영향력이다.

으로 확증하여 주고 있다.[6)]

구체적으로 <표 7-3>을 살펴보면, 먼저 시민사회의 활동실적으로 나타나는 '가치'에서 민주주의 증진, 투명사회, 양성평등, 환경보호 등 권익주창 항목에서 각기 2.6~2.7점의 높은 점수를 보여주지만, 서비스 활동인 빈곤퇴치에서는 2.3점과 사회자본 항목인 사회적 관용과 비폭력·평화 증진에서는 1.9와 2.0을 보여준다. 또한 정부와 시장 및 사회에 대한 '영향' 측면에서도 서비스나 사회자본보다는 권익주창 영향력이 훨씬 더 강하다는 것을 알 수 있다. 이해관계 호응(2.0), 사회욕구에 대한 직접 충족(1.5), 사회적 약자의 욕구 충족(1.5) 등 서비스 항목과 사회자본 축적(1.0), 시민교육과 정보제공(1.6), 시민집단행동 강화(1.8), 소외

6) 주성수, 「한국시민사회의 특성: 서비스, 사회자본, 권익주창」, 주성수 편, 『한국시민사회지표: CIVICUS 국제공동연구 한국보고서』(아르케, 2006), 64쪽.

층 역량강화(1.6) 등 사회자본 항목들의 영향력은 중간 수준에 머물러 있지만, 공공정책에 대한 권익주창 영향력, 즉 정치개혁(2.5), 환경보호(2.7), 부정부패방지(2.6), 양성평등(2.7), 인권보호(2.5)에서는 두드러지게 높은 수준에 있다는 것을 알 수 있다.

이처럼 한국의 시민사회가 권익주창 활동에 치중하게 된 배경으로는 한국 시민사회의 '구조'와 '환경'의 취약성에서 찾을 수 있다. 왜냐하면, 시민사회의 구조와 환경이 서구처럼 안정되고 제도화되었다면 권익주창보다는 서비스와 사회자본 활동을 하게 하는 사회적 요청이 강했을 것이기 때문이다. 아울러, 한국의 민주화 사례가 시민사회의 대중적 압력에 의해 성공한 대표적인 경우이고, 특히 한국의 NGO들이 대의 민주주의 문제를 보완하는 정치적 대표 역할을 하며 무력한 정당의 역할을 대신하는 '준정당적' 기능을 수행한 역사적 경험에 직접적 원인이 있다.[7]

7) 조현연·조희연, 「한국 민주주의의 이행」, 296쪽.

에필로그

통합적 NGO 연구방법론의 모색

1. 기존 연구의 문제: 특수주의와 폐쇄성

지금까지 한국에서 이루어져온 NGO 연구를 개괄하였다. 지난 20년간 시민운동의 비약적 성장은 NGO 연구의 범람을 가져왔다. 하지만 연구의 수준과 다양성은 운동의 발전 속도와 NGO 연구의 양적 증가에 한참 못 미치고 있다. 학술 공동체에서조차 가장 초보적이고 기본적인 개념과 원리에 대해서 합의하지 못하고 있음이 이를 뒷받침하고 있다. 도대체 그 수는 얼마나 되며, 이웃 일본과 비교해 볼 때 많은지 적은지, NGO가 시민운동조직이라면 비영리 복지·교육·문화재단은 제외되는 것인지, 공익이 기준이라면 친미반공을 내세운 보수계열의 뉴라이트 단체들은 자격을 박탈당하는 것인지, 각종 협회나 직능단체들은 법리상 비영리 단체인데 학술적으로 영리 단체로 간주되는 이유는 무엇인지 등등의 무수한 시빗거리를 남겨 놓았다. 필자는 현실 세계에서의 혼동과 이론적 정체를 가져 온 원인으로 NGO 연구에서 나타난 다음의 한계를 지적하고 싶다.

첫 번째 문제점은 '시민운동으로서 NGO'라는 인식을 가져온 개념 연구의 특수주의적 경향성이다. 필자가 연구해 온 바로는 NGO를 시민운동으로 축소시키거나 시민단체로 환원하는 경우는 매우 이례적이다. 물론 여기에는 한국에서의 결사체 혁명이 민주화의 이행기와 시기적으로 중첩되었으며, 일부 시민단체가 정치적 성격이 강한 시민'운동'을 주도해 왔다는 역사적 맥락이 내재되어 있다. 그럼에도 NGO에 대한 보편타당한 정의는 회원의 자발성과 관계의 자율성을 지닌 비정부·비영리 조직이라는 것이다. NGO를 광범한 결사체 세계(association universe)가 아니라 사회운동의 한 유형으로 축소하는 이러한 특수주의적 접근은 여러 가지 부작용을 낳을 우려가 있다. 먼저, 이론적 차원에서는 연구의 고립 현상이다. NGO를 최근의 시민운동으로 한정하게 되면, 더욱 더 오랜 연원을 갖는 기존의 사회운동과 이익정치에서 발전되어 온 귀중한 이론적 자산을 활용하지 못하게 된다. 시민운동은 NGO를 대표하는 한 부분일 뿐이지, 그 자체가 NGO는 아닌 것이다. 또한 특수주의적 접근은 현실세계에서 시민운동을 특권화시킨다는 비판을 자초할 수 있다.

두 번째 편향은 공익 개념에 대한 과도한 집착이다. 한국의 연구자들은 NGO의 필수 조건으로서 공익을 유달리 강조하여 왔다. 그것도 비영리나 회원들에 대한 비수익 분배와 같은 느슨한 개념이 아니라 일반의사(general will)나 공공선과 같이 가장 추상성이 높은 수준의 엄밀한 공익 개념을 기준으로 제시하고 있다. 한국의 경우 공익에 대한 강조는 심각한 논쟁의 여지를 낳고 있다. 자선 및 자원 활동(VO)이 강한 영국이나 비영리(NPO) 전통이 강한 미국의 경우 공익에 대한 사회적 합의를 이루기 어렵지 않지만, 정치적 주창 활동(advocacy)이 강한 우리의 경우 공익을 판별한 합당한 기준 설정과 사회적 합의는 애초 불가능하기 때문이다.

세 번째 편향은 그간 한국의 NGO 연구가 조직 연구에 집중되어 왔다는 점을 의미하는 단절적 폐쇄성이다. 우리는 많은 연구자들의 성의 있는 연구를 통해 참여연대, 환경운동연합, 경실련 등의 재정·회원·의사결정구조·활동 등에 대한 미시적 정보를 갖게 되었다. 그렇지만 그것

뿐이었다. 진정 우리가 알아야 하고 알고 싶은 것들, NGO의 양적 증가와 활성화가 한국의 민주주의와 시민사회의 질적 성숙에 얼마나 기여하였는지에 대한 심도 있는 연구는 턱없이 부족하다. 아울러, NGO와 정당, NGO와 대중(사회)운동, NGO와 노동조합, NGO와 이익집단의 관계 및 유형화에 대해서는 아예 신뢰할 만한 기초 정보조차 갖고 있지 못하다. 즉, 경험적으로 관찰 가능한 조직 연구에 매몰되어 NGO의 '구조적이고 관계적인 측면'에 대한 연구가 대단히 미진한 형편이다.

한국의 NGO 연구가 시민사회·민주주의·결사체가 아니라 시민운동·공익·조직에 대한 연구로 축소되면서 발생한 결과는 한국사회의 반(反)정치·반(反)이익 정서의 확산이다. 그것은 이론적으로나 실천적으로 도덕적 공분과 공익을 강조해 온 한국 NGO의 불가피한 귀결이었다. 정치가 제 구실을 못하고 이익 추구 활동이 정당한 평가를 못 받는 데에는 정당과 노동운동의 책임이 일차적이지만, NGO 또한 그 책임으로부터 완전히 자유로운 것은 아니다. 왜냐하면, 한국의 NGO들은 지난 20년 간 한국정치, 특히 이익정치의 영역에서 생산적 대안 제시자의 역할보다는 고발과 비판 기능에 충실하였기 때문이다.

2. 통합적 NGO 연구방법론과 보편성

기존의 NGO 연구가 특수성과 폐쇄성을 지녔다는 것이 지금까지 필자의 판단이다. 이를 극복하기 위해 통합적 NGO 연구방법론을 제시하고 있는데, 이는 다음의 몇 가지 원리로 구성되어 있다. 세부 내용은 후술하겠지만 여기에서는 '통합(integration)'의 의미만을 부연하고자 한다.

통합적 방법론이 강조하는 첫 번째 통합의 대상은 정치이다. 정치적 중립성은 특정 단체의 전략적 유용성을 위한 내부 판단이지 NGO를 판별하는 기준일 수 없다. 통합적 방법론에서는 정치적 중립 테제를 교조적 원리로 삼거나 반정치, 탈정치의 관점에 비판적이다. 오히려 공동체의 선을 증진시키는 합당한 방식으로써 정치를 적극 고려한다. 아울러 참여 민주주의에 기반한 NGO정치를 대의 민주주의에 기초한 정당정치의 대체물로 간주하기보다는 경합적 보완제로 존중한다. 이것이 바로 10장에서 말하고 있는 시민참여 책임정치의 핵심 원리이다. 두 번째 통합 대상은 이익이다. 기존의 연구자들은 NGO의 자격 요건으로서 공익에 대해 최대주의적 입장(maximalistic perspective), 즉 집단이익과 정면으로 대립되는 것이며, 어떤 선험적인 공동체의 일반 이익으로 간주해 왔다. 그러나 통합적 방법론에서는 최소주의적 입장(minimalistic perspective), 즉 집단이익과 공익의 공존 가능성을 인정하고, 공익에 대해서도 배타적 가치보다는 공공성의 확장이라는 구성주의적 관점을 취한다. 따라서, 공익을 엄밀하게 규정하여 정치적 논쟁을 확대하는 한편 NGO의 외연을 줄이는 전략보다는 '비영리 자발적 결사체'라는 느슨한 개념화를 선택하여 이익집단과 대중운동을 포괄하는 방식을 취한다. 세 번째 강조점은 시공간적으로 비교 방법론의 유용성이다. 시급한 과제는 횡적으로는 국가별 비교 연구가, 종적으로는 근대 이후 한국 시민사회의 발전 과정이, 미시적으로는 NGO의 유형별 특성 및 정당 및 정부와의 관계가 미개척 영역이다.

요약하자면, NGO의 통합적 연구방법론은 시민운동에서 자발적 결사체로 연구 대상을 확장하며, 단체나 조직의 내적 특성에서 시민사회의 구조와 다른 제도와의 관계 연구로 관심의 초점을 전환하도록 촉구한다. 철학적 인식에 있어서도 정당과 NGO, 공익과 사익의 공존과 선순환의 가능성에 열려 있다. 끝으로 NGO 연구의 지향 가치로서 맥락적 특수성보다는 개방성과 보편성을 추구한다. 연구방법론과 관련된 내용을 좀 더 설명하자면 다음과 같다.

1) NGO 개념의 외연적 확장을 통한 보편성 제고

여러 차례 밝혔듯이 NGO 연구의 일차적 의의는 개별 시민사회의 역사와 구조에 대한 보편성과 특수성에 대한 이해의 증진에 있다. 따라서 NGO를 시민사회의 하위 구성요소인 공익적 시민단체나 사회운동으로 협소하게 규정하기보다는 각종 상조회, 이익단체, 친목회, 비영리 병원과 복지재단 등을 아우르는 광의적 개념으로 사용하는 것이 바람직하다. NGO를 규정하는 핵심적 기준은 비정부·비영리 성격의 자발적 결사체면 충분하다. 회원 가입의 비배타성과 비계급성,[1] 비종교성과 비당파성[2] 등의 이러저러한 부수 조건은 NGO에 대한 이해를 돕기보다는 혼선을 초래할 가능성이 더 크다. 한편, 공익이나 공공선 규정 역시 한 사회에서 완전하게 합의된 특정 가치에 대한 추구라기보다는 소통과 토론을 확장하는 공론화 과정으로 이해하는 것이 바람직하다. 이렇게 인식할 때, 자신의 철학적 관점과의 일치 여부와 상관없이 국가안보나 공동체의 규범을 개인의 자유와 평등보다 중시하는 보수적 우익단체의 활동 역시 NGO로 존중해 줄 수 있다. 중요한 것은 특정 활동과 주장이 사전에 합의된 공적 이익이나 공공선에 부합하느냐의 여부가 아니라 공공성의 형성에 기여하느냐의 문제이다.

또한 NPO가 시민사회단체인 NGO와 근본적으로 다른 개념이며, 대학·병원·복지시설 등을 포괄하는 NGO의 상위 개념이라는 주장에는 동의하기 어렵다. 미국에는 NPO가 있고, 그것의 기능적 등가물을 한국

---

1) 박상필, 「NGO의 개념화: 경험적 개념을 중심으로」, 393쪽.

2) 김영래, 「한국 비정부단체(NGO)의 세계화 전략 연구」, ≪國際政治論叢≫, 37집 1호(1997).

에서는 NGO라고 부를 뿐이다. 다만, 해당 시민사회의 발전 경로와 특성을 반영하여 미국의 경우 교육·의료·자선·문화 관련 사회서비스 단체들의 발전이 좀 더 일찍 발전하였고 현재도 훨씬 활성화되어 있는 반면 한국의 경우 민주화의 이행과 공고화 과정에서 정치성과 운동성을 갖게 된 주창(advocacy) 단체들이 시민사회의 성장 과정을 주도해 왔다는 맥락의 차이가 있을 뿐이다. 이렇게 이해할 때만이 후술할 비교 연구의 발전가능성을 담보할 수 있다.

2) 비교 연구의 강화

무엇보다도 시급한 것은 NGO의 구성 요소, 즉 부문별 비교 연구의 강화이다. 앞에서 설명하였지만 NGO는 일반적으로 활동 목표에 따라 주창과 서비스 영역, 혹은 회원의 친목과 복리증진을 위한 회원(직능상조)단체와 이를 넘어선 공익단체로 분류되기도 한다. 예를 들어, 경제적 이익집단과 공익적 시민단체의 조직 및 행동 특성에 대한 비교 연구는 NGO 연구 영역의 확장에 필수적이다. 우리는 현재로서는 집단 설립의 목적의 차이가 이를 실현하기 위한 행동 방식의 차이로 이어질 것이라는 일반적 통념의 유효성을 확인할 길이 없다. 두 집단 사이의 대외활동(접촉채널 및 활동방식) 및 대내 조직(정책결정과정, 리더십, 회원, 재정)의 차이와 공통점에 대한 체계적인 경험 연구가 전무하기 때문이다. 두 집단이 구체적으로 한국의 민주주의와 정책과정에 어떤 차별적 영향을 미치며, 각 회원(membership)들은 사회정치적 인식과 참여의 양태에 있어서 어떤 차별성을 갖고 있는지에 대한 비교 연구는 특히 상대 영역에 풍부한 시사점을 제공해 줄 수 있을 것이다. 또 하나의 실례를 들자면, 주창 NGO와 서비스 NGO에 대한 비교 연구이다. 예를 들어, 본 논문의 구성(개념정립, 기능과 역할, 관계 및 유형, 조직, 비교)에서처럼 두 유형의

NGO를 구체적 자료에 의해 체계적으로 비교해 볼 필요가 있다. 이러한 연구 결과에 뒷받침되지 않는 한 왕성한 주창 활동이 한국 NGO의 특성이라는 상식적 주장은 자칫 인상주의적 해설에 그칠 수 있다.

둘째는 국가별 비교 연구의 활성화이다. 이 영역은 현재 척박한 불모지라 해도 과언이 아니다. 가령, 『아시아의 시민사회』는 비교 시민사회 연구의 최초 시도라 할 수 있지만 연구의 완성도에 있어서는 결정적인 한계를 안고 있다.[3] 무엇보다도 각국의 시민사회를 분석한 지역 연구자들은 제각기 다른 시민사회의 개념과 대상을 설정함으로써 아시아 시민사회의 전반적 성격과 특질을 규명하는 데 실패하고 있다. 아울러, 국가별 비교 연구에 필수적인 공동의 접근방법과 지표 개발을 생략함으로써 '시민사회' 연구가 아닌 개별 국가의 사회사 연구가 되어버렸다.

최근 진행되고 있는 비교 시민사회사 연구 또한 몇 가지 문제를 안고 있기는 마찬가지이다. 가장 대표적인 접근법은 시민사회 조직들을 표준화된 국제NPO분류법(ICNPO)에 의해 분류해서, 이들의 경제적 규모(고용, 수입, 지출 등)를 통계적으로 측정해 국가 간 비교를 수행하는 방법이다.[4] 그렇지만 '정태적' 또는 '구조기능적' 측면을 강조한 ICNPO의 접근법은 객관적 계량화의 장점을 지니지만 시민사회의 다양한 관계와 네트워크 등 실질적 특성을 규명하는 데 적지 않은 한계를 안고 있다.[5] 이러한 지적은 특히 한국적 적실성을 검토할 때 유효하다고 판단된다. 양적 통계에 의존하고 있는 *Global Civil Society*(2004)에서 한국 시민사회 조직의 서비스 대 주창의 고용 인력은 82:18의 압도적 비율로 나타났

---

3) 권혁태 외, 『아시아의 시민사회: 개념과 역사』(아르케, 2003).

4) Lester M. Salamon and Helmut K. Anheier, *Defining the nonprofit sector: A cross-national analysis*.

5) Van J. Til, "Voluntary Action," Schafritz, A.(ed.), *International Encyclopedia of Public Policy and Administration*(Boulder: Westview Press, 1998), pp.2356~2357.

다. 이렇듯 ICNPO의 양적 분석은 통계로 드러나지 않은 한국시민사회의 운동성과 주창성 등 질적 측면을 간과하게 된다.

다른 하나는 양적 접근법에 질적 접근법을 통합한 혼합형으로 59개국이 참여한 CIVICUS 시민사회지표가 있다. 이는 시민사회의 구조, 환경, 가치, 영향 등 네 영역에 걸쳐 국내외 자료들을 바탕으로 측정되며, 또 부족한 자료에 대해서는 관련 시민사회 전문가 집단의 주관적 평가를 결합시킨 지표로써 개발되었다. 동시에 전국적으로 구분되는 대표지역들의 시민사회 포커스그룹의 설문과 지역주민들의 설문조사 결과도 포함된다. 그렇지만 CIVICUS 지표의 연구결과는 아직까지는 한국을 비롯하여 독일, 불가리아, 체코, 크로아티아, 볼리비아, 대만, 베트남 등 일부 국가의 보고서만이 소개되고 있다.[6] 아울러, 한국의 경우 설문문항의 구성과 전문가 그룹의 참여 분포가 서비스보다는 주창에 편중되어 있다는 문제점을 갖고 있다.

국가별 비교 연구를 활성화시키기 위해서는 국내적으로는 지역 연구자와 NGO 연구자의 체계적인 공동 연구가 절실하다. 충분한 협의를 거쳐 문제의식과 주요 개념의 공유, 체계적 방법론의 개발이 필수적이다. 국제적으로는 CIVICUS의 시민사회지표와 같은 국제 프로젝트에의 적극적 참여를 통한 정보 공유가 요구된다.

3. 시민사회사 연구로의 확장

한국의 NGO 연구에서 가장 아쉬운 점 중 하나는 과도한 개념 논쟁에 비해 시민사회-국가-시장의 상호 관계를 체계적으로 분석하고 각 부

---

6) www.civicus.org

분의 동학을 설득력 있게 포착할 수 있는 시민사회사 혹은 시민사회 발전사 연구가 매우 부진하다는 점이다.

다행스럽게도 최근에는 시민사회사 연구로 관심의 초점을 이전하려는 시도들이 활발해지고 있다. 한국 시민사회의 발전사에 꾸준히 관심을 기울여온 조희연은 권위주의 세력이 국가권력을 장악하고 그 힘에 기초하여 제도정치와 시민사회를 순응적인 방향으로 재편하고 통제하는 과정인 권위주의화 과정과 반대로 시민사회 및 시민사회의 활성화에 기초하여 제도정치와 국가의 개방적 재편이 일어나는 민주화의 동태적 과정을 고찰하고 있다.[7] 박상필은 시민사회의 구성요소로 시민권 확보를 위한 법적·제도적 장치, 국가와 시장의 견제와 감시, 공공서비스의 생산과 제공, 시민적 규범을 갖는 자기정당성의 확보를 설정하고, 해방 이전부터 1990년대까지 한국사회의 발전을 다루고 있다.[8]

그러나 그러한 설명 방식들은 해당 시기의 역사와 경험을 구체적으로 다루었다기보다는 거시 담론과 이론의 구축을 목표로 하고 있으며, 근대 '시민'의 형성과 발전에 주목하기보다는 여전히 시민들의 총합으로서 집단 행위와 단일성을 전제하는 조직화된 '사회'만을 대상으로 하고 있다. 그로 인해 이론적 대상으로서 시민사회는 존재해도 역사적 실체로서 시민사회의 형성과 발전이 성공적으로 분석된 사례가 드물었다고 할 수 있다.[9]

---

7) 조희연, 「한국시민사회단체(NGO)의 역사, 현황과 전망」, 131쪽.

8) 박상필, 「한국 시민사회 형성의 역사」, 권혁태 외, 『아시아의 시민사회: 개념과 역사』(아르케, 2003), 124쪽.

9) 시민사회사 연구의 훌륭한 본보기로는 두 사람을 들 수 있다. 첫째는 영국에서 나타난 자유주의적 시민사회를 분석한 하버마스의 연구이다. 하버마스는 언론의 발달과 대중교육의 발달을 통하여 시민사회 내에서의 의사소통이 더욱 확대되면서 권위주의적 국가권력이 점진적으로 약화되는 과정을 세밀하게 보여주고 있다. 특히, 커피점이나 클럽과 같은 공공적인 장소가 국가와 사회에 대한 비판의 공론화를 가능하게 하였으며, 여러 가지 잡지들이 대중을 상대로 문학과 정치에 대한 토론을

사회가 아니라 개별 시민, 시민의식, 시민권의 관점에서 시민사회 발전사를 다루는 논문으로는 유팔무, 정철희, 홍윤기의 연구가 있다. 먼저, 유팔무는 시민사회 연구의 정체를 돌파할 방안으로서 시민의식의 형성 과정과 이와 관련된 제도의 발전 과정을 주목할 것을 제안하고 있다. 그에 따르면, 시민사회는 의식형성의 단계, 조직형성(결사)의 단계, 제도의 단계, 갈등과 통합의 단계로 발전하였는데, 우리의 경우 지나치게 시민의식의 핵심인 기본권과 주권에 대한 인식의 형성과정을 간과한 채 근대 조직과 제도의 등장과정에만 매몰되어 왔다는 것이다.[10] 홍윤기 역시 한국사회에서 '시민'의 구체적 실존이 어떻게 형성되었는가를 설명하고 있다. 그는 1980년대 변혁운동과정에서 제시되었던 NL 대 PD 논쟁이 민족과제와 계급과제의 배타적 우위와 주체 설정의 협소한 범위에서 전개되어 민주주의 공고화 및 내실화의 핵심 요인으로서 실존적 시민을 놓치고 말았다고 비판하고 있다. 흥미로운 것은 한국의 6월 항쟁이 시민과 시민사회의 형성을 통해 시민혁명을 발생시킨 서유럽 모델의 역행적 경로라는 것이다. 즉, 한국에서는 시민과 시민사회가 형성되고 나서 시민혁명이 발생한 것이 아니라 6월 항쟁을 결정적 계기로 공론장, 연대방식, 시민의식이 한꺼번에 형체와 운동양태를 갖추게 되는 일종의 정치사회적 빅뱅 현상이 발생하였다는 지적이다.[11]

활성화하는 과정을 면밀히 보여주었다. Jürgen Habermas, *The Structural Transformation of the Public Sphere: An Inquiry Into a Category of Bourgeois Society* (Cambridge: The MIT Press, 1991), pp.59~60. 둘째는 1960년대 미국의 시민사회(Civic America)를 분석하였던 스카치폴이다. 스카치폴은 1960년대 미국 시민사회의 활력을 특출한 운동과 사건사적 계기가 아니라 일반 시민과 자발적 결사체들의 적극적 참여와 정부의 공적 과정이 이루어낸 독특한 '균형'으로 설명하고 있다. Theda Skocpol and Morris P. Fiorina, "Making Sense of the Civic Engagement Debate," p.457.

10) 유팔무, 「시민사회의 개념과 내부 구성: 유물론적 형성론의 관점에서」, ≪동향과 전망≫, 통권 제56호(2003), 115~139쪽.

11) 홍윤기, 「시민적 실존의 철학적 소묘」, 홍성태 엮음, 『참여와 연대로 본 민주주의

유팔무와 홍윤기의 연구가 구체 경험보다는 연구의 방향 제시에 있다면, 정철희는 1970년대 이후 시민사회에서의 미시동원맥락, 즉 저항지향적 소집단과 이 소집단에서의 대항 헤게모니의 형성이 민주화 운동의 제도적이고 문화적 근원이었음을 해명하고 있다. 그는 특히 유신독재의 철권을 상대적으로 우회할 수 있었던 대학과 교회라는 소집단들이 어떻게 하위 연결망을 형성하고 대항 이데올로기(대학의 삼민주의와 교회의 민중신학)를 구축하였는지를 세세하게 설명하고 있다.[12)]

정리하자면, 시민사회 연구의 방향은 거시 담론과 거대 이론의 구축이 아니라 역사와 사회적 경험을 구체적으로 설명할 수 있어야 한다. 그런 점에서 '사회'가 아니라 근대 '시민'의 형성과 발전에 주목하는 것(How Koreans became civic)은 문제해결의 단초가 될 수 있다.

의 새 지평』(아르케, 2004), 64~69쪽.

12) 정철희, 『한국시민사회의 궤적: 1970년대 이후 시민사회의 동학』(아르케, 2003), 93~114쪽.

참고문헌

강이수. 2003. 「90년대 여성운동과 연대 그리고 정체성의 문제」. 김진균 편저. 『저항, 연대, 기억의 정치: 한국사회운동의 흐름과 지형 II』. 문화과학사.

권태환·임현진·송호근 공편. 2001. 『신사회운동의 사회학: 세계적 추세와 한국』. 서울대학교 출판부.

권해수. 1999. 「시민단체의 조직화과정과 정책변화에 대한 영향력 비교 연구」. 서울행정학회, ≪한국사회와 행정연구≫, 10권 1호.

김광웅. 2000. 「협력체제(partnership)와 효과적인 국정운영」. 한국행정학회 2000년도 기획세미나 발표논문집.

김도종. 2001. 「16대총선과정에서 나타난 정치개혁운동에 대한 평가」. ≪한국민주시민교육학회보≫.

김상준. 2003. 「시민사회 그리고 NGO·NPO의 개념: 공공성을 중심으로」. 한국NGO학회. ≪NGO연구≫, 제1권 제1호.

김세균. 1995. 「시민사회론의 이데올로기 함의 비판」. 유팔무·김호기. 『시민사회와 시민운동』. 도서출판 한울.

김영래. 1990. 『한국이익집단과 민주정치발전』. 대왕사.

_____. 1997. 「한국 비정부단체(NGO)의 세계화 전략 연구」. ≪國際政治論叢≫, 37집 1호.

김영태. 2004. 「시민운동과 17대 국회의원 선거: 낙선운동의 효과를 중심으로」. 광주사회조사연구소. ≪사회연구≫.

김의영. 2004.3. 「시민단체의 정치참여 어떻게 볼 것인가」. 한국정치학회 춘계학술회의 발표 논문.

김인춘. 1997. 「비영리영역과 NGOs: 정의, 분류 및 연구방법」. ≪동서연구≫, 9권 2호.

김재한. 2002. 『시민운동 지지층과 비판층의 비교분석』. 자유기업원.

김종성·김연수. 2003. 「NGO와 정부간 관계에 대한 신제도주의적 접근」. ≪한국사회와 행정연구≫, 14권 1호.

김준기·김정부. 2001. 「NGO 연구에 대한 비판적 고찰」. ≪행정논총≫, 39권 3호

맨슈어 올슨. 1987. 『집단행동의 논리』. 윤여덕 옮김. 청림출판.

_____. 1990. 『국가의 흥망성쇠』. 최광 옮김. 한국경제신문사.

모종린. 2004. 『시민단체 대표성 연구』. 자유기업원.

박병옥. 2000. 「한국 시민운동과 정부간 관계의 재정립 방안」. 박재창 편. 『정부와 NGO』. 법문사.

박상필. 1999. 「시민단체와 정부의 관계유형과 지원체제」. ≪한국행정학보≫, 제33권 1호.

_____. 2001. 『NGO와 현대사회: 비정부, 비영리, 시민사회, 자원 조직의 구조와 동학』. 아르케.

_____. 2003. 「한국 시민사회 형성의 역사」. 권혁태 외. 『아시아의 시민사회: 개념과 역사』. 아르케.

_____. 2004.12. 「NGO의 개념화: 경험적 개념을 중심으로」. 한국정치학회 연례학술회의 자료집.

박원순. 2002. 『한국의 시민운동: 프로크루스테스의 침대』. 당대.

백승현. 2002. 「한국의 시민단체(NGO)와 공공성 형성」. ≪시민정치학회보≫, 5권.

서경석. 1993. 「민중신학의 위기」. ≪기독교사상≫.

서두원. 2001. 「신사회운동의 제도화와 민주주의의 발전」. 권태환·임현진·송호근 공편. 『신사회운동의 사회학: 세계적 추세와 한국』. 서울대학교 출판부

설동훈. 2003. 「한국의 외국인노동자 운동, 1992-2002년」. 김진균 편저. 『저항, 연대, 기억의 정치: 한국사회운동의 흐름과 지형 Ⅱ』. 문화과학사.

손병권. 1999. 「다원주의와 이익집단정치의 장래: 1960년대와 1970년대 시민집단의 등장 이후 이익집단정치의 변화상과 이익집단정치의 미래에 대한 전망」. ≪미국학≫, 22집.

손혁재. 2003. 「한국 시민사회의 개념과 실제」. 권혁태 외. 『아시아의 시민사회: 개념과 역사』. 아르케.

송 복. 2002.「이 국가적 난국에 시민사회는 무엇을 할 것인가」. 제4회 중앙일보 시민사회포럼 심포지엄 발표문.

송주명. 2004.「논평」. ≪기억과 전망≫, 여름호.

송호근. 2001.「신사회운동 참여자 분석」. 권태환·임현진·송호근 공편.『신사회운동의 사회학: 세계적 추세와 한국』. 서울대학교 출판부.

신광영. 1999.「비정부조직과 국가정책」. ≪한국행정연구≫, 봄.

신 율. 2001.『시민사회, 사회운동, 신사회운동』. 자유기업원.

양용희. 1998.「시민단체의 모금 및 회원관리방식의 개선방안」. 아시아시민사회운동연구원.『시민단체의 안정적 재정확보 및 활성화 방안』.

양현모. 2000.『NGO의 의사결정과정: 경실련과 참여연대 사례』. 한국행정연구원.

유석춘·김용민. 2002.「한국시민단체의 목적전치: 경실련과 참여연대를 중심으로」. 유석춘 엮음.『한국의 시민사회, 연고집단, 사회자본』. 자유기업원.

유재원. 2000.「사회자본과 자발적 결사체」. ≪한국정책학회보≫, 9권 3호.

유팔무. 2003.「시민사회의 개념과 내부 구성: 유물론적 형성론의 관점에서」. ≪동향과 전망≫, 통권 제56호.

유팔무·김정훈 엮음. 2001.『시민사회와 시민운동2』. 도서출판 한울.

유팔무·김호기. 1995.『시민사회와 시민운동』. 도서출판 한울.

이갑윤·이현우. 2002.「후보자 요인이 득표에 미치는 영향: 14-16대 총선을 대상으로」.진영재 편.『한국의 선거 IV』. 한국사회과학데이터센터.

이근주. 1999.『정부와 NGO 간의 파트너십에 관한 연구-환경 NGO를 중심으로』. 한국행정연구원.

이기호. 2003.「생활정치의 관점에서 본 한일간 시민운동의 비교 연구」. ≪시민사회와 NGO≫ 2003년 제1권 1호. 봄-여름.

이남석. 2004.「입법과정과 NGO: 대체복무법 제정을 위한 NGO의 역할에 관한 고찰을 중심으로」. 한양대학교 제3섹터연구소 세미나 자료집.

_____. 2005.「사회적 소수자의 집단적 권리보장을 위한 일: 수혈거부를 중심으로」. '한국의 시민참여와 민주주의' 한양대학교 제3섹터연구소 주최 학술세미나.

이선미. 2003.「시민참여로서의 자원활동」. ≪시민사회와 NGO≫, 봄-여름, 창간호.

_____. 2006. 「국제비교를 통해 본 한국 시민사회」. 주성수 편. 『한국시민사회지표: CIVICUS 국제공동연구 한국보고서』. 아르케.

이연호. 2001. 「김대중 정부와 비정부조직 간의 관계에 관한 연구」. ≪한국정치학회보≫, 35/4. 겨울. 147~164쪽.

이정환. 2003. 「외국인노동자 공동체와 관련 NGO」. 석현호·정기선·이정환·이혜경·강수돌 지음. 『외국인노동자의 일터와 삶』. 지식마당.

이희수. 2004. 「세계화시대에 노동운동의 관점에서 바라본 시민운동의 대중성」. ≪기억과 전망≫, 여름호.

이희태·김석용. 2001. 「NGO 근무자의 직무만족 영향요인 분석」. ≪한국지방자치학회보≫, 13권 2호.

장수찬. 2002. 「한국사회에 나타난 악순환의 싸이클: 결사체 참여, 사회자본, 그리고 정부신뢰」. ≪한국정치학회보≫, 36집 1호.

정대화. 2000. 「정치개혁과 시민운동의 역할」. 한국정치학회 'Post-IMF Governance' 하계학술회의 발표논문.

정동철. 2001. 「한국 사회운동의 제도화에 관한 연구: 환경운동연합과 참여연대의 사례」. 연세대학교 사회학과 석사학위논문.

정상호. 2003.12. 「시민사회연구의 과제: 공익적 시민운동을 넘어서」. 한국산업사회학회 편, ≪경제와 사회≫, 통권 60호.

_____. 2005.1. 「한국의 정치개혁과 시민운동」. 민주사회정책연구원. ≪민주사회와 정책연구≫, 통권 7호.

정철희. 2003. 『한국시민사회의 궤적: 1970년대 이후 시민사회의 동학』. 아르케.

정태석. 2000. 「시민사회와 NGO」. 김동춘 외. 『NGO란 무엇인가』. 아르케.

_____. 2005. 「시민사회와 NGO에 관한 최근 논의의 비판적 검토」. 한국산업사회학회 편. ≪경제와 사회≫, 68호.

조기숙. 2002. 『16대 총선과 낙선운동』. 집문당.

조기숙·김선웅. 2002. 「총선연대의 낙선운동이 16대 총선 투표율을 낮추었나?」. ≪한국정치학회보≫, 36집 1호.

조진만. 2001. 「낙선운동이 16대 총선에 미친 영향」. 『연세사회과학연구』 제7집.

조현연·조희연. 2001. 「한국 민주주의의 이행」. 조희연 편. 『한국 민주주의와 사회운동의 동학』. 나눔의 집,

조효제. 2003. 「아시아 시민사회 비교 연구의 방법」. 권혁태 외. 『아시아의 시민사회: 개념과 역사』. 아르케.

조효제 편역. 2000. 『NGO의 시대』. 창작과 비평사.

조희연. 1999. 「참여연대 5년의 평가와 전망」. 참여연대 5주년 기념 심포지엄 '한국 시민운동, 21세기 대안을 찾아' 발표논문.

_____. 2000. 「한국시민사회단체(NGO)의 역사, 현황과 전망」. 김동춘 외. 『NGO란 무엇인가』. 아르케,

주성수. 2004a. 『NGO와 시민사회: 이론, 정책, 모델』. 한양대학교 출판부.

_____. 2004b. 「NGO의 특성과 개념 정의: 한국적 적용의 탐색」. 한양대학교제3섹터연구소, '정치과정에서의 NGO' 세미나 자료집.

_____. 2004c. 『시민참여와 정부정책』. 한양대학교 출판부.

_____. 2006. 「한국시민사회의 특성: 서비스, 사회자본, 권익주창」. 주성수 편. 『한국시민사회지표: CIVICUS 국제공동연구 한국보고서』. 아르케.

진영재·엄기홍. 2002. 「낙천낙선운동의 선거적 결과: 선거참여율, 득표, 당락, 그리고 정당 지지를 중심으로」. 진영재 편. 『한국의 선거 IV』. 한국사회과학데이터센터.

최 광. 1991. 『利益集團과 國民經濟』. 국민경제제도연구원.

최낙관. 2004. 『시민단체의 정치참여와 개혁: 그 논리와 한계』. 자유기업원.

한국자원봉사단체협의회. 2002. 『한국자원봉사단체현황』.

헬무트 안하이어·볼프강 사이벨 엮음. 2002. 『제3섹터란 무엇인가』. 노연희 옮김. 아르케.

홍윤기. 2004. 「시민적 실존의 철학적 소묘」. 홍성태 엮음. 『참여와 연대로 본 민주주의의 새 지평』. 아르케.

홍일표·하승수. 2004. 「시민참여의 한일비교: 제도와 운동의 동학」. 주성수 편. 『정치과정에서의 NGO』. 한양대학교 출판부.

Baumgartner, Frank R and Beth L. Leech. 1998. *Basic Interest*. Princeton University Press.

Bentley, Arthur F. 1967. *The process of government*. Cambridge: Belknap Press of Harvard University Press.

Bell, Daniel. 1998. "Civil Society versus Civic Virtue." Amy Gutmann. *Freedom of Association*. Princeton University Press.

Berry, Jeffrey M. 1984. *The Interest Group Society*. Brown & Company.edition.

_____. 1999. *The New Liberalism: The Rising Power of Citizen Groups*. Brookings Institution Press.

Calhoun, Craig. 1998. "The Public Good as a Social and Culture Project." Walter W. Powell and Elisabeth S. Clemens. *Private Action and the Public Good*. Yale University Press.

Carroll, Thomas F. 1992. *Intermediary NGOs: The Supporting Link in Grassroots Development*. Kumarian Press.

Clark, B. Peter and James Wilson. 1961. "Incentive Systems: A Theory of Organizations." *Administrative Science Quarterly*, Vol.6.

Clarke, G. 1998. "Non-Governmental Organizations and Politics in the Developing World." *Political Studies* 46/1.

Douglas, James. 2001. "Political Theory of Nonprofit organization." J. Steven Ott(ed), *The Nature of the Nonprofit Sector*. Westview Press.

Edwards, B. and M. Foley. 1998. "Civil Society and Social Capital beyond Putnam." *The American Behavioral Scientist*, 42/1.

Edwards, Michael and David Hulme. 1996. *Beyond the Magic Bullet: NGO Performance and Accountability in the Post-Cold War World*. Kumarian Press.

Fukuyama, Francis. 1999. *The great disruption :human nature and the reconstitution of social order*. New York: Free Press.

Grady, Robert C. 1993. *Restoring Real Representation*. University of Illinois Press.

Habermas, Jürgen. 1991. *The Structural Transformation of the Public Sphere: An Inquiry Into a Category of Bourgeois Society*. Cambridge: The MIT Press

Hall, Peter Dobkin, 1987. "Abandoning the Rhetoric of Independence: Reflections on the Nonprofit Sector in the Post-Liberal Era." Susan A. Ostrander and Stuart Langton. *Shifting the Debate: Public-Private Sector Relations in the Modern Welfare State*. Transaction Books.

Hoyt, Christopher. 2001. "Tax-Exempt Organization." J. Steven Ott. *The Nature of the Nonprofit Sector*. Westview Press.

Hudock, Ann C. 1999. *NGOs and Civil Society: Democracy by Proxy*. Polite Press.

Leblebici, Huseyin and Gerald R. Salancik. 1989. "The Rules of Organizing and the Managerial Role." *Organization Studies*, No.10.

Lohmann, Roger A, 1989. "And Lettuce is Nonanimal: Toward a Positive Economics of Voluntary Action." *Nonprofit and Voluntary Sector Quarterly*, vol.18, no.4.

Mansbridge, Jane. 1998. "On the Contested Nature of the Public Good." Walter W. Powell and Elisabeth S. Clemens(eds), *Private Action and the Public Good*. Yale University Press.

MacDonald, L. 1997. *Supporting Civil Society: The Political Role of NGOs in Central America*. New York: St. Martin's.

Mendelson, Sarah E. and John K. Glenn. 2002. *The Power and Limits of NGOs*. New York: Colombia University Press.

Newton, Kenneth. 1999. "Social and Political Trust." Pippa Norris(ed.). *Critical Citizens: Global Support for Democratic Government*. Oxford: Oxford University Press.

Pearce, Jenny. 2000. *Development, NGOs, and Civil Society*. An Oxfam Publication.

Petracca, Mark P. 1992. "The Rediscovery of Interest Group Politics." Mark P. Petracca. *The Politics of Interests: Interest Group Transformed*. Boulder: Westview Press.

Powell, Walter W. and Elisabeth S. Clemens. 1998. *Private Action and the Public Good*. Yale University Press.

Putnam, Robert D. 2002. *Democracies in Flux*. New York: Oxford University Press.

Salamon, Lester M. 1987. "Of Market Failure, Voluntary Failure, and Third-Party Government: Toward a Theory of Government-Nonprofit Relations in the Modern Welfare State." Susan A. Ostrander and Stuart Langton. *Shifting the Debate: Public-Private Sector Relations in the Modern Welfare State*. Transaction Books,

______. 2001. "What is the Nonprofit Sector and Why Do We Have It?" J.

Steven Ott. *The Nature of the Nonprofit Sector*. Westview Press.

Salamon, Lester and Alan Abramson. 1982. *The Federal Government and the Nonprofit: Implications of the Reagan Budget Proposals*. Washington, D.C.: The Urban Institute Press.

Salamon, Lester M. and Helmut K. Anheier. 1997. *Defining the nonprofit sector: A cross-national analysis*. Manchester University Press.

Salamon, Lester M. and S. Wojciech Sokolowski. 2004. *Global Civil Society: Dimensions of the Nonprofit Sector*. Kumarian Press.

Skocpol, Theda and Morris P, Fiorina. 1999. *Civic Engagement in American Democracy*. Brookings Institution Press.

Smismans, Stijn. 2005. "European Civil Society: institutional interest and the complexity of a multi-level policy." *Democracy and the role of associations: political. organizational and social contexts*. Routledge.

Somers, M. 2001. "Romancing the Market, Reviling the State: Historicizing Liberalism, Privatization, and the Competing Claims to Civil Society." C. Crouch, K. Elder and D. Tambini(eds.). *Citizenship, Markets and the State*. Oxford: Oxford University Press.

Streeck, Wolfgang and Philippe C. Schmitter. 1985. "Community. market. state-and associations? The prospective contribution of interest governance to social order." Streeck and Schmitter. *Private Interest Government: Beyond Market and State*. Sage Publication.

Til, Van J. 1998. "Voluntary Action." Schafritz, A.(ed.). *International Encyclopedia of Public Policy and Administration*. Boulder: Westview Press.

Truman, David. 1971. *The Governmental Process*. New York: Knopf.

UNDP. 2000. "UNDP and Governance: Experiences and Lessons Learned."(www.undp.org/Docs/gov/Lessons1.htm).

Verba, S. et al, 2002. *Voice and Equality*. Cambridge: Harvard University Press.

Warren, Mark E. 2001. *Democracy and Association*. Princeton University Press.

Weisbrod, Burton. 1978. *The Voluntary Nonprofit Sector*. Lexington Books.

World Bank. 1997. *Handbook on Good Practices for Laws Relating to Non-Governmental*

Organizations. Washington, D.C.(www.worldbank. org)

Young, Dennis R. 1999. "Complementary, Supplementary, or Adversarial? A Theoretical and Historical Explanation of Nonprofit-Government Relations in the United States." Elizabeth T. Boris & C. Eugene Steuerle(eds.). *Nonprofits and Government: Collaboration and Conflict*. The Urban Institute Press.

| 제3부 |

이익정치의 민주화

제 8 장

한국의 지방정치와 풀뿌리 시민운동의 과제*

1. 풀뿌리 민주주의의 허약한 정치적 기반

2006년 치러진 5.31 지방선거는 몇 가지 점에서 중요한 사회과학적 질문거리를 남겨 놓았지만 한나라당의 압승과 집권당의 완패라는, 이론의 여지없는 압도적 결과 때문인지 정치 전망 이상의 정치학적 분석 대상으로 인식되지 않고 있다. 필자는 지방정치[1]를 둘러싼 기존의 논쟁 지형이 대단히 협소하게 이루어져 왔다고 생각한다. 그 근거는 다음과 같다.

첫째, 정치권은 여·야, 진보와 보수를 막론하고 오늘의 '지역 없는 지역정당체제'에 별다른 문제의식을 갖고 있지 않다. 한국정치는 이중의 위기에 직면해 있다. 하나는, 최장집[2]의 지적대로 노동 없는 민주주

---

* 이 장은 ≪정치비평≫(2006, 겨울)에 게재되었던 논문이다.

1) 이 글에서는 중앙(national)정치의 대칭 개념으로 지역이 아닌 지방정치라는 표현을 사용한다. 지역이 동질성을 공유하는 지리적 단위를 지칭한다면, 지방은 중앙으로부터의 독립성과 특성을 강조한다.

2) 최장집, 『민주화 이후의 민주주의』(후마니타스, 2002); 최장집, 『민주주의의 민주화』

의, 더 구체적으로는 사회경제적 기반을 갖지 않는 정당체제의 문제이다. 이에 대해서는 충분한 공론화가 이루어져 왔기 때문에 더 이상 부연할 필요가 없다. 다른 하나는 생활정치의 토대로서 '지역 없는 지역정당체제'가 야기하고 있는 민주주의의 왜곡, 즉 풀뿌리 보수주의의 문제이다. 한국의 정당체제는 기본적으로 유권자들에 대한 지역주의적 호소와 동원에 기초한 지역정당체제이며, 그 기본 성격은 불변하고 있다. 문제는 이 체제가 계급과 계층 등 사회경제적 기반을 결여하고 있을 뿐만 아니라 시민들의 일상적 소통과 미시적 의사결정이 이루어지는 '생활정치'의 현장으로서 '지역'의 발전을 심각히 저해하고 있다는 사실이다. 민주화 이후 오히려 생활정치의 토대로서 지역이 황폐화되고 있다는 주장의 근거는 역설적이게도 진보 정당의 평가에서 발견된다. 김태근은 민주노동당의 지방정치에 대해 "지방선거의 시기가 도래하면 지역의제 발굴이나 후보발굴에 집중하고 선거 이외의 시기에는 중앙의 투쟁방침을 중심으로 사업이 진행되고 있는 지구당의 현실이 문제"라고 실토하고 있다.[3)]

둘째, 시민운동은 이번 선거를 치루면서 지방정치의 적폐와 모순을 고발하고 이에 근거한 바람직한 지방정치 모델에 대한 공론화를 유도하기보다는 지엽적인 논쟁과 수동적 의제설정으로 일관하였다. 이번 선거과정에서 도입된 정당공천제에 대한 강력한 비판적 인식이 시민운동 진영의 보편적 정서이다. 미리 말하자면, 정당공천제와 중선거구제가 시민운동 진영의 선거 결과에 미친 영향은 그다지 결정적인 것은 아니다. 후술하겠지만 문제는 선거제도(외인론)가 아니라 지방정치, 그리고

(후마니타스, 2006).

3) 김태근, 「지방자치와 진보정치: 울산 민주노동당의 경험을 중심으로」, 한상진·안성민·김태근·장원봉, 『진보적 지방자치, 무엇을 했고 무엇을 해야 하는가』(진보정치연구소, 2006), 27쪽.

지방정치와 지역운동의 관계와 위상에 대한 체계적 비전과 이를 실천할 능력의 부족(내재론)에 있다. 이름도 생소한 매니페스토 운동 역시 중앙에 치우치고 언론과 전문가에 의존한 수동적 운동방식의 한계를 여전히 답습하였다.

셋째, 학계에서 지역과 지방정치는 아직 시민권조차 얻지 못하고 있다. 정치학은 지역주의 전략과 지역정당체계에 머물러 있고, 행정학은 자치와 분권의 효율적 통치양식에 초점을 맞추고 있다. 정당·지자체·시민운동·토호 등이 전개하는 권력 작용과 상호 관계에 대한 엄밀한 분석은 턱없이 부족하다. 정책선거로서 지방선거의 거듭된 실패는 정당은 물론 학계에서조차 지역 현안과 지역 정책에 정통한 전문가 집단의 결핍에도 원인이 있다고 생각된다.

이러한 문제의식 속에서 필자는 바람직한 한국형 지방정치 모델을 제안해 보고자 한다. 먼저, 한국의 지방정치의 실상을 정리한 후 그간 대안으로 거론되어 온 몇 가지 모델들의 타당성을 검토해 보자.

2. 경쟁과 견제 없는 지방정치의 현실

1) 지역권력의 배타성

흔히 지역권력의 특성으로서 사회적 동질성, 즉 관변단체의 배경을 지닌 자영 상층 출신의 권력독점이 지적되어 왔다. 의원들의 낮은 전문성, 도덕성 부족, 권력 지향성으로 시의회가 시민의 대표라기보다는 가진 자들의 이권을 챙기는 제도적 도구로 전락하였다는 것이다.[4] 또한,

---

4) 박종민 외, 「한국 지방정치의 특징」, ≪한국행정학보≫, 33권 2호(1999), 308쪽.

〈표 8-1〉 한나라당의 득표율(%)

	광역단체장		광역의원 비례대표	
	2002	2006	2002	2006
전국	52.9	55.2	52.1	53.8
영남	70.9	68.2	73.1	68.9
호남	7.4	6.2	8.4	6.2

자료: 중앙선거관리위원회(2006), <역대선거정보>(http://www.nec.go.kr/sinfo/index.html)

지역 유지들이 개발연합의 가장 큰 수혜자인 부동산자본가들이나 각 지역의 중소자본가들인 것을 고려할 때 이들 집단의 이해관계가 주민들의 의사나 이해와 관계없이, 혹은 그에 반하여 이루어질 가능성이 크다는 점이 지적되어 왔다.[5] 그러나 이는 문제의 원인이라기보다는 경쟁을 허용하지 않는 독점적 지역정치가 낳은 불가피한 결과로 이해해야 한다. 재삼 강조하건대 오늘날 한국의 지방정치의 본질적 문제는 상층계급 편향성(upper class bias)이 아니라 경쟁과 견제의 결핍이다.

중앙에서와 달리 지역에서 경쟁과 견제 시스템이 작동하지 않게 된 가장 큰 원인은 첫째, 독점적 지역정당체제 탓이다. 정당정치는 무엇보다 경쟁, 즉 대안의 정당을 필요로 한다. 그래야 지역주민은 정치와 행정의 책임을 묻고 대안을 선택할 수 있게 된다. <표 8-1>은 지역정당체제의 완강한 존속을 보여준다. 한나라당은 1998년부터 2006년까지 375개의 자치단체장을 석권하였지만 이 중 호남에서는 단 한 곳도 차지하지 못하였다. 이렇듯 한국의 지방정치는 여전히 경쟁 정당의 감시와 견제로부터 완전한 자유를 향유하고 있다.

둘째, 작동하지 않는 견제 시스템의 또 다른 원인은 단체장과 지방의회의 유착에 기인한다. 한국의 지방권력은 매우 강력한 강시장형(strong

5) 김왕배, 『도시, 공간, 생활세계: 계급과 국가 권력의 텍스트 해석』(도서출판 한울, 2000), 286쪽.

mayor-council) 의회에 해당된다.[6] 자치단체의 집행부 수장으로서 시장은 정책추진과 예산배정의 우선순위를 결정하며, 지방 관료에 대한 광범위한 인사권을 통해 관료집단을 종속시켜 놓았고 결국 지방정치의 위계에서 가장 강력한 지위를 차지하게 되었다.[7] 이처럼 시장의 자의적 권력 남용을 견제할 필요성은 간절히 요청되지만, 자치단체장과 지방의회 다수파의 소속 정당이 대부분 같거나 시정을 비판하고 견제할 다른 당의 지방의원의 수는 무시할 정도로 미약한 실정이다. 심지어 2002년 제3대 선거를 보면 지역주의로부터 상대적으로 자유로운 수도권에서조차 일당 지배형 의회 일색이었다. 한나라당 지방의원의 비율은 서울(82명/92명), 인천(23명/26명), 경기(84명/93명) 모두에서 압도적이었다.

셋째, 지방권력은 국가권력에 비해 시민사회단체의 감시와 견제로부터 훨씬 자유롭다. 일반적으로 한국 시민사회의 특성으로 서비스 기능에 비해 정치성과 운동성이 강한 권익주창(advocacy)적 성향이 지적되어 왔다.[8] 그 배경으로는 한국의 민주화가 시민사회의 대중적 압력에 의해 성공한 대표적인 경우이고, 특히 한국의 NGO들이 대의 민주주의 문제를 보완하는 정치적 대표 역할과 무력한 정당을 대신하는 '준정당적' 기능을 수행한 역사적 경험이 지목되어 왔다.[9] 그러나 이러한 주장의

6) 강시장형 의회에서 시장은 주민에 의해 직접 선출되고 공정하게 광범한 임명권이 부여된다. 시장은 종종 자신의 참모들의 도움을 받아 예산을 마련하고 관리하며, 행정적 권한의 거의 전부를 영위하고, 부서장들을 임명·해직할 수 있는 권한을 갖는다. 반면 약시장형 의회에서 시장은 선출된 의원들 사이에서 선출된다. 시장의 임명권은 제한적이며, 일반적으로 시의회가 입법적 권한과 행정적 권한 모두를 소유한다. 제임스 번즈, 『미국지방정치론』, 김진호·강영훈·이현출·한석지·고경민 공역(대왕사, 2001), 289쪽.

7) 박종민 외, 「한국 지방정치의 특징」, 123~139쪽.

8) 주성수, 「한국시민사회의 특성: 서비스, 사회자본, 권익주창」, 64쪽.

9) 조현연·조희연, 「한국 민주주의의 이행」, 조희연 편, 『한국 민주주의와 사회운동의 동학』(나눔의 집, 2001), 296쪽.

〈표 8-2〉 중앙과 지방의 시민단체의 활동 영역 비교

구분	시민사회	사회서비스
수도권	56.8	44.8
비수도권	43.2	55.2

자료: 『2003 한국시민단체총람 조사 및 분석』.

타당성은 중앙권력 수준 특히 서울에 한정된다. 일단 한국의 시민단체는 수도권에 집중 산재되어 있다. NGO의 수도권 비중은 1999년의 자료(66%)에 비하자면 분명히 감소하였지만 여전히 49.9%나 차지하고 있다. 더 주목할 만한 것은 권익주창 : 사회서비스 단체의 비율이다. 시민사회단체의 경우 수도권:비수도권의 비율은 57:43이지만, 사회서비스는 45:55로 역전된다. 이는 지역의 경우 더 많은 시민사회 단체가 권력의 견제와 감시보다는 국가나 지방 정부의 물질적 지원과 연관이 있는 사회서비스 영역에서 활동하고 있음을 의미한다.

넷째, 제도적 효과로서 5년 단임 대통령제하에서 지방선거는 대통령 권력에 대한 중간평가의 의미로 정착되고 있다.[10] <표 8-3>이 잘 보여주는 것처럼 역대 지방선거에서 집권당은 모두 패배하였다. 이번 선거에서 분명히 나타난 것처럼 부패한 '지방권력 교체론'은 무능한 '참여정부 심판론' 앞에서 전혀 맥을 못 추었다. 지방선거가 실질적 권한과 재정의 행사자인 지방 정부에 대한 객관적 업적 평가(retrospect)보다는 대통령과 집권당에 대한 신임투표의 의미를 갖게 되면서 지방권력의 연속성, 즉 현직효과가 두드러지고 있다.[11]

---

10) 물론, 이러한 경향은 한국적 특수성만은 아니다. 지방선거의 결과는 중앙당에 대한 여론이 결정한다는 것이 피터슨(Paul E. Peterson)의 결론이다. 왜냐하면, 지방정치는 지방의 쟁점형성과 아래로부터의 대중 참여를 저지하는 경향이 있는 비집단 정치이기 때문이다. 이에 대해서는 Paul E. Peterson, *City Limits*(Chicago: The University of Chicago Press, 1981), Ch6: Local Politics and Party를 참조.

〈표 8-3〉 각급 단체장 선거 결과

	광역단체장				기초단체장			
	1995	1998	2002	2006	1995	1998	2002	2006
열린우리당	-	-	-	1	-	-	-	21
한나라당	5*	6	11	12	70*	74	140	159
민주당	4	6**	4	2	84**	84	44	19
자민련	4	4	1	0	23	29	16	6***
민주노동당	-	-	0	0	-	-	2	0
무소속	2	0	0	1	53	44	30	25
합계	15	16	16	16	230	231	232	230

* 민자당 ** 국민회의 *** 국민중심당

자료: 중앙선거관리위원회.

2) 지역정책의 부재

지방정치를 연구하면서 놀라는 것 중 하나는 보수정당은 물론이고 진보정당이나 선거에 참여한 지역 시민단체조차 지역 현안과 분야별 정책에 대한 준비 정도가 대단히 소홀하다는 점이다. 물론 이렇게 된 데에는 선거에서 정책이 차지하는 비중이 크지 않다는 데 있다. 지방선거에서 정책의 부각은 2002년 서울시장 선거에서 한나라당 이명박 후보가 청계천 복원을 내건 것이 계기가 되었다. 청계천 복원은 환경시대의 합의쟁점으로서 부각되지 않을 수도 있었지만 민주당의 김민석 후보가 '교통·쓰레기·상인' 등 3대 대란으로 응수하면서 선거결과를 가름

11) 지방선거의 높은 재선율은 총선에서의 높은 초선율과 대비되는 흥미로운 현상이다. 1998년 지방선거에서 현직 기초단체장의 재선율은 76%였고, 특히 3당 소속 후보의 재선율은 90% 이상을 보여주었다. 황아란, 「지방선거의 정당공천: 경선제 도입의 문제점과 개선방안」, ≪지방행정연구≫, 16권 1호(2002), 103쪽. 반면, 제헌의회 이후부터 한국의 초선 의원 비율은 세계 어느 나라에 비교해도 높은 것으로 나타나고 있다. 2000년 16대 총선에서 그 비율은 41%에 달하였고, 탄핵바람이 분 지난 17대 총선에서 초선의원의 비율은 무려 63%에 달하고 있다.

할 중요한 갈등쟁점으로 부상하였다.[12] 그러나 그것이 거의 유일한 마지막 사례이다. 이번 서울시장 선거에서 한나라당 오세훈 후보나 열린우리당 강금실 후보의 돌풍은 "오래전부터 정책을 준비하고 공부해 왔던 후보가 당 밖에서 일순간의 바람과 이미지를 앞세운 후보에게 맥없이 무너짐으로써 정당정치의 실종"을 가속화하였으며, "매니페스토 운동에도 불구하고 정책과 비전으로 승부하는 선거문화 정착을 기대하기 어려운 상황"으로 만들어 놓았다.[13]

정당의 경쟁과 더불어 지역정책이 결핍되어 있다는 증거는 다시 진보정당의 내부 평가를 통해 확인된다. 당의 한 관계자는 민주노동당의 지방자치 경험 10년을 '내부정치의 과잉과 외부정치의 부재'로 압축적으로 잘 표현하고 있다. 그에 따르면, 내부정치의 과잉이란 울산 지역의 진보정치를 형성하고 있는 세력들 간의 과도한 갈등과 대립, 소통의 부재를 의미하며, 이것이 지역사회에서의 고립을 초래했다는 것이다. 한편, 외부정치의 부재는 빈곤한 지역사회 의제개발과 지역사회와의 빈약한 교류를 의미한다.[14]

---

12) 이명박, 『청계천은 미래로 흐른다』(중앙랜덤하우스, 2006), 45쪽.

13) 공성진, 「역발상을 통한 5.31 지방선거 결과의 재해석」, 2006.6.13. 공성진의원실 자료집(2006).

14) 장원봉, 「진보적 지방자치의 성과와 과제: 울산 동구와 북구를 중심으로」, 한상진 외, 『진보적 지방자치, 무엇을 했고 무엇을 해야 하는가』, 진보정치연구소 연구보고서 2005-04(후마니타스, 2006), 82~83쪽.
반면, 브라질 노동당(PT)이 경쟁력 있는 대안정당으로 급성장하고 마침내 집권하게 된 결정적 원동력 중 하나는 능력 있는 지방정부의 자치 경험이었다. 특히 지자체에서 창안된 참여예산제나 취학장학금제 같은 참신한 정책대안의 개발과 성공은 PT에 대한 국민의 기대를 크게 높였다. 오삼교, 「브라질 노동자당(PT)의 지방 정부 집권 경험: 지향과 딜레마」, ≪라틴아메리카연구≫, 17권 3호(2004), 34쪽.

3) 풀뿌리 대중조직의 취약성

2004년 총선 직전의 선거법 개정으로 고비용 정치의 주범으로 지탄받아 왔던 지구당 제도가 전격 폐지되었다.[15] 지구당 폐지와 원내정당화가 정당개혁의 핵심 프로그램으로 함께 추진되면서 의원총회가 실질적 결정기구로 부상하였고, 지구당은 단순한 지역관리기구로 위상과 역할이 급속히 감소하게 된다. 지구당 폐지의 본 취지는 의무를 충실히 이행하는 당원이 당의 구조와 운영에서 실질적인 주인이 되는 정당으로 전환하고, 과도한 정치비용을 유발하고 상향식 공천을 왜곡하는 현행 체계를 합리적으로 개선하자는 것이다. 지구당 폐지는 정치비용 절감에는 긍정적으로 기여하였을지 모르지만 한편으로는 활력 있는 지방정치의 필수적 요소를 약화시키는 결과를 가져왔다. 현대의 대중정당 모델에서 지구당은 지역유권자들의 사소한 민원사항 접수부터 당원들의 공직후보선출, 정책개발 및 참여에 이르는 일상적 정치활동과 교육의 거점이다.[16] 지구당 폐지는 특히 신생정당으로서 당의 지역기반이 취약하고 지자체와 지방의회에서의 영향력이 미약했던 민주노동당과

---

15) 이 시기에 이르러 지구당 폐지가 정치개혁을 위한 필수 사항이라는 논리를 만들었던 것은 다름 아닌 언론이었고, 시민운동은 개별 단체의 이념적 지향을 떠나 이러한 인식을 확산시키는 데 크게 기여하였다. 시민운동에 관여하고 있던 주도적 전문가와 중심적 시민단체들은 다양한 근거에서 지구당 폐지를 적극 옹호하였다. 김호기 교수는 "현행 지구당은 불법적으로 돈을 먹는 하마 조직이며, 그렇기 때문에 지구당 폐지는 정당 개혁의 핵심 과제"라고 주장하였다(≪세계일보≫, 2003. 11.27.). 여야 원내 총무의 합의로 지구당 폐지가 발표되자 경실련의 신철영 사무총장은 "정치개혁에 대한 의미있는 합의"라고 높이 치켜세웠다(≪내일신문≫, 2003.11.6.). 전경련 역시 "국가구조 개혁의 최우선 과제는 정치구조 개혁"이라고 주장하고, 고비용 정치구조의 타파를 위해 지구당을 폐지하고 국회의원 리콜제를 도입할 것을 제안하였다(≪내일신문≫, 2002.4.23.).

16) 박찬표, 「한국 정당민주화론의 반성적 성찰: 정당민주화인가, 탈정당인가」, 서강대학교 사회과학연구소, 『사회과학연구』, 11집(2003), 152쪽.

집권 여당에 더 큰 영향을 미쳤다.

한편 지방정치의 중요한 행위자로서 시민단체를 살펴볼 필요가 있다. 먼저, 중앙단위에서 잘 알려진 시민단체나 그 지부의 영향력은 그다지 크지 않은 것으로 평가할 수 있다. 가장 큰 원인은 중앙정치를 무대로 활동하는 단위가 지방자치나 지역의제와 관련된 고민을 심도 있게 진전시키기도, 구체적 대안을 마련하기도 쉽지 않기 때문이다. 시간이 흐르면서 참여연대나 경실련의 지방자치위원회가 유명무실해진 것도 이 때문이라 할 수 있다.[17)]

지방정치의 관점에서 볼 때 관심의 초점은 광진주민연대, 마들주민회, 구로시민센터, 관악주민연대, 위례시민연대 등 지역을 단위로 한 자생적 주민단체와 공동육아·방과후·대안학교 등 지역교육단체, 그리고 생협 조직 등이다. 주민자치와 시민참여의 관점에서 이러한 풀뿌리 단체의 활동은 가장 모범적이며 유망한 것임에는 틀림없다. 하지만, 현재의 시점에서 볼 때 그들의 영향력은 아직은 한정적이며, 연대의 경험은 미천하고, 결속력은 취약하다.

3. 지방정치 모델의 유형

1) 책임정당정치 모델

이 모델은 중앙정치에서와 마찬가지로 지방정치 역시 정당 간의 정책 경쟁을 확대해 지역에서의 책임정치를 실현하자는 것이다. 이론적 기반은 달, 듀베르제, 키, 샤트슈나이더 등 신고전주의 학자들이 주창하

---

17) 김태근, 「지방자치와 진보정치: 울산 민주노동당의 경험을 중심으로」, 29쪽.

였던 대중정당 민주주의이다. 이들의 논의는 정치 엘리트 간 경쟁의 증진은 정치적 지지를 동원하기 위한 정치인과 정당의 경쟁적 노력을 동반하기 때문에 시민참여를 제고한다는 것이다. 이들은 특히, 지도자와 정당 간의 정력적 경쟁의 결과가 공적 담론과 대표성을 강화시키며, 일반 시민들을 적극적 시민(active citizen)으로 만드는 역동적 과정에 주목한다.[18] 선거를 통해 시민의 의사를 위임받은 정당이 정부를 구성할 뿐 아니라, 집행부와 의회를 융합하면서 정책을 힘 있게 실현하고 그 결과에 대해 다음 선거를 통해 시민에 책임지는 것이 민주주의 운영의 핵심이라 할 수 있다. 이 모델의 정당형태는 미국식 선거전문가 정당보다는 '사회균열에 기반을 둔 정치적 대표체제의 구축과 정책 경쟁'을 핵심으로 하는 유럽식 대중정당 모델에 더욱 근접하다고 할 수 있다.[19]

책임정치 혹은 책임정당정부 모델에서는 중앙정치와 지방정치를 애써 구분하지 않는다. 따라서, 지방선거과정에서 정당공천제를 포함한 정당의 적극적 개입과 관여를 바람직한 것으로 간주한다. 다음과 같은 주장은 이러한 인식을 잘 반영하고 있다.[20]

> "민주노동당은 기초의원의 지방공천과 관련하여 초지일관 지방자치 역시 '정당정치를 통한 책임정치 실현의 장'이 되어야 한다고 주장해 온 바

---

18) Matthew A. Crenson and Benjamin Ginsberg, *Downsizing Democracy: How America Sidelined Its Citizens and Privatized Its Public*(The Johns Hopkins University Press, 2002), pp.5~6.

19) 또 하나의 사례는 일본 사회당과 공산당이다. 이들은 중앙에서의 정치적 대립만으로는 보수지배의 구도를 혁파하기 어려우며, 따라서 혁신 세력의 신장을 위해서는 우선 지역 민주주의를 정착시켜야 하고 혁신 정당이 우선 지방자치 레벨에서 통치능력을 가지고 있음을 보여주어야 한다는 인식 아래 혁신 자치제로 운동방향의 전환을 선언하였다. 김옥구, 「일본의 혁신자치체 탄생과 그 정책」, ≪한국동북아논총≫, 제3집(1996), 79쪽.

20) 김태근, 「지방자치와 진보정치: 울산 민주노동당의 경험을 중심으로」, 30쪽.

있다. 아울러 지역에서 실시되는 구체적인 정책이나 예산책정 등에는 가치가 개입되는 것이기에 정당을 통한 책임 있는 가치의 실현을 위한 노력이 필요하다고 주장한 바 있다."

2) 중립(nonpartisanship) 모델

중립 또는 무당파 모델은 지방 정치에 있어 전국 정당의 중심성을 부정하고 지방자치의 자율성을 강조한다는 점에서 앞의 책임정당정치 모델과 정면으로 대립된다. 먼저, 무당파 모델의 사상적 기원은 19세기 말 미국의 도시정치와 정당정치의 부패에 염증을 느껴 최대한 중앙정당의 지방 정부에 대한 개입을 차단하려고 하였던 진보시대(Progressive Era)의 개혁가들이다. 이들은 지방 정부가 정치적이기보다는 행정적이어서, 도로를 포장하고 휴지를 줍고 경찰과 소방활동 등과 같은 비당파적 공공사무를 처리하면 충분하다고 주장하였다.[21)]

이 모델에서 선호하는 리더십은 책임정당 모델의 정치형(making politics)이 아니라 기업가형(CEO)이나 행정형 리더십이다. 행정형 리더십은 시장이 정당의 정치지도자로서 소속 정당의 정책을 추진하는 것을 시정운영과 무관한 당파적 이해의 추구라고 공격하면서, 시장의 '탈정당화', '탈정치화', '당정분리' 등을 촉구한다. 행정형 리더십은 기존의 정책목표와 가치, 재분배 구조를 그대로 받아들이면서 단지 목표의 효율적 달성을 위한 수단과 방법 개발에 치중할 것을 요구한다. 반면, 정치형 리더십은 정당과의 긴밀한 협조를 통하여 주요 정책의 목표 및 기능에 대한 재규정과 이를 위한 자원의 재배치를 적극적으로 선도하는 민주적 리더십을 강조한다.

---

21) 제임스 번즈, 『미국지방정치론』, 129쪽.

크렌슨과 긴즈버그는 이러한 모델을 개인적(personal democracy) 민주주의라 명명하였다. 시민을 서비스를 받아야 할 고객과 소비자로 간주하는 개인적 민주주의는 민중들의 동원에 근거한 대중 민주주의(popular democracy)와 정면으로 대립된다. 이들은 개인적 민주주의의 뿌리를 노동계급과 이민자들을 동원했던 정치적 조직(political machine)과 연줄주의(patronage)를 제거함으로써 막대한 정치비용과 비능률을 없애고자 노력했던 진보시대에 두고 있다. 진보시대의 개혁가들이 이상으로 내세웠던 정치관, 즉 후보자와 정책에 대해 독립적으로 평가하는 자율적 시민들의 모습이 개인적 민주주의의 원조라는 것이다.[22)]

한국에서 이러한 모델의 가장 강력한 지지 그룹은 정당공천제가 도입되기 이전 현직 단체장과 지방의원(전국시장군수구청장협의회)들이며, 아직까지는 다수의 국민들 역시 "지방선거는 주민의 의사를 대변하는 지역일꾼을 뽑는 선거"라는 이 모델의 입장을 지지하고 있다.[23)] 다음과 같은 입장은 이를 잘 대변하고 있다.

> "정당의 참여는 지방정치의 중앙정치로의 예속화, 정쟁으로 인한 지방행정의 혼란, 지역사회의 분열과 반목심화 등의 폐해로 말미암아 결과적으로 지방의 자율적 신장을 저해할 것이 명확하므로 지방선거에서 정당참여는 엄격히 배제되어야 한다."[24)]

---

22) Matthew A. Crenson and Benjamin Ginsberg, *Downsizing Democracy: How America Sidelined Its Citizens and Privatized Its Public*, p.15.

23) 기초단체선거에서의 정당공천제에 대해서 행정학 분야의 교수, 공무원 등 전문가 그룹의 89.8%가 반대하고 있으며 일반국민의 70.8%가 "현행 정당공천제를 폐지하거나 개정해야 한다"라고 답하였다. ≪서울신문≫, 2005.9.6.

24) 주용학, 「풀뿌리민주주의: 지방정치, 지방의회의 실태와 개선방안」, 한양대학교 제3섹터연구소, ≪시민사회와 NGO≫, 3권 2호(2005), 88쪽.

3) 시민자치 · 운동정치 모델

이러한 흐름과는 다른 맥락을 갖는 또 하나의 계보는 시민운동, 특히 자치운동이다. 울리히 벡은 정당, 노동조합, 의회와 같은 고전적 정치체제는 이미 소멸해 가고 있는 '흘러가버린 물'이며, 이를 대체할 시민사회 내의 자율적 조직이 작동하는 하부정치, 즉 자치정책과 지역이 재구성되는 상향식 사회형성을 대안으로 제시하고 있다.[25] 이러한 인식은 하승우에게서 명료하게 발견된다. 그는 한국사회의 시민운동이 너무 제도화된 정치영역과 전문가주의에 치우쳐 있다고 진단하면서 대중이 주도하는 일상적 자치운동의 복원에 기대를 걸고 있다.[26]

한편, 시민운동 모델은 고전적 의미의 제도 정치와 구분되는 또 다른 형태의 정치를 선호한다는 점에서 자치 단체장의 완전한 자율권을 강조하는 앞의 중립모델과는 분명한 경계를 갖고 있다. 이기우는 정치인, 관료, 이익단체의 로비스트들이 지배하는 권력지향적 정치를 정부정치로, 공동체 문제를 해결하기 위한 시민이나 시민단체의 이슈지향적 활동을 시민정치로 구분하고 있다.[27] 한편, 조희연은 제도정치와 제도정치에 의해 수행되지 못하는 다양한 비제도 정당적인 시민사회적 활동을 운동정치로 지칭하고 있다.[28] 이러한 입장들은 이러한 구분을 통해 정치 개념을 확장하겠다는 의도를 밝히고 있지만 내심 전통정치로의 편입에 대한 거부감과 대안정치(시민정치나 운동정치)의 도덕적 우위성을

---

25) 울리히 벡, 『적이 사라진 민주주의』, 정일준 옮김(새물결, 2005), 89쪽.

26) 하승우, 「일상적인 삶의 정치화와 소통공간의 활성화」, 시민자치정책센터, 『풀뿌리는 느리게 질주한다: 자치운동의 현재와 미래』(갈무리, 2002), 63~66쪽.

27) 이기우, 「지방자치의 현주소와 진로」, 시민자치정책센터, 『풀뿌리는 느리게 질주한다: 자치운동의 현재와 미래』(갈무리, 2002), 40쪽.

28) 조희연, 「한국시민사회단체(NGO)의 역사, 현황과 전망」, 김동춘 외, 『NGO란 무엇인가』(아르케, 2000), 23쪽.

내재하고 있다.

중립 모델과 시민운동 모델은 사상적 기원은 상이하지만 몇 가지 공통점을 갖고 있다. 첫째는 지방정치에 있어서 정당정치의 의의에 대한 부정이다. 두 인식 모두 대의제에 근거한 정당정치의 근본적 한계를 주목하였고 정당 경쟁에 따른 집단 정체성보다는 후보 개인의 능력과 개별 공약의 효율성을 강조한다. 다른 하나는 지방정치의 본질로써 자치에 대한 강조이다. 중립 모델은 중앙정치로부터 자유로운 지자체의 행정자치를 강조하고 있고, 시민운동 모델에서는 제도를 넘어선 주민자치와 시민참여를 이상으로 설정하고 있다.

4) 독자정당 모델

시민운동의 제도권 정치로의 진입이 불가피할 뿐만 아니라 바람직하다고 인정하는 이 모델은 지방정치의 독자적 비전이라기보다는 일종의 정치 인식이자 선거 전략이라 할 수 있다. 아무튼 이 모델은 정당과 정치에 대한 인식에 있어서 무당파 모델이나 자치운동 모델에 비해 다소 유연하고 실용적이다.

가장 일반적 사례는 독일의 녹색당이다. 이보다 새로운 최근의 시도는 현재 일본에서 나타나고 있는 지역정당의 실험인데, 세 가지로 구분된다.[29] 첫째, 지역토착형 정당으로 오키나와에 근거를 둔 '오키나와 사회대중당'이 있다. 둘째, 대리인 운동이라고 불리워지는 생활클럽 계열 지역정당들이 있다. '가나가와네트워크운동', '도쿄생활자네트워크' 등이 대표적이다. 셋째, 개혁적 지방의원의 연구모임인 '지방의원정책

---

29) 하승수, 「일본의 지역정당(Local Party) 운동과 대리인 운동」, 시민자치정책센터, 『풀뿌리는 느리게 질주한다: 자치운동의 현재와 미래』(갈무리, 2002), 211~212쪽.

연구회'를 기반으로, 자치제와 지방분권화, 환경우선을 표방한 '무지개와녹색500인리스트'가 있다.

한국에서도 낙천낙선운동의 한계를 넘어 직접 참여함으로써 소수 이익집단과 보수 세력이 독점하고 있는 지역 권력을 민주적으로 바꾸고 시민참여를 이뤄내야 한다는 주장들이 지속적으로 제기되어 왔다. 대표적인 사례는 2002년 6.13 지방선거에 참여했던 녹색평화당(출마선거구 평균 2.2% 득표)과 한국형 녹색당을 표방하고 있는 초록정치연대이다. 이번 선거에서 생활정치의 실현을 내세운 초록정치연대('풀뿌리초록정치네트워크 531공동행동')는 21명의 후보를 내세웠지만 과천(서형원)과 춘천(이재수)에서만 당선자를 냈다.

4. 경쟁과 견제의 시민참여 책임정치

더 중요하지만 덜 강조되어 온 민주화 이후 민주주의의 과제는 생활정치의 공간으로서 지역의 복원이다. 그러나 반정당의 논리, 반정치의 인식체계로는 지방정치와 풀뿌리민주주의를 온전히 복원할 수 없다. 그 방향은 지역을 정당과 정치로부터 단절시키는 것이 아니라 허공에 뜬 정당정치가 지역에 뿌리를 내리게 만드는(embedded) 것이어야 한다. 좋은 정당 없이 건강한 민주주의가 불가능하다는 테제는 지방정치에도 유효하다. 왜냐하면, 중앙정치와 지방정치의 기본 원리와 작동 방식은 본질적으로 같기 때문이다. 이미 자치와 분권은 지방자치의 논리만이 아니라 국가운영의 보편적 원리로 격상되었고, 대표성과 책임성에 기초한 정당정치는 지방정치에서도 더 없이 중요하다. 지방정치의 발전 방향에 대한 몇 가지 제언으로 글을 마감하고자 한다.

첫째, 가장 중요한 과제로써 지방정치의 경쟁성 제고이다. 선거의 경쟁성 척도로만 보자면 진보정당, 보수정당, 시민단체의 중층적 경합구도하에 있는 중앙정치가 패권정당의 단일 영향력 아래에 놓여 있는 지방정치보다 훨씬 건강하다. 정당 간 경쟁을 강조하는 이유는 그것이 지방정치의 기본 성격을 좌우하기 때문이다. 키이의 미국의 남부 지역정치 분석에서 밝혀진 것처럼 경쟁적 환경에서 유권자의 정당 일체감과 투표 참여는 확연히 증가된다.[30] 또한, 정당 경쟁은 대체로 지방 정부의 정책유형을 결정하는 데 중요한 영향을 미친다. 예컨대, 정당 경쟁이 치열한 지역에서는 유권자들의 지지를 획득하기 위해 주정부가 사회복지정책에 투자를 많이 하는 반면, 비경쟁적 지역에서는 사회적 약자와 빈민층을 위한 투자가 인색한 것으로 나타났다.[31] 결국, 각 정당의 정책과 인적 자원의 지역적 기반을 강화하는 과제가 급선무이다. 그러기 위해서는 다양한 세력들의 진입 장벽으로 작동하고 있는 2인 중선거구제를 애초 취지에 부합하는 방향으로 4인 선거구제로 확대해야 한다.

둘째, 시민운동 진영은 기본 선거 전략으로서 시민후보 전술을 폐기하고 더욱 다양한 방식의 연대나 독자 정당 노선으로 전환할 필요가 있다. 모든 시민단체가 선거에 참여할 이유도 없고 그럴 필요도 없다. 그렇지만 현실적으로 시민운동세력은 오랫동안 방기되어 온 지방정치를 혁신할 수 있는 중요한 제도적 자원임에 틀림없다. 환경후보도 여성후보도 타당하지만 시민후보는 합당한 정치용어가 아니다. 왜냐하면, 모두를 대변하는 것은 아무도 대변하지 않는 것이기 때문이다. 2010년 지방선거의 중장기 일정에 맞추어 대표성과 책임성에 기반한 지방 정당정치의 활성화, 특히 기초단체 확보 전략을 마련할 필요가 있다.

셋째, 풀뿌리 네트워크의 활성화이다. 시민참여의 차원에서 서구와

---

30) V. O. Key, *Southern politics in State and Nation*(New York: A. A. Knopf, 1950).

31) J. Bibby and Peter R. Holbrook, "Parties and Election," Gray, V. and H, Jacob(eds.), *Politics in the American States*(Washington D.C: CQ Press, 1997), pp.103~109.

한국의 차이는 주민참여조례와 같은 법령과 제도가 아니라 학교, 교회, 주민조직과 같은 일상적, 자발적 시민참여의 폭과 깊이에 있다. 일반 시민들은 물론이고 진보적 지식인이나 시민활동가들조차 학교운영위원회, 아파트자치회, 주민자치센터자문위원회 등 미시적 공공기구에의 참여에 매우 인색하다. 풀뿌리 네트워크의 강화는 정당과 운동의 지역적 기반 모두를 공고하게 만들 것이다. 2006년 5.31 지방선거에서 과천의 의미는 무소속 후보의 당선이 아니라 지역운동의 축적된 경험과 역량이 정치적 장애물들을 극복하였다는 점에 있다. 과천 사례는 지역 공동체의 기본 인프라를 키운 자산과 동력을 갖고 정치적 진입에 성공하였다는 점에서 정당과 운동 모두의 바람직한 경로라 할 수 있다.

넷째, 정책선거에 대한 강조이다. 이념성향을 떠나 많은 정치학자와 일선 정치인들은 '선거는 구도'라는 도식을 대단히 신봉하고 있다. 특히나 지방선거에서는 현실적으로 맞는 말이지만 옳은 말은 아니다. 왜냐하면, 정책이 선거를 가름할 중요한 변수로 작동하지 않는 이유는 실현가능한 정책 대안이 충분히 쟁점화 되지 않았기 때문이다. 지방선거의 쟁점이었던 재정불균형 타개를 위한 세목교환 대 공동세안, 아파트 분양원가 공개, 방과후학교 등 정당과 시민단체가 갖고 있는 정책 역량을 속속들이 따져보면 의외로 부실하다. 지역 활동가를 넘어서서 지역 정책집단의 육성이 절실한 시점이다.

결론적으로, 지방정치는 종적으로 중앙의 정당정치와 연결(linkage)되어야 한다. 아울러, 횡적으로는 주민들의 자치조직과 연계되어야 한다. 진보·중도·보수·시민정당들이 정책과 이슈를 둘러싸고 경합하는 경쟁적 지방정치는 한국사회가 더 높은 민주주의로 가기 위해 거치지 않으면 안 되는 합당한 의례이다.

참고문헌

공성진. 2006. 「역발상을 통한 5.31 지방선거 결과의 재해석」. 2006.6.13. 공성진 의원실 자료집.

김옥구. 1996. 「일본의 혁신자치체 탄생과 그 정책」. ≪한국동북아논총≫, 제3집.

김왕배. 2000. 『도시, 공간, 생활세계: 계급과 국가 권력의 텍스트 해석』. 도서출판 한울.

김태근. 2006. 「지방자치와 진보정치: 울산 민주노동당의 경험을 중심으로」. 한상진·안성민·김태근·장원봉 엮음. 『진보적 지방자치, 무엇을 했고 무엇을 해야 하는가』. 진보정치연구소.

박종민·배병룡·유재원·최승범·최흥석. 1999. 「한국 지방정치의 특징」. ≪한국행정학보≫, 33권 2호.

박찬표. 2003. 「한국 정당민주화론의 반성적 성찰: 정당민주화인가, 탈정당인가」. 서강대학교 사회과학연구소. 『사회과학연구』, 11집.

오삼교. 2004. 「브라질 노동자당(PT)의 지방 정부 집권 경험: 지향과 딜레마」. ≪라틴아메리카연구≫, 17권 3호.

울리히 벡. 2005. 『적이 사라진 민주주의』. 정일준 옮김. 새물결.

이기우. 2002. 「지방자치의 현주소와 진로」. 시민자치정책센터. 『풀뿌리는 느리게 질주한다: 자치운동의 현재와 미래』. 갈무리.

이명박. 2006. 『청계천은 미래로 흐른다』. 중앙랜덤하우스.

장원봉. 2006. 「진보적 지방자치의 성과와 과제: 울산 동구와 북구를 중심으로」. 한상진 외. 『진보적 지방자치, 무엇을 했고 무엇을 해야 하는가』. 진보정치연구소 연구보고서 2005-04. 후마니타스.

제임스 번즈. 2001. 『미국지방정치론』. 김진호·강영훈·이현출·한석지·고경민 공역. 대왕사.

조현연·조희연. 2001. 「한국 민주주의의 이행」. 조희연 편. 『한국 민주주의와 사회운동의 동학』. 나눔의 집.

주성수. 2006. 「한국시민사회의 특성: 서비스, 사회자본, 권익주창」. 주성수 편. 『한국시민사회지표: CIVICUS 국제공동연구 한국보고서』. 아르케.

주용학. 2005. 「풀뿌리민주주의: 지방정치, 지방의회의 실태와 개선방안」. 한양대학교 제3섹터연구소. ≪시민사회와 NGO≫, 3권 2호.

최장집. 2006. 『민주주의의 민주화』. 후마니타스.

하승수. 2002. 「일본의 지역정당(Local Party) 운동과 대리인 운동」. 시민자치정책센터. 『풀뿌리는 느리게 질주한다: 자치운동의 현재와 미래』. 갈무리.

하승우. 2002. 「일상적인 삶의 정치화와 소통공간의 활성화」. 시민자치정책센터. 『풀뿌리는 느리게 질주한다: 자치운동의 현재와 미래』. 갈무리.

황아란. 2002. 「지방선거의 정당공천: 경선제도입의 문제점과 개선방안」. ≪지방행정연구≫, 16권 1호.

Bell, Daniel. 1998. "Civil Society versus Civic Virtue." Amy Gutmann. *Freedom of Association*. Princeton University Press.

Berry, Jeffrey M. 1984. *The Interest Group Society*. Brown & Company.

Bibby, J and Peter R. Holbrook. 1997. "Parties and Election." Gray, V. and H, Jacob(eds.). *Politics in the American States*. Washington D.C: CQ Press.

Crenson, Matthew A. and Benjamin Ginsberg. 2002. *Downsizing Democracy: How America Sidelined Its Citizens and Privatized Its Public*. The Johns Hopkins University Press.

Key, V. O. 1950. *Southern politics in State and Nation*. New York: A. A. Knopf.

Peterson, Paul E. 1981. *City Limits. Chicago*. The University of Chicago Press.

Smismans, Stijn. 2005. "European Civil Society: institutional interest and the complexity of a multi-level policy." *Democracy and the role of associations: political. organizational and social contexts*. Routledge.

제 9 장

한국 NGO의 도전과 기회, 그리고 대안

1. 문제제기

지난 20년간 한국의 NGO는 급성장을 기록해 왔다. 한국의 NGO의 비약적 발전은 국제 활동가들에게는 부러움의 대상이었고, 국민들에게는 두터운 신망의 대상이었으며, 어려운 여건 속에서 새로운 영역을 개척해온 활동가들에게는 자긍심의 원천이었다.

그러나 최근 여기저기에서 시민운동의 위기의 징후를 진단하고, 다양한 처방을 제안하는 목소리들이 터져 나오고 있다. 문제는 이러한 진단과 처방이 신뢰할 만한 자료와 근거 없이 너무 산만하게 제시되고 있고, 활동가들의 협소한 범주를 넘어서서 대중적 공론화에 실패하고 있다는 점이다. 혹자는 '시민' 없는 시민운동의 위기를 유발하는 재정적 위기를, 혹자는 '운동' 없는 시민운동이 안고 있는 정당성의 위기를 강조한다. 한편, 일각에서는 과도한 정치논리와 개입이 유발하는 신뢰의 위기를 질타하며, 반대편에서는 기계적 중립성의 신화가 낳은 유연한 전략적 사고의 부재를 주목한다. 문제점이 정확히 무엇이던 간에 한국의 NGO가 전환점에 도달한 것은 분명해 보인다.

본 장에서는 최근 제기되고 있는 NGO 위기론을 구체적으로 점검하고 합리적 대안이 무엇인지를 제시해 보고자 한다. 이미 20여 년 전에 유사한 논쟁을 거쳤던 선진국의 사례를 한국적 맥락을 고려하여 적극 참조할 것이다. 본문에서는 위기보다는 도전(challenges)이라는 표현을 의도적으로 사용하고 있는데, 이는 도전이라는 단어가 완전히 부정적이라기보다는 동시에 가능성을 함의하고 있기 때문이다.

2. 도전과 기회의 요소들

1) 네 가지 도전

(1) **정당성의 도전**(legitimacy challenge)

정당성의 도전은 NGO의 정치적 관여와 개입을 뒷받침했던 도덕적 명분과 사회적 합의가 근저에서부터 잠식되는 것을 의미한다. 여러 차례 설명한 것처럼 한국 NGO의 구조적 특성은 권익주창 활동의 상대적 강함에 있다. NGO의 성장이 민주화로의 이행 및 공고화 과정과 동시에 이루어졌기 때문에 한국의 NGO들은 권익주창 특히 정치적 활동에 깊숙이 연관되었다. 부연하자면, 시민사회의 열망과 요구를 제도 정당을 대신하여 반영하여 온 대의의 대행(proxy representation) 혹은 '준정당적 기능'을 수행해 오면서 한국의 시민운동은 다른 나라와 다른 몇 가지 특징을 갖게 된다. 그중 하나는 연대를 통한 정치 운동의 강한 전통이며, 다른 하나는 경실련이나 참여연대와 같은 종합형 시민운동의 커다란 영향력이다.[1)]

상황적 요인으로는 정치권의 태만과 공모에 의하여 정당·선거·정치

자금 등 정치개혁 의제들이 지연되어 왔다는 점을 들 수 있다. 그 때문에 민주화 이후에도 대립과 배제의 정치, 지역주의와 보스정치, 불신과 부패의 낡은 정치가 지속되었고, 거꾸로 개혁과 변화를 주도해 온 시민운동에 대한 국민적 기대와 요구는 지속적으로 증대되어 왔다. 그 결과 정치개혁 이슈는 시민운동이 국민적 지지와 관심을 동원할 수 있는 매우 유망한 영역이었다고 평가할 수 있다.

최근 NGO의 정치적 개입과 관여에 대하여 다수 국민들이 부여했던 정당성의 근거들이 급격하게 축소되고 있다. 가장 큰 원인은 진보정당인 민주노동당의 원내 진출이다. 2004년 17대 총선에서 10석을 차지한 민주노동당이 원내 제3당으로 부상하면서 한국정치의 근본적 결함인 계급 '대표성' 문제를 해소할 단초를 얻게 됐다. 민주노동당의 원내 진출로 진보적 이해와 요구가 제도적으로 표출되게 되었고, 부당한 권력감시와 사회적 약자의 보호가 중요한 의제로 부각되었다. 이는 NGO가 수행해 온 준정당적 기능의 의미를 본질적으로 제한하는 것이다. 유권자의 다양한 정치적 선호를 반영하기 어려운 양당제와 단순다수 선거제도가 정치적 시민운동을 촉발하는 구조적 조건[2]임을 고려할 때 부분적이나마 1인 2표 정당명부제의 도입과 민주노동당의 진출은 NGO의 정치개입의 논리와 방식에 커다란 변화를 요구하고 있다.

다른 하나는 NGO가 정치권에 제기하여 왔던 핵심적 요구사항들이 대체로 관철되어 왔다는 '성공의 역설'이다. 한국의 NGO들은 정치개혁의 핵심으로 책임성과 대표성의 제고와 같은 갈등적 이슈보다는 부패근절, 투명성 증진, 저비용정치와 같이 광범위한 국민적 지지가 존재하는 합의형 이슈를 제기해 왔다. NGO가 주도햇던 2004년 선거법 개

1) 조현연·조희연, 「한국 민주주의의 이행」, 조희연 편, 『한국 민주주의와 사회운동의 동학』(나눔의 집, 2001), 296쪽.

2) Jeffrey M. Berry, *The Interest Group Society*(Brown & Company, 1984), pp.54~58.

정으로 고비용 부패정치의 주범으로 지목되었던 지구당은 전격 폐지되었고, 선거자금의 수입과 지출은 엄격히 제한되었으며, 사후 처벌 역시 크게 강화되었다. 절차적 민주주의의 진전으로 부정·금권·관권 선거 시비가 상당 부분 해소되면서 NGO의 정치참여의 논리를 궁색하게 만들고 있다.

정당정치의 정상화와 절차적 민주주의의 진전은 NGO와 정치의 관계에 일대 전환을 요구하고 있다. 부정선거감시활동, 낙천낙선운동, 시민후보지지운동 등 NGO가 주도해 온 기존의 정치적 활동들은 한계에 봉착해 있다. 한국의 NGO들은 정치 및 정당과 어떤 관계를 맺을 것인가에 대한 체계적 비전과 논리가 부재한 속에서 정당성의 도전에 직면하여 있다.

(2) **재정적 도전**(financial challenge)

정당성의 도전이 권익주창 활동이 과도한 한국적 특성을 반영한 것이라면 재정적 도전은 더욱 보편적 성격을 갖고 있다. 미국의 경우 1960~1970년대에 꾸준한 정부지원에 힘입어 비영리 조직(NPO)이 크게 증대되었는데, 1980년대 초 레이건 정부에서 단행된 공공재정과 정부지출의 대폭 삭감은 NPO 섹터의 재정적 위기를 초래하였다.[3] 살라먼 역시 NPO에 대한 정부의 공공지원 감소를 사적 기부가 보충하지 못함으로써 재정적 위기가 장기화되었음을 보여주고 있다. 그에 따르면 1977년에서 1999년까지 사적 기부 증가율(62%)은 GDP 증가율(81%)에

3) 그런 점에서 레이건 혁명의 의도하지 않은 결과는 누구도 의심하지 않았던 NPO 섹터의 독립성이 사실은 착시 현상에 불과하였다는 자각(illusory independence of the third sector)을 확산시켰다는 데 있다. Peter Dobkin Hall, "Abandoning the Rhetoric of Independence: Reflections on the Nonprofit Sector in the Post-Liberal Era," Susan A. Ostrander and Stuart Langton, *Shifting the Debate: Public-Private Sector Relations in the Modern Welfare State*(Transaction Books, 1987), p.16.

〈표 9-1〉 재정 구조 비교

(단위: %)

	회원회비	정부지원	기부와 수입
NGO[1)]	41.2	14.8	44.0
NGO[2)]	37.2	19.1	43.7
NGO[3)]	22.0	26.0	52.0
자원봉사단체	14.8	44.4	40.8
한국	71	24	4
개도국 평균	61	22	17
선진국 평균	45	48	7
33개국 평균	53	34	12

자료: NGO[1)] 은 양용희(1998), 77쪽; NGO[2)]와 자원봉사단체는 한국자원봉사단체협의회(2002), 74~75쪽. NGO[3)]는 임승빈(2000), 한국 이하는 Salamon and Sokolowski(2004)에서 재작성하였음.

도 못 미치는 수준이었다.4)

하지만 재정적 도전의 맥락은 너무나 상이하다. 미국의 경우 오랜 기간에 걸쳐 NPO 섹터에 대한 충분한 정부지원이 이루어져 왔고, 공공 지출의 삭감을 통해 재정적자를 줄이려는 보수정권의 출현이 직접적 원인이지만 한국은 그와는 달리 경제규모에 비해 정부 지원이 예외적일 정도로 빈약한 상황에서 재정적 도전을 맞고 있다. <표 9-1>은 한국 NGO의 재정 구조에 대한 국내외의 다양한 연구 성과들을 정리한 것이다.

<표 9-1>이 여실히 보여주는 것처럼 한국은 재정구조 차원에서만 보면 전형적인 개발도상국 범주에 해당되며, 회비의 비중이 압도적인 회비-압도형 국가이다.5) 회비의 비중은 연구마다 편차가 크지만 시민사

4) Lester M. Salamon, *The State of Nonprofit America*(Brookings Institution Press, 2002), p.20.

5) Lester M. Salamon and S. Wojciech Sokolowski, *Global Civil Society: Dimensions of the Nonprofit Sector*(Kumarian Press, 2004), p.20.

〈표 9-2〉 중앙 정부와 지방자치단체의 재정 지원의 필요성

응답	100% (N=307)
필요하다	77.5%(238)
보통이다	15.0%(46)
불필요하다	7.5%(23)

자료: 정상호·임승빈, 「정부의 NGO 재정지원정책에 대한 성과분석: 행정자치부의 비영리민간단체 지원사업을 중심으로」, 주성수 편, 『한국시민사회지표: CIVICUS 국제공동연구 한국보고서』(아르케, 2006), 306쪽.

회단체 부문에 대한 정부 지원의 경우 15%에서 24% 수준에 머무르고 있다. <표 9-2>가 보여주는 것처럼 시민사회단체의 입장에서 정부의 재정적 지원은 절실하기만 하다.

한국의 경우 NGO의 열악한 재정 상황 그 자체가 위기라기보다는 바람직한 수익 모델의 부재, 더 구체적으로는 이에 대한 사회적 합의 형성이 지난하다는 것이 더 근본적인 문제이다. 먼저, NGO에 대한 정부지원의 타당성을 묻는 여론조사를 보면, '정부 지원금을 받지 않아야 한다'는 응답이 48.9%, '민간단체 활성화를 위해 정부 지원금을 늘려야 한다'는 답변은 45.1%로 나타났다.[6] 이는 활동가들과 달리 일반 국민들은 NGO에 대한 정부의 재정적 지원을 그다지 긍정적으로 보지 않고 있음을 말하여 주는 것이다.

이 문제에 관해서는 일반 국민들의 인식뿐만 아니라 시민사회운동 내부의 견해 또한 엇갈리고 있다. 일례로, 제3차 아시아·유럽정상회의(ASEM)에 앞서 130여 개 시민단체들로 구성된 '아셈2000 민간포럼 국제조직위원회'는 억대의 정부지원금을 받은 것으로 알려지면서 일부 시민단체들이 탈퇴하는 소동이 벌어졌다. 인권실천시민연대, 천주교인권위원회, 민변, 인권운동사랑방 등 10개 인권단체는 성명서를 통해

6) ≪동아일보≫, 2000.6.7.

"시민사회를 대표하는 비정부기구(NGO) 운동은 재정과 사업에서 독립성을 유지할 때 정당성을 확보할 수 있다"라며 "정부의 재정지원을 당연시하는 태도는 우려하지 않을 수 없다"라는 입장을 밝혔다.[7)]

물론 정부와 NGO의 바람직한 지원 모델의 부재는 한국의 NGO의 구조적 특성, 즉 강력한 권익주창 성격에 기인한다. 권력에 대한 감시와 비판, 소수자에 대한 권익보호를 제대로 주장(voice)하기 위해서는 정부로부터의 자율성과 독립성이 전제가 된다. 그렇지만 경제발전과 민주화의 진전에도 불구하고 정부 지원의 확대가 이루어지지 않고 있는 직접적 원인은 보수언론의 비판적 보도 태도에 기인한다. 한국의 보수언론들은 '시민단체에 411억 원, 아낌없이 퍼주는 혈세', '시민단체와 정권의 유착', '권력 멀리해야 할 단체가 정부 돈 받고 낙선운동' 등의 선정적이고 부정적인 보도를 통해 마치 정부지원을 받기만 하면 관변·어용단체인 양 비난을 퍼부었다.[8)]

이처럼 한국의 NGO들은 진퇴양난의 재정적 도전에 처해 있다. 권력 비판과 감시 활동을 통해 성장하였던 터라 정부 지원의 확대를 앞장서 주장하기도 어렵고, 정부의 돈을 한 푼이라도 받으면 제대로 된 시민단체가 아니라는 보수언론의 공세 때문에 국민적 공감대의 형성이 제대로 이루어지지 않고 있다. 한편, IMF 이후 사회적 양극화의 심화 속에서 회비 수입의 증대나 민간재단의 설립도 여의치 않은 실정이다. 이러한 재정적 압박은 시민단체의 활동력 침체는 물론 나아가 현장 활동가들에게 스트레스, 과도한 책임감의 요구, 전망의 불투명성에 기인한 심각한 이직(staff turnover) 현상을 유발함으로써 능력 있는 활동가들의 유지와 충원 문제, 즉 인적 자본의 위기(human resource challenge)를 낳고 있다.

---

7) ≪문화일보≫, 2000.10.12.

8) ≪조선일보≫, 2004.9.1; ≪동아일보≫, 2004.9.2.

(3) 기술적 도전(technology challenge)

NGO에 대한 기술적 도전은 두 가지의 흐름과 밀접한 연관이 있다. 하나는 정보화이다. 구체적으로 지식정보화의 핵심적 공간은 흔히 '사이버 공동체'(cyber-communities)로 불린다. 그리고 상당수의 전자 민주주의자들은 이러한 사이버 공동체가 현실사회에서 결핍되어 있는 의사소통을 복원해 주며, 그 결과 시민들이 민주적 정치과정에 적극적으로 결합할 수 있도록 힘을 부여해 줄 것으로 기대한다.[9] 한국의 사례를 놓고 볼 때, 적어도 양적인 의미에서 전자적 의사소통은 민주주의 발전에 긍정적인 기여를 예상할 수 있을 정도로 충분해 보인다. 노사모, 국민의 힘, 박사모 등과 같은 정치참여형 사이버 공동체를 포함하여, 현실에서는 조직되기 힘든 다양한 유형의 공동체가 가상공간에 구축되어 있다. 현재 그 수는 '다음'의 550만 개를 포함하여, 유명 포털사이트에서만 하더라도 이미 1,000만 개가 넘는 것으로 추산된다.[10] 활성화된 사이버 공동체들은 여중생 사망 촛불시위, 탄핵시위 등 조직화된 대규모 직접 행동을 유발하기도 하고 소리바다 사건, 밀양 여중생 집단성폭행 사건 등 네티즌들의 사이버 시위를 이끌기도 한다. 최근 NGO의 회원 수 정체가 사이버 공동체들의 이슈 및 현안의 생성, 확산 능력의 증대와 어떤 연관이 있는지에 대한 경험적 연구는 찾기 어렵다. 우연의 일치인지 아니면 인과관계인지에 대한 분석적 연구가 필요하지만, 현장 활동가들은 이러한 경향성에 대해 남다른 위기감을 갖고 지켜보고 있다.

또 하나의 중요한 흐름은 상업화(commercialization)이다. 정보화가 우리 앞에 닥친 오늘의 문제라면, 상업화는 우리에게 곧 닥칠 내일의 문제이다. NGO의 사회서비스 제공 기능이 더욱 일반화된 미국을 비롯한

---

9) 윤영민, 『사이버 공간의 사회』(한양대학교 출판부, 2003).

10) edaily, 2004.12.7.

선진국의 경우 NPO 섹터들은 1980년대를 경과하면서 이윤추구 기업과의 첨예한 경쟁 구도 아래에 놓이게 되었다. 기업과의 경쟁은 비영리활동(의료, 고등교육에 대한 복지지원, 고용훈련 등)에 있어 고객만족과 업적향상을 위해 전문화와 새로운 기술을 채택하라는 요구를 가중시켰다. 이러한 기술적 도전은 재정 위기의 가능성을 심화시키고 있는데, 왜냐하면 정보화 기술은 고가의 구매·훈련·관리비용이 드는 자원집약적 분야이기 때문이다. 그 결과 미국의 경우 더 작은 비영리 조직들이 새로운 기술의 과도한 고정 비용을 감당하지 못해 더욱 영세해지는 반면 한쪽에서는 경쟁력 확보를 위해 자산을 키워가는 대형화 추세가 뚜렷하게 나타나고 있다.[11] 상업화는 대형화라는 비영리 섹터의 구조적 변화를 야기하였을 뿐만 아니라 경쟁이 치열해지면서 업적과 성과에 대한 압력이 가중되고 효율성 논리가 지배하는 결과를 가져왔다. 이제, 비영리조직들은 사명과 명분이 아니라 조직 능력과 객관적 성과를 중시하는 시장의 관점에서 존립 근거를 평가받지 않으면 안 되는 우울한 상황에 놓이게 되었다.[12]

기술적 도전이 내포하는 시사점은 효율성과 경쟁을 앞세운 시장논리의 확산이 비영리 섹터를 상업화·시장화·전문화의 방향으로 내몰고 있다는 것이다. 이러한 경향은 아직은 남의 나라 일일는지 모른다. 하지만, 사회적 양극화의 최소 처방으로서라도 복지국가를 지향해야 한다는 사회적 공감대의 확산은 NGO의 사회서비스 제공 기능을 불가피하게 확대시킬 것이다. 아울러, 최근 급속히 확대되고 있는 기업의 사회적

---

11) Burton A. Weisbrod, "The Nonprofit mission and its financing: Growing Links between Nonprofits and the Rest of the Economy," Burton A. Weisbrod(ed.), *To Profit of Not to Profit: The Commercial Transformation of the Nonprofit Sector*(Cambridge University Press, 2000).

12) Lester M. Salamon, *The State of Nonprofit America*, p.16.

책임(CSR)이나 책무성의 논리 역시 NGO의 활동 중점을 권익주창에서 사회서비스 제공으로 전환시키는 자극제가 될 것이다. 기술적 도전은 먼 미래의 남의 일이 아니라 이미 우리 앞에 닥친 현실의 문제이다.

(4) **신뢰의 도전**(trust challenge)

정부 제도와 기업에 대한 공적 신뢰의 하락은 보편적인 현상이다. 이미 1980년부터 국회, 정부, 사법부, 경찰, 군대 등 정부기관들은 예외 없이 지속적인 신뢰의 쇠퇴에 빠져있고, 이와는 대조적으로 NGO에 대한 신뢰만이 유일하게 상승해 왔다.[13] 특히 한국에서 정부 기구에 대한 불신과 NGO에 대한 신뢰는 극명하게 나타난다. 한국은 입법, 행정, 사법에 대한 전반적 불신 성향도 강하지만, 특히 입법부에 대한 반감과 NGO에 대한 호감은 유례를 찾아보기 어려울 정도로 대조적이다.

그러나 최근에는 이러한 경향이 서서히 변화하고 있다. 먼저, 국제적으로는 다보스 회의를 주관하는 세계경제포럼의 조사에 의하면, 비정부기구(NGO)들은 여전히 가장 높은 신뢰를 받고 있지만 그 비율은 2001년의 40%에서 2005년에는 29%로 크게 하락하였다.[14] 한편, <그림 9-1>이 보여주는 것처럼 한국에서도 NGO에 대한 신뢰도는 여타 분야에 비해서는 아직 높은 수준이지만 계속 떨어지고 있는 추세임은 분명하다.

---

13) 이러한 경향을 극단적으로 신봉하는 이들은 정당 소멸론을 제기하기도 한다. 저명한 외교 전문지 *foreign policy*는 35주년 창간 특집으로 미래에 사라질 제도(Here today gone tomorrow)를 다루었는데 카르도소 전 브라질 대통령은 이데올로기와 계급에 기반하고 있는 정당의 중요성이 날로 떨어져 2040년에는 정당이 아예 사라질 것으로 전망하였다. 그는 “다양한 이해관계와 소속감, 중첩된 정체성을 키워온 시민은 더 이상 기성 정치체제를 신뢰하지 않으며 자신의 관심사에 대해 직접 목소리를 내거나 비정부기구(NGO) 등을 통해 얘기하는 것을 더 선호한다”라고 주장하였다. ≪주간조선≫, 2006.7.19.

14) ≪세계일보≫, 2005.12.19.

〈그림 9-1〉 시민단체의 신뢰도

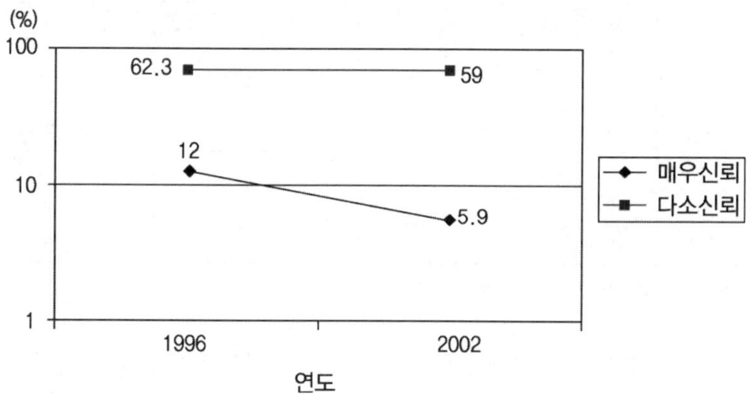

자료: 1996년 코리아리서치, 2002년은 월드리서치. 『동아일보』, 2002.1.28일자에서 재인용.

〈그림 9-2〉 사회단체의 신뢰도

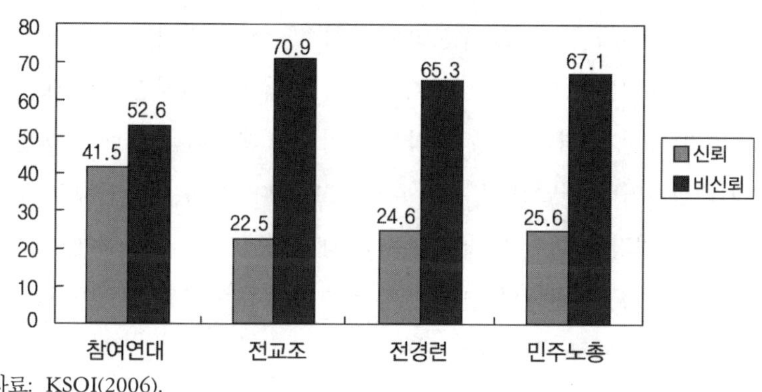

자료: KSOI(2006).

시민단체에 대한 신뢰도의 저하가 김대중 정부와 노무현 정부를 거치면서 더 분명한 경향으로 나타나고 있음은 주목할 필요가 있다. 전교조와 민주노총과 같이 특정 계급·계층의 권익을 수호하는 단체는 말할 것도 없고 한국의 대표적 시민단체인 참여연대에 대한 반감이 신뢰도를 상회하고 있다.

이러한 신뢰의 위기는 앞서 설명한 정당성의 도전, 재정적 도전, 기

〈표 9-3〉 정부와 사회기관 신뢰도

	행정부	입법부	사법부	NGO	기업	노동조합	언론	편차
전체(45)	50	38	48	59	42	48	50	21
EU(12)	51	46	53	66	45	40	42	26
북미(2)	74	47	61	69	44	54	52	25
남미(9)	27	23	31	53	43	36	51	30
아시아(7)	45	34	47	55	44	47	52	21
한국	25	11	31	77	35	57	47	66

자료: Gallup International 2002, 주성수(2003), 3쪽에서 재인용.

술적 도전의 누적적 결과라 할 수 있다. 또 하나의 원인은 민주 정부의 거듭된 실정과 인기 하락이 NGO 신뢰도의 동반 하락을 가져왔다는 점이다. 일반 시민이나 유권자의 입장에서 볼 때 중도개혁 세력을 대변하는 김대중·노무현 정부, 진보 세력을 대변하는 민주노동당, 시민의 권익을 대표하는 NGO를 구분하는 정치적 이념적 잣대는 그리 엄격하지 않다. 국민들은 이들이 민주화의 과실을 함께 누렸지만 거기에 걸맞은 비전 제시 능력과 실행 능력을 보여주지 못했다는 점에서 동일한 평가대상이거나 단일한 범주로 취급하고 있다. 특히 시민단체의 경우 중요한 정치경제 현안에 대해 정책과 대안 중심으로 기민하게 대응하기보다는 원론적 반대와 원칙적 주장을 앞세우는 과격 집단이라는 부정적 인식이 날로 증대되고 있다.

2) 기회

NGO의 미래에 암울한 장애물만 있는 것은 아니다. 가장 큰 기회요소는 어떤 나라보다 급격한 양상으로 나타나고 있는 사회적·인구학적 변동(social and demographic shift)이다. 가장 큰 변화는 노령화 사회로의 진입이다. 2005년 65세 이상 노령인구는 438만 3,000명으로 1970년의

〈표 9-4〉 인구 고령화 속도

	도달 년도			증가 소요 년수	
	7%	14%	20%	7%→14%	14%→20%
일본	1970	1994	2006	24	12
프랑스	1864	1979	2019	115	40
독일	1932	1972	2010	40	38
이탈리아	1927	1988	2008	61	20
미국	1942	2014	2030	72	16
한국	2000	2018	2026	18	8

자료: 일본 국립사회보장 인구문제연구소, 『인구통계자료집』(2003).

99만 1,000명에 비해 4.4배 늘어났으며 2050년에는 2005년의 3.6배인 1억 579만 3,000명이 될 것으로 전망된다. 이러한 급증에 따라 노령인구 비율이 고령화사회(7%)에서 고령사회(14%)로 도달하는 데 걸리는 기간이 불과 18년이며, 초고령사회(20%)로 진입하는 데는 불과 8년이 소요될 것으로 전망되고 있다. 또 다른 형태의 인구폭발을 경험하고 있는 한국사회는 '이미 시작된 20년 후'[15]를 맞고 있다고 할 수 있다.

이혼율 역시 가파르게 증가하여 왔는데, 2002년 한국의 조이혼율은 3.0으로 미국(4.0)보다 낮지만 덴마크(2.8) 등 유럽 국가와 일본(2.3)보다도 높게 나타났다. 여성의 경제활동 참가율은 1994년 47.8%에서 꾸준히 증가하여 2005년에는 50.1%를 기록하여 사상 첫 50%대를 돌파하였다. 외국인과의 혼인 역시 3만 5,447건으로 전년보다 38.2% 늘어나, 혼인 증가를 주도하고 있다.[16]

이러한 인구학적 변동이 함의하는 바는 NGO가 담당해야 할 사회서비스의 수요가 폭발적으로 증대될 것이라는 점이다. 이미 선진국이 경험했던 것처럼, 이러한 변화는 사회서비스가 빈곤 계층을 넘어서 중산층 가정에도 절실하게 필요하게 되었다는 것을 의미한다. 맞벌이 부부

15) 피터슈워츠, 『이미 시작된 20년 후』, 우태정·이주명 옮김(필맥, 2005).

16) 통계청, 『2004년 혼인·이혼통계』(2005.3.).

의 증가와 속도전의 현대 생활은 육아·학습지도·여가에 이르기까지 전통적 가족생활 영역의 외적 의존(outsourcing)을 강제하고 있다. 이러한 엄청난 사회서비스의 변혁(the transformation of social service)은 NGO에게 새로운 기회를 제공할 것이다.[17)]

또 하나의 기회 요소는 NGO와의 협력을 강화하고 사회적 책임(CSR)을 강조하는 기업들의 사회참여 전략이다. 시장에서의 경쟁력 증대를 위한 연대 전략의 핵심은 기업 제휴(Business Sector Alliance)였다. 미국의 경우 1990년에서 1995년 사이 이러한 제휴 전략은 매년 25%씩 증대되어 왔다. 최근 이러한 사정은 급변하고 있다. 이제는 효율성 증대를 겨냥한 기업 제휴보다는 시장과 시민사회, 즉 기업과 NGO와의 전략적 동반자 관계(cross-sector partnership)가 지배적 패턴으로 부상하고 있다. 이러한 사회섹터와의 제휴(social sector alliances)는 기업에게는 명성과 평판을 제고시킴으로써 이미지를 개선하고 궁극적으로는 마케팅 전략의 일환으로 활용되며, NGO에게는 재정적 위기를 극복할 수 있는 합리적 기회를 제공한다.[18)]

3. 대안과 방향

1) 특수성과 보편성: 상업화와 전문화

미국을 비롯한 서구 NGO들이 위기에 당면하여 보여주었던 대응 방향 중 첫 번째 공통점은 상업화 혹은 시장화였다.[19)] 점증하는 질 높은

---

17) Lester M. Salamon, *The State of Nonprofit America*, pp.22~24.

18) Shirley Sagawa and Eli Segal, *Common Interest and Common Good*(Harvard Business School Press, 2000), p.5.

서비스에 대한 요구를 적극적으로 수용하였고, 상업적 벤처를 시작하였으며, 기업과의 전략적 관계를 형성하였고, 기업의 문화와 관행을 채택하였다. 새로운 고객중시형의 재정기법을 활용하였으며, 조직구조를 재편하고, 정교한 마케팅과 자금운용 기법을 자선모금에 적용하였으며, 일반적으로 자신들의 조직목표를 증진시키는 데 있어 시장의 자원과 역동성을 활용하기 위한 새로운 방식을 주저 않고 채택하였다. 그 결과 현재의 NPO 조직은 시장과 확연히 구분되었던 한 세대 이전의 것과 전혀 다른 것이 되어버렸다.[20]

이러한 NGO의 상업화·시장화 전략의 국내 수입은 그리 유용할 것 같지 않다. 이유는 무엇보다도 위기의 구조와 성격이 근본적으로 다르기 때문이다. 미국의 비영리 섹터의 위기의 근원이 시장으로부터의 도전, 즉 낙후된 경쟁력에 있었다면 한국의 NGO가 당면하고 있는 위기의 본질은 시장이 아닌 정치적 위기, 즉 정당성과 신뢰의 문제이다. 부연하자면, 미국에서의 위기가 사회서비스 영역에서 비롯된 것이라면 한국에서 위기의 근원지는 권익주창 영역이다. 그런 점에서 사회과학적으로 본질적 위기는 지배 부문에서 비롯된다는 오래된 경구는 유효하다.

서구 NGO들이 위기에 공통적으로 반응한 두 번째 전략은 전문화였다. 1970년대 말부터 일기 시작한 비영리섹터의 비효율성에 대한 비판과 레이건 정부에서 단행된 공공지출 삭감에 맞서 NPO들은 조직의 효율성, 책임감, 접근성의 제고방안으로 전문화를 선택했는데, 이러한 방향 전환은 대대적인 찬반 논쟁을 몰고 왔다. 반대론자들은 전문화가

---

19) John H. Goddeeris and Burton A. Weisbrod, "Conversion from nonprofit to for-profit legal status: Why does it happen and should anyone care?" Burton A. Weisbrod(ed.), *To Profit of Not to Profit: The Commercial Transformation of the Nonprofit Sector*(Cambridge University Press, 2000), p.133.

20) Lester M. Salamon, *The State of Nonprofit America*, pp.44~45.

운영의 효율성을 강조하는 상근 활동가(staff)의 권한과 통제를 중시하는 대신, 이사회(governing board)의 역할을 감소시킬 것을 우려하였다. 왜냐하면, 전문적 경영진들은 비전을 공유하고, 경영 업무에 표준화된 기준을 적용함에 따라 결국 조직의 제도적 동질화(homogenization)를 가져올 것이기 때문이다. 다른 조직은 몰라도 시민참여, 혁신, 다양성의 오랜 원천이었던 NPO 섹터에서 그것은 심각한 문제를 야기할 것이라는 우려가 반론의 핵심이었다.[21)]

그러나 앞서 설명한 것처럼 상업화·시장화 전략의 성공적 추진을 위해서도 전문화는 필수불가결한 것으로 받아들여졌다. 찬성론자들은 새롭고 전문적인 기금 모집(Associations of Fundraising Professionals, AFP)을 통해 부자들에게만 집중되었던 기반을 다양한 계층과 영역으로 확대하였고, 의료보험 개혁과 같은 변화하는 환경에 전문적 역량과 과학적 프로그램으로 대처함으로써 반론을 압도해 나갔다.

전문화는 상업화·시장화 전략과 달리 한국 사회에도 유력한 처방으로 보인다. 조희연은 시민운동의 첫 번째 과제로 전문적 심화를 제시하고 있다. 1987년 이전의 운동에서 투쟁적 소통능력이 중요했다면 이제는 설득적 소통능력이 더 중요하며, 게다가 정당과 정치의 합리화 수준과 정책제시 능력이 제고되었기 때문에, 단순한 문제제기형 운동에서 전문적 감시운동으로 심화되어야 한다는 것이다.[22)] 또 다른 연구자 역시 조직론적 관점에서 한국 NGO의 양대 과제로 운동의 민주화와 전지구화를 꼽고 이를 실현하기 위해서는 영역과 사안에 따른 전문성 제고

21) Peter Dobkin Hall, “Abandoning the Rhetoric of Independence: Reflections on the Nonprofit Sector in the Post-Liberal Era,” p.14.

22) 조희연, 「시민운동의 세 가지 새로운 과제: 글로벌 데모크라시에 대한 응전과 과제들을 중심으로」, 『참여와 연대로 연 민주주의의 새 지평』(아르케, 2004), 324~326쪽.

가 시급하다고 진단하고 있다.[23)]

전문성의 방향으로는 조직·회원·재정의 합리성 제고도 중요하지만 무엇보다 강조되어야 할 것은 NGO의 정책역량 강화이다. 한국 정치, 구체적으로 연이은 민주정부 실패의 일차적 원인은 정책 실패에 있다. 그들은 일찍이 정치의 중요성을 깨달았지만 '정책이 정치를 결정한다(policy shapes politics)'는 공리를 이해하지는 못했다. 자유주의 정부의 정책적 프레임 자체를 사회적으로 확장하는 것이 해답이라는 지적[24)]은 유사한 위기에 처해 있는 NGO에게도 유효한 처방이다. 그러나 사회적이라는 의미는 보충설명이 필요한데, 그것은 특정 계급의 이념적 지향이나 반자본주의 혁명 이데올로기라기보다는 공공성의 정치적 지향을 함의하는 것이다.

공공성 정치의 구체적 표현은 사회정책 혹은 공공정책에 대한 압도적 관심이다. 오늘날 가장 절박한 시민의 이해와 요구는 주택·교육·고용 등 시민의 삶과 밀착된 사회적 의제에 대한 본원적 문제해결로 집약될 수 있다. 그렇다고 대부분의 시민들이 '완전 무상교육, 무상의료 체계'를 희망하는 것은 아니다. 다수의 시민들이 원하는 것은 이 분야에서 서비스의 질을 훼손함이 없이 성실한 다수가 만족할 만한 수준의 복지를 누릴 수 있는 혁신적 사회 정책이다. 한국의 시민운동은 금융실명제와 토지공개념을 통해 한 단계 도약하였다. 시민운동도 이제, 정부 없는 통치(governance without government)의 거버넌스 시대를 맞아 전투적 비판자의 지위에서 새로운 정책과 대안을 제시하는 합리적 참여자로 변신해야 한다.

---

23) 임현진·공석기, 「미래 한국 NGOs의 조직 및 운영과제: 운동의 민주화 그리고 전지구화」, ≪NGO 연구≫, 제3권 1호(2005), 187쪽.

24) 조희연, 「'87년체제'의 전환적 위기와 민주개혁」, 참여사회연구소 해방60주년 심포지엄 자료집 『다시 대한민국을 묻는다: 역사와 좌표』(2005), 68~69쪽.

2) 운동성 강화: '운동'없는 시민운동의 극복

한동안 제도정치와 사회운동의 경계를 엄격히 구분하거나 민주화의 진전이 사회운동을 체제 내화시킴으로써 운동의 소멸을 가져다줄 것이라는 견해가 지배적이었다. 정치적 저항은 체계의 아웃사이더와 반대자들의 것이고, 정책변화와 사회개혁을 구하는 일반 시민들은 더 온건한 방식으로 정당과 후보를 지지하는 데 열중하게 될 것이다. 또, 민주주의로의 이행과 공고화는 집회, 시위, 점거, 농성 등 집단적 정치투쟁과 저항(protest) 중심의 사회운동으로부터 선거, 로비, 정당, 입법부, 법원, 선출직 지도자 등에 의해 이루어지는 일상의 제도화된 정치로 그 중심을 이전시킬 것이라는 주장이 그것이다.[25] 이러한 관점들이 갖는 분명한 결론은 사회운동의 행위자들이 정치체제에 제도화된 접근권(access right)을 얻게 되면서, 점차 그러한 행위자들에 의한 저항행위는 약화되어갈 것이라는 점이다.

그러나 이와는 다른 해석 또한 제기되었다. 메이어와 태로우는 서구의 민주주의는 이제, 사회운동이 너무 일상화되고 제도화되어서 정상정치의 한 부분이 되어버린 운동사회(movement society)가 되었다고 진단하였다. 이들은 이러한 흐름을 바람직한 것으로 간주하면서, 더 나아가야 한다고 주장하였다. 즉, 사회운동은 단지 정치적 표현의 또 다른 광장이거나 방식이 아니라 법원, 정당, 입법부, 선거와 더불어 일상화되어야 한다는 주장이 그것이다.[26]

시민운동은 사회운동의 한 형태이며, 따라서 운동으로서의 정체성을

---

25) Jack A. Goldstone(eds.), *States, Parties and Social Movements*(Cambridge University Press 2003).

26) David S. Meyer and Sidney Tarrow, *The social movement society : contentious politics for a new century*(Lanham: Rowman & Littlefield Publishers, 1998).

유지하는 것이 관건이라는 메이어와 태로우의 주장은 한국의 NGO들이 귀담아들어야 할 내용이다. 다행스럽게도 시민운동의 문제는 근대적 의식을 갖춘 자발적 회비납부자로서의 '시민'의 부족이 아니라 대중적 기반을 갖춘 '운동'의 결핍에 있다는 인식이 확산되어 가고 있다. 최장집은 민주화 이후 한국의 시민사회가 보수화되고 있다고 진단하면서 그 근거 중 하나로 비정치적·비계급적 시민운동을 들고 있다.[27] 이태호는 한국 시민운동의 과제가 신자유주의의 세계화와 사회적 양극화에 대해 효과적인 저항연합을 구축하는 것인데, 이를 실현하기 위해서는 시민참여와 직접행동에 기반한 민주주의의 급진화가 필요하다고 보고 있다.[28] 송주명 역시 중간 제 계층의 하향분화를 가속화시키고 있는 세계화, 양극화의 추세 속에서 추상적 '시민'이 아니라 확대되어 가는 시민사회 '하층'을 운동의 분명한 기반으로 인식해야 한다고 충고하고 있다.[29] 이희수 또한 시민운동의 방향을 전문가·엘리트 중심의 시민운동으로부터 대중적 사회운동으로의 전환을 제시하고 있다. 그는 한국의 시민운동이 단기적인 자유주의적 정치개혁운동에 매몰되고 신자유주의 체제에 안주해 왔다고 비판하고 있다. 그 결과, 이들 시민사회단체의 구조와 환경, 그리고 대중적 기반은 취약한 데 비해 상대적으로 시민사회의 가치와 영향력은 과잉대표 되었다는 것이 그의 진단이다. 그는 대안으로써 시민운동의 프로젝트를 사회운동적으로 급진화하거나 아니면 민중적 요구에 기초해서 정부 공공정책과 기업에 대한 폭넓은 감시통제운동으로 전환할 것, 전문가·상근자에게 위임하는 대의 민주주의적 시민운동의 한계를 넘어 대중이 직접 참여하는 사회운동형 민주주의를 고양할 것, 신자유주의 세계화에 갇힌 시민운동을 넘어서서 민중과 함

27) 최장집, 『민주화 이후의 민주주의』(후마니타스, 2002), 196~200쪽.

28) 이태호, 「정치적 전환기, 시민운동의 모색」, ≪기억과 전망≫, 여름호(2004), 42쪽.

29) 송주명, 「논평」, ≪기억과 전망≫, 여름호(2004), 44쪽.

께 하는 대중적 시민사회운동으로 전환할 것을 제시하고 있다.[30)]

한국의 시민운동의 과제로서 운동성 강화가 필요한 까닭은 세계화와 신자유주의의 범람에 따른 사회적 양극화의 심화 때문이다. 신자유주의 세계화는 수출 대 내수, 대기업 대 중소기업의 이중 경제를 구조화시키고 정규직 대 비정규직의 사회적 대립을 첨예하게 만들고 있다. 그 결과 새로운 정치사회 균열로써 21세기형 빈곤과 소외 문제가 대두되고 있다. 고도의 복합성을 지닌 이러한 문제에 대한 대응능력이 시민운동의 궁극적 진로를 결정하게 될 것이다.

3) 풀뿌리 시민운동의 강화

중앙집중적 시민운동에서 풀뿌리 시민운동으로 전환해야 한다는 주장은 이제 보편적 상식이 되었다. 지역적 기반의 취약성은 시민운동의 대중적 기반을 허약하게 만들어 놓았고 나아가 민주주의의 기초를 불안정하게 만들고 있다. 민주화 이후의 민주주의가 보수화된 까닭은 제 구실을 못하는 지역독점 정당체제 때문이기도 하지만 동시에 날로 강화되는 풀뿌리 보수주의 탓이기도 하다.

풀뿌리 시민운동의 강화가 요청되는 근거는 두 가지이다. 첫째는 참여 민주주의와 생활정치라는 이론적 근거이고, 둘째는 현실적 근거이다. 즉, 경쟁과 견제 없는 풀뿌리 보수정치가 민주주의의 발전을 원천적으로 제약하고 있다는 점이다. 흔히 지역 권력의 특성으로서 사회적 동질성, 즉 관변단체의 배경을 지닌 자영 상층 출신의 권력독점이 지적되어 왔다. 또한, 지역 유지들이 개발연합의 가장 큰 수혜자인 부동산 자

---

30) 이희수, 「세계화시대에 노동운동의 관점에서 바라본 시민운동의 대중성」, ≪기억과 전망≫(2004), 60쪽.

본가들이나 각 지역의 중소 자본가들인 것을 고려할 때 이들 집단의 이해관계가 주민들의 의사나 이해와 관계없이, 혹은 그에 반하여 이루어질 가능성이 크다는 점이 비판되고 있다. 그러나 이는 문제의 원인이라기보다는 경쟁과 견제를 허용하지 않는 독점적 지역정치가 낳은 불가피한 결과로 이해해야 한다. 재삼 강조하건대 오늘날 한국의 지방정치의 본질적 문제는 상층 계급 편향성(upper class bias)이 아니라 경쟁과 견제의 결핍이다.

구체적으로 풀뿌리 시민운동의 강화를 위한 과제는 다음과 같다. 첫째, 지역과 주민에 밀착된 풀뿌리 네트워크의 활성화이다. 시민참여의 차원에서 서구와 한국의 차이는 주민참여조례와 같은 법령과 제도의 구비 여부가 아니라 학교나 교회와 같은 일상적·자발적 시민참여의 폭과 깊이에 있다. 일반 시민들은 물론이고 진보 지식인이나 시민활동가들조차 학교운영위원회, 아파트자치회, 주민자치센터자문위원회 등 미시적 공공기구에의 참여에 매우 인색하다. 풀뿌리 네트워크의 강화는 정당과 운동의 지역적 기반 모두를 공고하게 만들 것이다. 둘째, 합리적인 지역발전 모델을 포함한 지역정책의 발굴이다. 재정불균형 타개를 위한 세목교환 대 공동세, 아파트 분양원가 공개, 방과후학교 등 중요한 지역 이슈에 대해서 시민단체가 갖고 있는 정책 역량을 속속들이 따져보면 의외로 부실하다. 지역 현안과 이슈에 인적·정책적 전문성을 갖춘 풀뿌리 시민단체의 육성은 미룰 수 없는 시급한 과제이다.

4) 연대와 연계의 강화

김정훈은 시민운동의 약화 원인을 각 부문 및 영역에서의 고립된 각개약진, 즉 지속적 분화 경향을 낳은 분화전략에 있다고 진단하고, 대안으로써 차이 속의 연대를 가능하게 하는 탈분화전략을 제시하고 있다.[31)]

운동의 위기를 극복할 가장 유력한 처방으로 논의되고 있는 연대전략은 두 가지 차원에서 제시되고 있다.

첫째는 시민운동과 민중운동, 혹은 구사회운동과 신사회운동 간의 부문별·사안별 연대의 강화라는 전통적 견해이다. 조희연은 신·구 사회운동의 엄격한 분립과 질적 단절을 상정하는 근래의 이론적 경향을 비판하면서, 시민운동과 민중운동의 공존과 연대라는 '세계사적 동맹 모델'을 제안하고 있다.

> "한국에서의 현실적 조건은 서구와는 달리 전투적 노동운동과 진보화된 시민운동 간의 적극적 연대의 모델이 개발되고 실현될 필요를 제기한다. 이런 점에서 시민운동은 민중운동과의 연대 속에서 한국사회의 철저한 민주개혁의 과제에 복무하는 방향으로 활동하여야 한다고 생각된다. 이런 점에서 서구에서는 실현되지 못하였으나 향후 제3세계에서 실현하여야 할 세계사적 동맹 모델을 한국에서부터 실현하려는 노력이 필요하다."[32]

류은숙 역시 여성, 환경, 소비와 더불어 '인권'을 신사회운동의 중심적 영역으로 분류하는 편의적 구분이 한국적 현실에서는 오류일 수 있다고 지적하면서, 인권운동의 지위를 사회운동 속에서 정립하고 나아가 인권담론의 풍부화를 통해 다양한 운동 간의 '열린 연대'를 과제로 제시하고 있다.[33] 강내희 또한 시민운동과 민중운동의 구분과 차이는 단

---

31) 김정훈, 「한국 시민운동의 역사와 쟁점」, ≪기억과 전망≫, 여름호(2004), 25~26쪽.

32) 조희연, 「한국민주주의의 전개와 시민운동의 변화」, 김진균 편저, 『저항, 연대, 기억의 정치: 한국사회운동의 흐름과 지형 Ⅱ』(문화과학사, 2003), 172쪽.

33) 류은숙, 「인권운동사랑방의 활동을 중심으로 본 한국 인권운동의 전개」, 김진균 편저, 『저항, 연대, 기억의 정치: 한국사회운동의 흐름과 지형 Ⅰ』(문화과학사,

절이 아니라 계승과 연대의 관점에서 이해할 것을 주문하고 있다. 그의 설명에 따르면, "역사적 문화운동을 계승하려 한다는 점에서 문화연대는 1970년대, 1980년대에 확산된 진보운동의 일환이고, 이 운동이 약화된 1990년대에 새로운 유형의 실천을 모색했다는 점에서 또 다른 문화운동을 지향한 셈"인 것이다. 그리고 그의 다음과 같은 결론은 앞에서 설명한 조희연의 '세계사적 동맹 모델'이나 류은숙의 '열린 연대'와 동일한 맥락에 있음을 쉽게 알 수 있다.

> "문화사회가 실현되려면 자율적 삶이 최대한 확대되어야 한다. 문화운동이 진보운동 전반과 결합해야 하는 것은 바로 이런 이유 때문이다. 문화운동은 사회운동의 도구도 아니지만 그렇다고 하여 그 자체로 독립적인 운동도 아니다. 따라서 문화예술운동을 사회운동과 연결하고 이 운동의 진보적 성격을 강화하는 것이, 그리고 이를 위해 다양한 진보운동의 결합을 지향하는 것이 문화연대가 나아갈 방향이고 해야 할 일이라고 본다."[34]

연대의 또 다른 방향은 국제적 혹은 지구적 연대이다. 최근 국제적 지위와 경제 수준을 고려할 때 한국 시민운동의 국제적 연대와 지원 수준이 너무 미약하다는 인식이 확산되고 있다. 이러한 인식에 기반하여 조희연은 글로벌 민주주의로의 급진적 확장을 제안하고 있다. 그는 신자유주의의 확산이 초래하는 세계적 수준의 양극화와 시장논리, 군사적 패권으로 점철될 글로벌 질서자체를 민주주의와 투명성이라는 가치에 의해 운영되는 글로벌 체제로 재편하는 데 시민운동이 앞장설 것을 제시하고 있다.[35]

2003), 393쪽.

34) 강내희, 「문화연대와 1990년대 문화운동」, 김진균 편저, 『저항, 연대, 기억의 정치: 한국사회운동의 흐름과 지형 II』(문화과학사, 2003), 418쪽.

부문운동 사이의 연대, 국제적 연대에 대해서는 별다른 이견이 없지만 정당을 비롯한 정치적 연계에 대해서는 논쟁의 여지가 크다. 일부에서는 정치의 중심부에 진입하여 민주 세력들과 연대하여 적극적으로 개혁에 동참하여야 한다는 개혁연대론을 주창하나 반대편에서는 정부 활동을 비판하고 견제하는 역할에 충실하기 위해서는 엄정한 정치적 중립이 준수되는 견제강화론이 타당하다고 주장하고 있다.[36]

이 문제에 관해서는 시민운동이 근본적으로 정치와의 새로운 관계 설정을 모색할 시점에 도달하였다는 것이 필자의 판단이다. 지난 10여 년 사이 정치와 시민운동의 관계는 보완적이라기보다는 불필요할 정도로 경쟁적 대립관계로 나타났다. 시민운동은 한국의 정당정치를 비효율과 야합으로 점철된 쥐라기 공원식의 낡은 정치(Jurassic park-style politics)로 취급해 왔다. 이러한 정당소멸론에 근거한 탈정치 경향과 반정당 정서(anti-party sentiment)에는 시민운동 자신이 기존의 정당보다 효과적이고 더 만족스러운 방식으로 시민사회와 유권자들을 연결해 주는 새로운 대안조직이자 대표의 경쟁적 채널이라는 은근한 자부심이 깔려 있었다. 그러나 반정당의 논리, 반정치의 인식체계로는 지속가능한 민주주의나 풀뿌리 민주주의를 온전히 복원할 수 없다. 시민운동과 정치의 관계는 정치적 중립이라는 속박에서 벗어나 더 열린 시각에서 다양한 형태로 접근되어야 한다. 조건과 역량에 따라 환경 등의 특정 현안과 정체성에 근거한 독자적 정치세력화 노선, 진보개혁 정치세력과의 적극적 연대와 제휴 노선, 이슈와 현안에 따른 유연한 협조노선 등 다원적 방식을 모색할 필요가 있다.

---

35) 조희연, 「시민운동의 세 가지 새로운 과제: 글로벌 데모크라시에 대한 응전과 과제들을 중심으로」, 336쪽.

36) 이종식, 「민주화 이후의 시민사회운동과 원리: 문제점과 바람직한 방향」, ≪NGO 연구≫, 제3권 1호(2005), 132쪽.

시민운동은 정당 체계와 긴장관계에 있지만 민주주의를 심화시키고 부정의(injustice), 특히 국가권력과 시장권력의 불공정성을 제거하기 위해서는 양자의 강화가 필수적이다. 국가, 정치사회, 시민사회라는 각각의 사회적 영역들은 서로를 제한하거나 지원한다. 따라서 사회정의와 인류복지의 증진을 추구하는 시민운동은 이러한 이중의 전선 위에서 작동해야 한다. 시민의 이해에 더 밀접하고 시민들이 더 적극적이고 책임 있는 역할을 수행할 새로운 정치의 출현을 위해 정당과 시민사회 사이의 연계(linkage)를 증대시키는 것을 중대한 활동 목표로 설정할 필요가 있다.[37)]

4. 비전의 부재, 보수적 시민사회, 그리고 민주주의의 위기

<그림 9-3>은 지금까지의 논의를 요약한 것으로 모델과 비전의 부재가 시민사회의 위기를 낳고 있다는 것을 말한다. 한국의 시민운동은 두 가지 점에서 좌표를 상실하고 부유하고 있다. 우선 시민운동과 정치의 관계에 대한 모델이 시급히 설정되어야 한다. 과거의 모델은 정치적 중립성을 교조적 원리로 채택한 '거리두기 모델'이었다. 이제 더욱 유연하고 적극적 관점에서 시민운동과 정치의 재계약, 즉 '관계 맺기 모델'이 필요한 시점이다. 또 하나의 모델은 시민운동의 안정적 재생산과 직결된 재정 모델이다. 기부문화는 정착되지 않고 있고 정부의 공적 지원도 기대하기 어려운 상황 속에서 회원들의 회비에 전적으로 의존해야 하는 척박한 상황이 지속되고 있다. 시민운동이 정치와 더 다양한

---

37) Iris Marion Young, *Inclusion and Democracy*(Oxford University Press, 2000), pp.154~193.

〈그림 9-3〉 한국 NGO의 도전과 기회

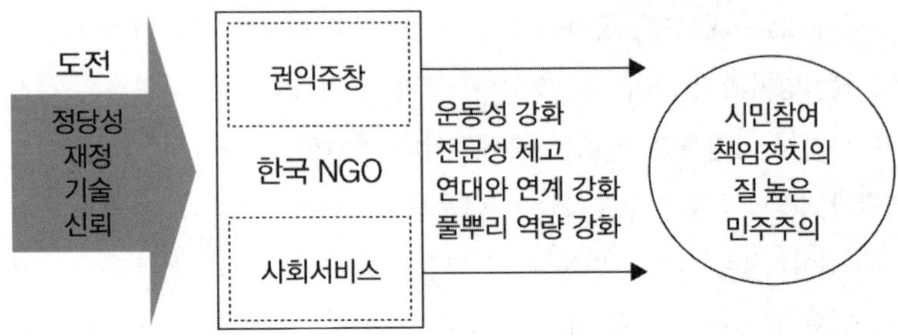

형태의 관계를 맺고, 정부가 더욱 적극적으로 재정적 지원을 하기 위해서는 사회적 합의 형성이 긴요하다.[38)]

이러한 비전 부재 상황을 극복하고 사회적 합의형성을 촉진하기 위해서 4가지의 대안을 제시하였다. 첫째, 전문성 제고이다. 특히 단순한 비판과 감시를 넘어 국민들의 이해와 요구를 집약할 수 있는 정책 역량의 강화가 시급하다. 정책 전문성 강화는 운동의 목표를 명확히 만들고 의제 설정 능력을 증대시킴으로써 비판적 시민운동에서 대안 중심 시민운동으로의 성격 전환을 촉진할 것이다. 이러한 시각에서 볼 때 최근 희망제작소의 출범은 매우 반가운 일이라 할 수 있다. 둘째, 운동성 강화이다. 신자유주의 세계화에 따른 사회적 양극화와 같은 문제는 전혀 새로운 유형의 복합 위기이다. 빈곤과 소외의 부활을 낳고 있는 이 심각한 사태는 결국 아래로부터의 대중적 동원에 의해 대처할 수밖에 없다.

38) 사회적 합의 형성의 가장 큰 장애물은 보수언론이다. 보수언론들은 1980년대 후반 민중운동과 시민운동의 분화를 촉진하기 위해 시민운동을 열렬히 지원함으로써 NGO의 시대를 열어 주었다. 시민운동의 급성장과 민주정부의 연이은 집권으로 보수적 헤게모니가 위협받는 상황이 되면서 시민운동과 언론의 밀월관계는 붕괴되었다. 이제 보수언론들은 뉴라이트 등 보수적 시민단체만을 선별적으로 지원할 뿐 민주적이고 개혁적인 시민단체들은 철저히 적대적으로 다룸으로써 고립화시키고 있다. 정치적 중립과 재정적 자립은 그들이 즐겨하는 고사전략의 핵심 담론이다.

셋째, 연대와 연계의 강화이다. 연대가 신·구 사회운동, 민중운동과 시민운동, 부문운동 사이의 수평적 협력을 강조하는 개념이라면, 연계의 강화는 시민운동과 정당의 협력과 교류의 증진을 지칭한다. 정치적 중립성이라는 모호한 원리보다는 정책지원, 선거연합, 후보지원, 정당후원 등 공식적이고 투명한 형태의 정치적 관계가 바람직하다. 넷째, 풀뿌리 역량의 강화이다. 더 중요하지만 덜 강조되어 온 민주화 이후 민주주의의 과제는 생활정치의 공간으로서 지역의 복원이다. 기존 정당은 물론이고 진보정당과 시민단체 또한 시민들의 일상적 소통과 미시적 의사결정이 이루어지는 '생활정치'의 현장으로서 지역을 간과해 왔다. 관변단체와 토호에게 선점당한 지역사회의 네트워크를 풀뿌리 시민운동으로 혁신시키는 과제야말로 시민운동이 당면한 엄청난 도전이자 최대의 기회이다.

운동의 위기는 사실 무능한 정치와 보수적 시민사회의 내재적 취약성에서 비롯되었고, 이러한 악순환이 민주주의의 위기를 초래하고 있다. 앞에서 제시한 네 가지 대안을 통하여 악순환의 고리를 선순환의 새로운 관계로 전환시켜야 한다. 지금 우리에게는 운동이 시민사회의 활력을 제공하고, 건강한 시민사회가 질 높은 민주주의를 지탱하는 선순환의 체계, 즉 시민참여 책임정치의 거시적 비전이 필요하다. 자율적 시민의 자발적 참여를 통해 정치체제의 항구적 혁신을 시도하는 시민참여 책임정치는 정당과 시민운동의 연계를 강화시킴으로써 민주주의를 확장하려는 새로운 시도라 하겠다.

참고문헌

강내희. 2003. 「문화연대와 1990년대 문화운동」. 김진균 편저 『저항, 연대, 기억의 정치: 한국사회운동의 흐름과 지형 II』. 문화과학사.

김왕배. 2000. 『도시, 공간, 생활세계: 계급과 국가 권력의 텍스트 해석』. 도서출판 한울.

김정훈. 2004. 「한국 시민운동의 역사와 쟁점」. ≪기억과 전망≫, 여름호.

류은숙. 2003. 「인권운동사랑방의 활동을 중심으로 본 한국 인권운동의 전개」. 김진균 편저. 『저항, 연대, 기억의 정치: 한국사회운동의 흐름과 지형 I』. 문화과학사.

박종민·배병룡·유재원·최승범·최홍석. 1999. 「한국 지방정치의 특징」. ≪한국행정학보≫, 33권 2호.

울리히 벡. 2005. 『적이 사라진 민주주의』. 정일준 옮김. 새물결.

윤영민. 2003. 『사이버 공간의 사회』. 한양대학교 출판부.

이원태. 2003. 「인터넷 정치참여 그 가능성과 한계: 직접민주주의의 광장인가, 포퓰리즘의 도구인가」. ≪월간중앙≫, 3월호. 96~103쪽.

이종식. 2005. 「민주화 이후의 시민사회운동과 원리: 문제점과 바람직한 방향」. ≪NGO 연구≫, 제3권 1호.

이태호. 2004. 「정치적 전환기, 시민운동의 모색」. ≪기억과 전망≫, 여름호.

이희수. 2004. 「세계화시대에 노동운동의 관점에서 바라본 시민운동의 대중성」. ≪기억과 전망≫.

임현진·공석기. 2005. 「미래 한국 NGOs의 조직 및 운영과제: 운동의 민주화 그리고 전지구화」. ≪NGO 연구≫, 제3권 1호.

정상호. 2003. 「시민사회연구의 과제: 공익적 시민운동을 넘어서」. 한국산업사회학회 편. ≪경제와 사회≫, 통권 60호.

_____. 2005. 「한국의 정치개혁과 시민운동」. 민주사회정책연구원. ≪민주사회와

정책연구≫, 7호.

정상호·임승빈. 2006.「정부의 NGO 재정지원정책에 대한 성과분석: 행정자치부의 비영리민간단체 지원사업을 중심으로」. 주성수 편.『한국시민사회지표: CIVICUS 국제공동연구 한국보고서』. 아르케.

조희연. 2003.「한국민주주의의 전개와 시민운동의 변화」. 김진균 편저.『저항, 연대, 기억의 정치: 한국사회운동의 흐름과 지형 Ⅱ』. 문화과학사.

_____. 2004.「시민운동의 세 가지 새로운 과제: 글로벌 데모크라시에 대한 응전과 과제들을 중심으로」.『참여와 연대로 연 민주주의의 새 지평』. 아르케.

_____. 2005.10.21.「'87년체제'의 전환적 위기와 민주개혁」. 참여사회연구소 해방60주년 심포지엄 자료집『다시 대한민국을 묻는다: 역사와 좌표』.

최장집. 2002.『민주화 이후의 민주주의』. 후마니타스.

통계청. 2005.1.『장래인구 특별추계 결과』.

_____. 2005.3.30.『2004년 혼인·이혼통계』.

피터슈워츠. 2005.『이미 시작된 20년 후』. 우태정·이주명 옮김. 필맥.

하승우. 2002.「일상적인 삶의 정치화와 소통공간의 활성화」. 시민자치정책센터.『풀뿌리는 느리게 질주한다: 자치운동의 현재와 미래』. 갈무리.

홍일표. 2003.「전략적 용량의 한계에 도달한 한국시민운동의 정치적 중립」. 참여사회연구소. ≪시민과 세계≫, 상반기.

Fung, Archon and Eric Olin Wright. 2003. *Deepening Democracy: Institutional Innovations in Empowered Participatory Governance*. London, New York:Verso.

Goddeeris, John H. and Burton A. Weisbrod. 2000. "Conversion from nonprofit to for-profit legal status: Why does it happen and should anyone care?" Burton A. Weisbrod(ed.). *To Profit of Not to Profit: The Commercial Transformation of the Nonprofit Sector*. Cambridge University Press.

Goldstone, Jack A.(eds.). 2003. *States, Parties and Social Movements*. Cambridge University Press.

Hall, Peter Dobkin. 1987. "Abandoning the Rhetoric of Independence: Reflections on the Nonprofit Sector in the Post-Liberal Era." Susan A. Ostrander and Stuart Langton. *Shifting the Debate: Public/Private Sector Relations in the Modern Welfare State*. Transaction Books.

Meyer, David S. and Sidney Tarrow. 1998. *The social movement society : contentious politics for a new century*. Lanham: Rowman & Littlefield Publishers.

McAdam, Doug, Sidney Tarrow and Charles Tilly. 2001. *Dynamics of Contention*. cambridge university press.

Sagawa, Shirley and Eli Segal. 2000. *Common Interest and Common Good*. Harvard Business School Press.

Salamon, Lester M. 2002. *The State of Nonprofit America*. Brookings Institution Press.

Weisbrod, Burton A. 2000. "The Nonprofit mission and its financing: Growing Links between Nonprofits and the Rest of the Economy." Burton A. Weisbrod(ed.). *To Profit of Not to Profit: The Commercial Transformation of the Nonprofit Sector*. Cambridge University Press.

Young, Iris Marion. 2000. *Inclusion and Democracy*. Oxford University Press.

제 10 장

결론: 시민참여 책임정치의 모색*

1. 참여연대와 로비활동등록법의 역설

제1장에서 살펴본 것처럼 한국사회의 민주화와 더불어 이론으로서나 현실을 규정하는 힘으로서나 견고하게만 보였던 국가조합주의의 이익대표 체계는 빠른 속도로 붕괴되기 시작하였다. 그렇지만 그 뒤 우리가 목격한 바는 사회조합주의든 결사체 민주주의든 혹은 자유다원주의든 어떤 분명한 대안적 이익체계의 정착이라기보다는 극단적 다원주의(extreme pluralism)의 더욱 파괴적 경향성이었다.[1] 국가조합주의는 해체되어 왔지만 오늘까지도 이를 대신할 이익대표 체계는 뿌리를 내리지 못하고 있다. 노사정위원회에서 알 수 있듯이 노동과 인권, 복지 분야에

---

* 이 장은 ≪민주사회와 정책연구≫(2006.12)에 게재되었던 논문이다.

1) 임혁백은 극단적 다원주의라는 개념을 통해 시장경쟁원리에 따라 단기이익의 극대화를 추구하는 데 급급한 기업노조주의를 설명하였다. Im Hyug Baik, "From affiliation to association: The challenge of democratic consolidation in Korean industrial relations," D. L. Mcnamara(ed.), *Corporatism and Korean Capitalism*(London: Routledge, 1999), pp.83~84.

서 시도되었던 사회조합주의의 시도들은 소기의 성과를 거두지 못한 채 표류하고 있다. 한의약분업과 의사파업에서 보았던 것처럼 권위주의 국가가 제공했던 독점의 방어벽 안에서 힘을 축적하여온 기득 이익집단들의 무한경쟁은 이익갈등을 조정하고 중재할 제도적 수단의 부재 속에 극단적 다원주의로 치닫고 있다. 한편, 린다 김 사건과 옷 로비 파문에서 볼 수 있듯이 다원주의의 제도적 상징인 로비는 밀실야합과 정경유착의 또 다른 이름으로 등치되고 있다.

한국의 이익정치가 사회구성원들의 폭 넓은 합의 속에서 어떤 방향과 지향성을 모색하고 있는 것이 아니라 임기응변식의 대증 요법에 의존하고 있다는 사실을 뒷받침하고 있는 것 중 하나는 참여연대가 추진하였던 '로비활동공개법'이다. 참여연대는 2000년 5월 경부고속철도건설이나 국방부의 백두사업을 둘러싼 외국 기업의 로비활동이 폭로됨에 따라 로비활동의 양성화·투명화·공개화를 목표로 '로비활동공개법'을 입법 청원하였다.

필자는 참여연대의 입법운동을 보면서 적잖이 놀랐다. 뒤에 상세히 설명할 것이지만, 한국사회가 당면한 문제의 본질은 민주화 시대에 걸맞은 이익 표출과 중재의 전반적 틀을 어떻게 구축할 것인가이다. 그렇지만 개혁적 시민운동의 대표 격인 참여연대는 철저하게 이 문제를 반부패의 입장과 기능적 효율성의 관점에서 접근하였다. 즉, 로비와 로비스트 제도가 전면적으로 실시되었을 때 그것이 한국정치와 정당체계에 미치는 구조적 효과에 대해서 깊게 고민하지 않았다. 더 큰 문제점은 그것이 필수적으로 수반할 '대표의 불균등과 편향'의 문제점을 아예 외면하였다는 것이다.[2)]

2) 참여연대의 입장에서 자신들의 입법 운동의 대상은 외국 기업에 고용된 '외국 대리인'에 한정된 것이라고 항변할 수 있다. 그렇다 하더라도 비판은 피할 수 없다. 왜냐하면, 출발은 '외국 대리인 로비활동 공개를 위한 법제화'일는지 모르겠지만

본 장에서는 좌표를 상실하고 부유하고 있는 한국의 이익정치가 나아갈 방향으로 대표와 참여의 원리에 기반한 시민참여 책임정치를 제시하고 있다. 이에 대한 설명에 앞서, 현재 다양하게 제기되고 있는 이익정치의 대안들을 깊이 있게 살펴보고자 한다.

2. 한국의 이익정치의 대안적 논의에 대한 검토

1) 다원주의적 접근: 로비와 로비스트 제도의 도입

한국에서 이익정치의 방향으로 미국의 다원주의를 제안하였던 지적 전통은 뿌리가 깊다. 민주화 이전의 이익집단 연구의 거의 모든 논문이 한국의 이익정치의 현실을 정부에 종속된 후진국 정치의 전형으로 규정하였고, 반대로 미국의 다원주의를 선진정치의 핵심적 요소이자 우리가 지향해야 할 바람직한 모델로 간주하는 강한 목적론과 규범성을 갖고 있었다.

이전의 다원주의적 제안들이 규범적·가치 지향적이었다면 최근의 제안들은 로비라는 특정 제도의 수용을 촉구하는 제도 중심적 성격을 갖고 있다. 본격적 공론화는 참여연대에 의해 이루어졌다. 참여연대는 2000년 5월 로비스트의 공개 등록, 로비활동 내용의 공개, 로비활동 규제 및 가이드라인 설정, 불법적 로비활동의 처벌 등을 골자로 한 '로비활동공개법'을 입법청원하였다.[3] 참여연대는 본 입법운동의 취지를

궁극적 귀결은 국내외의 전체 로비활동과 로비스트로 확대될 것이기 때문이다. 이를 입증하듯 최근 일부 의원들이 추진하고 있는 각종 '로비활동공개법'은 국적을 가리지 않고 있다.

3) 참여연대, 「음성로비 근절을 위한 '로비활동공개법'의 올바른 입법방향 모색」, 1차

"외국대리인의 등록과 공개를 통해 건전한 로비활동을 양성화하는 한편 정책결정과정이나 입법과정의 투명성 확보를 도모"하는 것으로 설정하였다. 로비활동 법제화의 논의는 이후 더욱 진전되면서 2004년 8월에는 의원발의(무소속 정몽준 의원 외 28명) 형식으로 국외의 이익을 대리하는 로비스트의 활동을 공개하는 것을 주요 내용으로 하는 '외국대리인로비활동공개법안'(의안번호 170328)이 발의되었다. 주목할 만한 것은 2005년 7월 13일 의원 10인의 발의(대표발의: 이승희 민주당 의원)로 제출된 '로비스트 등록 및 활동공개에 관한 법률안'(의안번호 172231)이다. 본 법안은 국내에 진출한 외국 대리인의 활동 공개를 목표로 하였던 이전의 것과 달리 국적을 불문하고 "정부 및 공공기관의 정책결정과정이나 집행, 국회의 입법 과정에 영향력을 행사하기 위하여 공무원을 대상으로 로비 활동을 하고자 하는 개인·법인 또는 단체"로 대상을 확대하였다.

그렇지만 지금까지의 입법 추진 시도는 모두 무산되었다. 결정적 원인은 로비와 로비스트를 합법화된 브로커로 간주하는 부정적 여론에 있지만 그 이면에는 로비의 합법화를 변호사 직무의 정면 침해로 간주하는 관련 전문가 집단의 완강한 반대가 있었다. 대한변협은 정몽준 의원의 로비활동법에 대한 반대의견서에서 "법안에는 변호사가 아닌 자에게 행정부서뿐만 아니라 심지어 법원에 자료를 제출하는 등의 재판외 변론활동도 허용하는 결과가 되고, 이는 비변호사의 변호사 활동을 허용하는 것으로서 이를 엄격히 금지하고 있는 변호사법은 물론이고 법치주의의 근간을 흔드는 중대한 도전에 해당"한다고 밝혔다. 아울러 대한변협은 "외국변호사 등이 외국대리인으로 등록하여 활동할 수 있게 함으로써 실질적으로 한국 법률시장을 개방하는 결과가 될 수 있다"

토론회 자료집(참여연대 2000.5.16).

라며 확고한 반대 입장을 피력하였다.[4)]

학계에서도 로비 제도의 순기능을 강조하는 여러 입장들이 존재하고 있다. 대체적으로 지지하는 연구자들의 근거는 "로비스트의 등록을 의무화하고 그 활동을 규제함으로써 의정 활동 및 행정작용의 투명성과 공정성을 확보"할 수 있다는 점을 힘주어 강조하고 있다.[5)] 한편 다른 각도에서 로비스트 제도의 도입을 지지하는 논의로는 이우영과 조승민이 대표적이다. 먼저, 이우영은 기존의 입법 제안들의 목표가 "정책결정과정의 공정성과 투명성 확보"로 너무 제한되어 있다고 비판하면서, 더욱 중요한 목표인 "공화주의적 입장에서 국민의 '알 권리'를 공개 방식을 통해 진작하고 혹은 이익집단과 입법자간의 정치적 연관관계에 대한 정보를 공개함으로써 유권자들의 투표권 행사에 있어 신뢰를 제고하는 것으로 확장되어야 한다"라고 제안하고 있다. 즉, 로비 제도의 원래 취지가 부패 근절보다는 더욱 자유롭고 공정한 이익표출을 통해 입법과정의 신뢰와 공공성을 제고하는 데 있다는 것이다.[6)]

가장 독특한 견해는 로비가 정부의 의사결정에 영향을 미치기 위한 의사소통 그 자체이며, 따라서 당연히 누려야 할 청원권 행사의 일환이라는 조승민의 주장이다. 무엇보다도 그의 주장은 로비의 제도화를 민주적 정당성이나 공정성의 관점이 아니라 사회적 효율성의 측면, 즉 정치경제학적 관점에서 옹호하고 있다는 점에서 주목할 만하다. 그는 로비의 제도화는 정치시장에서 독점적 지위를 유지해 온 국가의 주도적 위치를 약화시켜 정치시장의 자유화를 가져올 것이며, 나아가 공개를

---

4) ≪한겨레신문≫, 2004.11.8.

5) 문대현·성상문·고대웅·정양묵, 『로비스트 제도 도입 방안』(국회사무처, 2001), 81쪽.

6) 이우영, 「한국의 로비활동 법제화 노력에 대한 입법학적 관점에서의 분석」, 서울대학교 ≪法學≫, 46권 3호(2006), 383쪽.

통해 로비를 규제함으로써 지나친 이익추구 행위로 인한 사회적 효율성의 저하, 즉 시장 왜곡을 미연에 방지할 수 있다는 점을 허용의 근거로 제시하고 있다.[7)]

이러한 다원주의적 제안들에 대해서는 아직 로비제도의 도입에 따른 공론화가 성숙되지 않았기 때문에 충분한 찬반양론이 이루어지지 않고 있다. 그렇지만 이 문제는 엄청난 폭발력을 갖고 있는 잠재적인 이슈이며, 로비스트의 자격을 변호사로 한정하는 등의 상황 변화에 따라서 예상 외로 전격 채택될 수도 있다. 무엇보다도 그것의 가능성은 로비가 미국 다원주의의 꽃이라는 점이다. 정치·경제·사회·문화의 제도적 유사성에 있어 한국은 미국의 압도적 영향력에 놓여 있음은 부인하기 어렵다. 부정부패를 근절하기 위해서는 차라리 양성화할 필요가 있다는 국민적 인식이 확산된다면 유독 로비 제도만을 수입 규제 품목으로 묶어둘 논리적 근거는 버티기 어렵게 될 것이다.

그렇지만 로비스트 도입 주장이나 그것과 관련된 현재의 논의 구조는 심각한 문제를 안고 있다고 생각된다. 첫째, 그것을 옹호하는 입장은 물론이고 반대 논리마저도 탈맥락적 주장이라는 한계를 안고 있다. 미국의 로비제도는 정교하게 고안되어 진지한 논쟁을 거쳐 신대륙에 뿌리를 내린 다원주의 정치제도의 산물이다. 하지만 한국에서의 논의는 이익집단 정치를 근간으로 한 다원주의적 맥락과는 무관하게 부패방지 차원의 일환에서 기형적으로 축소되어 인식되고 있다. 거기에는 로비와 로비스트의 도입이 민주주의의 발전, 특히 정당과 정치 시스템에 미칠 영향이 전혀 고려되지 않고 있다. 이 점은 더 본질적인 두 번째의 반대 이유로 연결되는데, 한국에서 그것의 도입은 기존 체제의 정치경제적 불균형을 시정하기보다는 심화시킬 개연성이 농후하다는 점이다. 왜냐

---

7) 조승민, 『로비의 제도화』(삼성경제연구소, 2005), 87~88쪽.

하면, 미국에서 로비 제도는 그것의 부작용을 교정할 다양한 다원주의적 장치에도 불구하고 권력 불균형의 진원지로 지탄받고 있다는 사실을 고려한다면, 그러한 안전장치가 부재한 우리의 경우 어떤 결과가 나올지는 충분히 예견할 수 있다.

로비 제도의 도입을 반대하는 필자의 입장은 '구더기 무서워 장 못 담그랴'는 속담처럼 부정적 측면을 지나치게 강조하는 것[8]이 아니라 자칫 '빈대 잡으려다 초가 삼간 태우는 우'를 범하지 말아야 한다는 것이다. 즉, 찬성론자의 희망적 표현대로, "로비스트가 NO非理스트"가 될 개연성은 크지 않지만, 민주주의의 핵심 가치들, 즉 참여, 대표, 책임성의 원리를 훼손하는 데는 결정적으로 기여할 것으로 보인다. 버바의 유명한 비유를 빌리자면, 한국에서 로비 제도의 도입은 참여의 구조를 손상함으로써 결국 국민들의 목소리와 평등(voice and equality)을 왜곡하는 심각한 부작용을 낳을 것이다. 즉, 새로운 제도의 도입은 현실의 정치적 불평등을 완화하기보다는 심화시킴으로써, 보통 시민들의 소리를 듣기 어려울 만큼 작게 만들 것이고, 정책결정자들로 하여금 그들의 목소리에 귀 기울일 동기를 약화시키게 될 것이다.

2) 사회조합주의적 접근: 협약 정치

민주화가 누구도 부정할 수 없는 대세로 정착되면서 노사관계를 조율할 산업조정과 이익표출의 기제로서 그리고 거시 정책의 결정 원리로서 사회조합주의가 설득력을 얻어 갔다. 사회조합주의는 논점에 따라 몇 가지로 분류할 수 있다.

---

8) 이승희, 「로비스트 등록과 활동공개에 관한 법률을 제정하면서」, 『로비스트 법제화 꼭 필요한가』, 로비스트 법제화를 위한 제1차 토론회(2005.5.14.), 1쪽.

하나는 노사관계의 민주적 대안으로서 사회조합주의이다. 이 논의는 한국의 노사관계를 서구의 복지국가형 노사관계, 혹은 계급타협적 노사관계로 발전시켜 나가야 한다는 것이 주장의 핵심이다.[9] 최장집은 큰 틀에서는 서구식의 사회조합주의적 틀을 선호하나 한국의 경우 이를 충족시킬 주요 조건들이 형성되어 있지 못하다는 점을 감안하여 이 모델의 제3세계적 변형이라 할 수 있는 민주적 조합주의(democratic corporatism)를 제안하였다. 그는 브라질 노동자당(PT) 강령과 유사하게 한국의 노동정치 세력이 지향할 경제체제를 '자본의 민주화-시장경제'의 조합모델로 상정할 것을 권유한다. 그리고 정치적으로는 민주적 사회주의를 지향점으로 하고, 이를 위해 노동자계급뿐만 아니라 다계급·다계층 연합으로서의 민중세력의 정치적 진출을 구체적 경로로 제시한다.[10]

다른 하나는 노사관계를 넘어서 체제 수준에서의 갈등 해결 기제로서 사회조합주의를 바라보는 입장이다. 이러한 입장에서는 정치적 교환으로서 사회협약을 강조한다. 선학태는 한국에서 계급갈등의 제도화, 즉 사회협약 정치의 안정적 작동을 위한 조건으로 산별노조를 통한 노동운동의 강화, 비례대표제와 같은 온건한 계급정치의 작동 조건 보장, 노동과 시민사회단체와의 제도적 협력 네트워크 구축을 제안하고 있다.[11] 박동 역시 한국에서 사회적 조정모델은 노동시장이나 노사관계라는 좁은 울타리를 넘어 정치제도, 경제체제, 그리고 사회구조 등 우리사회 전체의 비전을 염두에 두는 역사적 대타협의 내용을 포괄해야 한다고 주장하고 있다.[12]

---

9) 임혁백, 『시장, 국가, 민주주의』(사회비평사, 1995); 강명세, 「사회협약의 이론」, 『경제위기와 사회협약』(세종연구소, 1999).

10) 최장집, 『한국민주주의의 이론』(한길사, 1993), 390쪽.

11) 선학태, 「신생민주주의공고화의 가능성과 한계: 김대중정권하의 메크로코포라티스적 사회협약정치의 실험」, ≪한국정치학회보≫, 36집 4호(2002), 225쪽.

12) 박동, 『한국 노동체제의 변화와 사회협약의 정치』(동도원, 2005), 9쪽.

최근 사회조합주의는 몇 가지 중요한 변화를 겪고 있다. 우선 1990년대 초까지만 해도 사회적 조정은 경제위기시에 집중적으로 행해졌으나 최근에는 많은 나라에서 항구적인 조정 메커니즘으로 정착되는 추세를 보여주고 있다. 아울러, 과거에는 노동시장에서 조직 노동이 하부단위를 통제할 수 있는 강력한 힘을 갖고 있고, 정치시장에서 친노동 정부가 출현하는 등 구조적 조건을 갖춘 경우에만 사회적 조정이 성공할 수 있다는 주장이 제기되어 왔다. 그러나 최근 선진국은 물론 신생 민주국가에서도 사회협약 등을 통해 정치적 안정과 유리한 거시경제적 성과를 이루어내면서 구조적 조건보다는 사회세력들 간의 타협에 의한 정책결정이 갖는 중요성에 주목하기 시작하였다. 또한 1980년대까지의 사회협약 이론은 국가 및 전국수준의 사용자단체와 노조들 간의 협상인 거시적(macro) 사회협약에 관심을 가져왔다. 이는 케인지주의 경제학에 기초한 수요중심의 사회협약을 지칭한다. 그러나 세계화 시대에 접어들어 산업별·부문별·지역별 특수이익을 갖는 조직들과 국가 간에 이뤄진 중위적(meso) 사회협약, 또는 사업장별 기업별 수준에서 노조와 경영진의 협상인 미시적(micro) 사회협약에 더 큰 관심이 고조되고 있다. 이러한 경향은 신자유주의적 세계화로 인한 노동시장의 유연화, 적극적 노동시장 정책, 세금감면을 통한 고용증대와 같은 새로운 중요 이슈에 대응하는 공급중심 사회협약이라 할 수 있다.[13)]

최근 한국에서도 미시적 수준에서의 지역 사회협약이 쟁점으로 부상하고 있다. 울산 건설플랜트에 이어 현대 하이스코 비정규직 노동자들의 투쟁이 중범위 수준의 사회적 합의에 기초한 사회협약으로 타결된 것이 그 대표적인 예이다.[14)] 비정규직 문제의 물꼬를 텄다는 점에서,

---

13) 선학태, 『갈등과 통합의 정치』(심산, 2004), 133쪽.

14) 조형제, 「건설플랜트 노조 파업 사태와 '사회적 협약' 타결」, 2005.11.29. 시민포럼-대안과실천, 울산지역노사관계대전환을 위한 기획토론회(2005), 23쪽.

그리고 이후 몇 군데의 지자체에서 이 모델을 적극 도입하려 시도했다는 점에서 두 사례는 더 이상 일회적이거나 특정 지역으로 국한되지 않는다. 향후 여타 지역 혹은 여타 업종에서 반복될 가능성이 높다고 전망된다.[15)]

노사 간 이익 갈등의 조절 메커니즘으로서 사회조합주의의 유효성을 비판하는 논거들이 적지 않다. 노사정위원회의 도입으로 출발한 한국의 사회협약정치는 정치경제적 조건이 부재하여 명백한 한계와 결함을 드러내고 있으며, 정치적 교환으로서의 성격을 갖지 못한다는 것이다. 무엇보다도 진정한 계급타협을 조성하기보다는 신자유주의적 구조개혁에 대한 노동자들의 불만과 저항을 무마하려는 데 무게중심을 두고 출발하였다는 태생적 한계가 제도적 발전을 제약하고 있다고 지적되고 있다.[16)] 일각으로부터는 국가의 불합리한 개입으로 시장경제를 해치는 불필요한 정치적 수단이라고 비판받고 있고, 다른 일각에서는 신자유주의를 도입하기 위한 기만적인 국가의 술수로 비판을 받고 있다.

한국에서 사회조합주의는 제도적 기반이 성숙되지 못한 상태에서 시도되었기 때문에 당연히 여러 가지 한계를 드러냈다. 구체적으로는 정부의 강력한 의지나 추진계획 미비, 참여자들 사이의 신뢰부재, 사회정책과 노동진영에 대한 정부의 일관성 있는 정책의지와 역량 부족이 가장 큰 원인으로 보인다. 그렇지만 국가수준의 민주적 노사관계가 전무했던 한국에서 지난 10년간 사회적 합의주의의 실험은 '관계의 제도화'라고 하는 무시하지 못할 성과를 가져왔다. 또한 민주화와 세계화의 충격을 완충시키는 혁신적인 정치기법으로서, 어려운 경제상황 속에서도

---

15) 은수미, 「지역수준 '사회적 합의'가 노사관계에 가지는 함의: 울산건설플랜트와 현대하이스코를 중심으로」, 2005.11.29. 시민포럼-대안과 실천, 울산지역노사관계대전환을 위한 기획토론회(2005), 13쪽.

16) 선학태, 『갈등과 통합의 정치』, 186쪽.

민주주의 공고화 시기를 헤쳐나가는 데 의미 있는 기여를 하였다.[17)]

정리하자면, 이익정치의 한 모델로서 사회조합주의는 많은 한계와 빈약한 성과에도 불구하고 민주주의와 경제발전을 위해서도 여전히 유용한 대안이다. 그러나 현실의 대안으로 안착하기 위해서는 몇 가지 점에서 보완 및 수정을 거쳐야만 한다. 첫째, 대표성의 제고이다. 다원주의나 조합주의는 집단의 조직력에 비례하여 발언권을 부여한다는 점에서, 특히 조직 노동과 조직 자본의 발언권에 우선순위를 부여한다는 점에서 모두 조직화된 이익 집단에게는 독점과 특권을 보장하는 반면 게임 밖에 있는 열외자(outsider)들에게는 소외와 배제를 조장하는 차별에 근거한 이익체계라고 할 수 있다.[18)] 따라서, 노·사·정의 전통적 협력모델의 한계를 극복하기 위해서는 역동적 시민참여와 자율적 시민단체의 역할을 바람직할 뿐만 아니라 필수적 요소로 간주할 필요가 있다. 둘째, 영역의 확장과 참여자의 확대이다. 사회조합주의를 노사문제를 해결하기 위한 삼자협의주의로 한정하기보다는 그것을 포괄하되 지역발전과 사회현안의 제도적 해결 기제로 인식해야 한다. 그렇게 접근할 때 관련 전문가 집단, 시민사회, 지방자치단체의 참여를 격려하게 된다. 결론짓자면, 다양한 참여자들의 대등하고도 자율적 조정을 강조하는 거버넌스의 문제 인식을 결합시킬 필요가 있다.

3) 새로운 처방들: 결사체 민주주의와 심의 민주주의

다원주의와 조합주의와 명확히 구분되는 이익정치 양식으로는 결사체 민주주의가 있다. 결사체 민주주의는 분권·자율·위임에 의한 이익

---

17) 박명준, 「노동시장 양극화 해결과 사회협약정치의 활용: 유연한 고복지국가를 향한 선택」, ≪노동사회≫(2005), 77쪽.

18) Robert C. Grady, *Restoring Real Representation*(University of Illinois Press, 1993), p.7.

표출을 선호하며 국가의 개입과 간섭을 가능한 한 배제한다. 3장에서 자세히 살펴본 것처럼, 가장 대표적인 연구자는 조합주의의 창안자인 슈미터이다. 슈미터의 사적 이익정부(Private Interest Government)라는 개념은 '이익에 기반한 집단행동이 공공정책의 목표 달성에 기여하게 되는 일련의 구조'이자 특수 이익을 갖는 사회집단으로서 자율적 규제를 시행하는 기관을 의미한다. 국가의 규제는 전체 이익을 명분으로 특정 집단의 희생을 강제하며, 국가 개입의 적절한 범주와 역할을 둘러싸고 격렬한 사회적 논쟁을 유발하는 데 반해, 사적 이익정부에 의한 자율규제는 외적 통제를 내적 규율로 전환시킴으로써 불가능하거나 어려운 것으로 여겨졌던 대립적 이익과 갈등적 이념의 효과적 수렴을 가능하게 만든다고 설명하고 있다.[19]

한국에서 결사체 민주주의는 아직까지는 이론 자체의 소개에 그치고 있다. 안승국은 결사체주의의 핵심을 국가권력의 분권화와 사회집단의 권한 강화로 이해하고, 결사체를 통해 시민들이 정치에 복귀하게 되고 결과적으로 실천적 공공영역이 구축된다는 점에서 결사체 민주주의를 적극적으로 옹호하고 있다.[20] 임혁백 역시 대의 민주주의의 한계를 메워주고 한국에서 민주적 공고화 단계의 집단 갈등을 해결할 유효한 수단으로서 결사체 민주주의의 적용을 권장하고 있다.[21] 결사체 민주주의와 관련하여 한국적 적용의 가능성과 한계를 꾸준히 모색해 온 연구자

19) Wolfgang Streeck and Philippe C. Schmitter, "Community. market. state-and associations? The prospective contribution of interest governance to social order," Streeck and Schmitter, *Private Interest Government: Beyond Market and State*(Sage Publication, 1985), pp.16~20.

20) 안승국, 「결사체 민주주의와 정치공동체: 국가-시민사회 관계의 대전환 모색」, ≪한국정치학회보≫, 31집 3호(1997), 76~77쪽.

21) 임혁백, 「21세기 한국 대의제 민주주의의 대안: 심의 민주주의, 결사체 민주주의, 전자 민주주의」, 한국정치학회, Post-IMF Governance 하계 학술회의(2000).

는 김의영이다.[22] 그는 한국의 기업 이익 체계는 기본적으로 스트릭과 슈미터(Streek and Schmitter)가 말한 사적 이익 정부의 성격을 지니고 있으며, 특히 산업차원의 거버넌스는 상당 부분 정부와 정부의 정책적 권한을 위임받은 사업자단체의 협조적 관계를 중심으로 이루어지는 중위수준의 조합주의의 모습을 띠고 있다고 분석하였다.[23]

그렇지만 아직 결사체 민주주의를 한국에 적용하기에는 여러 가지 어려움이 뒤따른다. 가장 큰 문제는 결사체 내부의 낮은 민주화와 대표성 정도이다. 얼마 전까지만 해도 권위주의 국가의 조합주의적 통제를 수용하는 대가로 독점적 대표권을 부여받았던 한국의 이익집단들은 자율과 분권보다는 감독과 조정에 익숙하다. 또한 대표하는 범주의 제한성과 정상 조직의 분열로 협소한 조합주의적 이해를 넘어 사회 전체의 공익과 공공선을 고려하는 데 둔감하다.[24] 이러한 상황 속에서 국가의 개입 없이 위임·자율규제·분권·자치에만 맡겨둔다면 집단 간의 갈등은 첨예한 대립으로 치달을 것이며, 거대 특수 집단의 야합과 부정이 팽배하게 될 것이 분명하다.[25]

---

22) 김의영, 「국민건강보험 분야의 결사체 거버넌스와 NGO」, ≪시민정치학회보≫, 제6권(2003); 김의영, 「결사체 민주주의에 대한 소고」, ≪한국정치학회보≫, 제39집 3호(2005).

23) 김의영, 「세계화와 한국정치경제의 가버넌스: 결사체 가버넌스를 중심으로」, ≪국제정치논총≫, 41집 2호(2001), 300쪽.

24) 이러한 상황은 카프만(Arnold Kaufman)이 말한 바 있는 '참여 민주주의의 역설(paradox)'과 유사하다. 카프만은 민주주의의 참여는 사람들이 자신들의 능력을 증진시키는 데 더할 나위 없이 소중한 요소이지만 참여의 경험이 미숙한 사람들은 성공적 민주주의를 낳는 데 필요한 충분한 능력을 갖고 있지 않다는 점을 이렇게 표현하였다. 즉, 참여는 정말로 그들에게 필요한 것이지만, 오랜 빈곤 때문에 그것을 획득할 수 있는 능력은 너무 제한되어 있다.

25) 이러한 위험성은 김대중 정부하에서 시도되었던 정부의 사업자단체 개혁의 실험에서 이미 드러난 바 있다. 결사체 민주주의는 자칫 국가를 비롯한 공적 권위의 부재 속에서 자칫 담합과 지대추구 등 부정적 결과를 야기할 수 있다. 김의영,

따라서 결사체 민주주의는 오늘의 한국정치에 바로 적용해야 할 모델이라기보다는 이익정치의 궁극적 원리이자 지향해야 할 장기 목표로 인식하는 것이 타당하다. 사회조합주의의 정착으로 집단 내부의 대표성과 민주성이 진작되고, 집단들 사이의 자율적 타협의 문화와 협상 관행이 발전하는 속도에 비례하여 결사체 민주주의의 원리와 제도들을 순차적으로 확대·적용하는 것이 바람직하다.

최근 민주주의 이론과 관련하여 가장 주목할 만한 현상은 다양한 이론들이 심의 민주주의(deliberative democracy)로 수렴·결합되고 있다는 사실이다. 맨스브리지는 심의에 기반한 이익정치가 가능할 뿐만 아니라 바람직하다고 주장하고 있고,[26] 펑과 라이트 역시 심의에 기반한 참여 거버넌스(Empowered Participatory Governance)를 제안하였다.[27] 한국에서도 사회갈등을 해결할 유력한 원리로서 심의 민주주의가 각광받고 있다.[28] 심의 민주주의를 지지하는 일단의 연구자들은 심의 민주주의가 대의 민주주의의 '민주주의 결손'을 보충하는 제도적 장치가 될 수 있을 뿐 아니라 나아가 참여 민주주의의 '민주주의 과잉'을 보완하는 제도적 기초가 된다고 평가하고 있다. 우발적인 또는 일시적인 참여에 의존할 수 있는 참여 민주주의는 과잉 민주주의, 산출 민주주의 등의 대의 민주주의 시각들이 지적하듯이 정치 불안을 조장하기 쉬우므로 더욱

「세계화와 한국정치경제의 가버넌스: 결사체 가버넌스를 중심으로」, ≪국제정치논총≫, 41집 2호(2001), 302쪽.

26) Jane Mansbridge, "Practice-Thought-Practice," Archon Fung and Eric Olin Wright, *Deepening Democracy: Institutional Innovations in Empowered Participatory Governance* (London, New York: Verso, 2003), pp175～189.

27) Archon Fung and Eric Olin Wright, "Countervailing Power in Empowered Participatory Governance," *Deepening Democracy: Institutional Innovations in Empowered Participatory Governance*(London, New York: Verso, 2003), pp.261～ 285.

28) 오현철, 「토의민주주의: 이론 및 과제」, 주성수·정상호 편, 『민주주의 대 민주주의』(아르케, 2006).

안정적이고 진지한 참여, 그리고 심사숙고한 토의에 기초하는 심의 민주주의 제도에 의해 보완될 필요가 있다는 것이다. 특히 주어진 정책 사안에 대해 충분한 정보도 없이 찬성과 반대에 관한 시민들의 광범위한 논의와 토의가 존재하지 않은 주민발안이나 주민투표 등의 직접 민주주의 제도들도 신중한 심사숙고에 의한 토의가 가능한 심의적 제도로 통합될 필요가 있다는 점을 강조한다.[29)]

최근 심의 민주주의는 단순한 서구 이론의 소개를 넘어서 구체 제도의 고안과 적용 단계로 발전하고 있다. 먼저 합의회의는 "선별된 일단의 보통 시민들이 논쟁적이거나 관심을 불러일으키는 과학기술적, 환경적, 혹은 사회적 주제에 대해 전문가들에게 질의하고 그에 대한 전문가들의 대답을 청취한 다음, 이 주제에 대한 내부의 의견을 취합하여 최종적으로 기자회견을 통해 자신들의 견해를 발표하는 하나의 시민포럼이라고 정의"된다.[30)] 합의회의는 최근 환경운동, 생명운동의 영역에서 배아복제, 원자력정책 등에 관해 시민사회단체들이 실험적으로 시행하며 공공기관과의 공조를 확대해가는 추세에 있다.

시민배심원 제도는 공공적으로 중요한 문제를 무작위로 선별된 시민들이 4~5일간 만나 현안에 대한 신중한 심사숙고와 토의를 거듭하는 절차로 정책권고안을 제시하는 과정으로 이뤄진다. 시민패널이 되는 배심원은 12~24명으로 구성되고 각계 각층의 시민들을 고루 대표해서 활동한다. 배심원들은 자신들이 배심원에 참여하는 대가로 일정한 보수를 받으며 부여된 과제에 대해 해당 전문가들과 증인들의 증언을 듣고

---

29) 주성수, 「시민참여, 자치권능, 심의 민주주의 제도: 정책갈등 해결방안의 탐색」, ≪경제와 사회≫, 제63호, 124~145쪽(2004); 주성수, 「국가정책결정에 국민여론이 저항하면? 심의 민주주의 참여제도의 탐색」. ≪한국정치학회보≫, 39/3(2005), 147~165쪽.

30) 지속가능발전위원회, 『국가 지속가능 발전전략 기본구상 연구』, 대통령자문 지속가능발전위원회(지속가능발전위원회, 2003), 38쪽.

해결책을 토론하고 숙의하는 과정을 거치게 된다.[31] 한국의 경우 울산 북구청의 '음식물자원화시설건립'을 둘러싼 첨예한 갈등을 해결하는데 도입된 시민배심원제가 대표적이다. 한국에서는 행정기관에 의해 최초로 도입된 울산 북구청의 시민배심원제는 지역 시민단체, 지자체, 시설관련 전문가와 업계 등으로 구성된 중재단의 조정과 그간 위생과 냄새에 따른 지가 하락을 우려한 반대 주민, 그리고 행정기관과의 오랜 협의와 타협에 의한 서면합의에 바탕을 두었다. 또 국민의 재판 참여를 중시해 일부 재판에 한정해 시민배심제를 시범적으로 실시하는 방안을 제시한 대법원의 결정도 심의 민주주의의 중요성을 인정한 중요한 사례가 된다.

마지막으로 공론조사(deliberative polling)는 '심사숙고된 여론'을 중시하는 대안이 되고 있다. 일반 여론조사 방식으로 먼저 샘플링에 의해 주어진 사안에 대한 질문을 하고, 이에 관한 결과를 수집한 다음, 샘플링에 참여한 대표들을 몇 일간의 토의 모임에 초청해서 서로 찬반토론 등의 공개적 심의를 거쳐 다시 설문조사를 하여 최종 심사숙고된 의견을 수렴하는 방식이다.[32] 피시킨과 러스킨은 시민 누구나 샘플링에 의해 공론조사에 참여할 수 있는 기회가 주어지고, 또 참여해서 서로 충분한 토의를 할 수 있기 때문에 공론조사가 '정치적 평등'과 심사숙고를 동시에 만족시켜 주는 민주적 참여제도라고 강조한다.[33] 한국에서는 2005년 처음으로 재경부에서 부동산 정책 입안을 위해 공론조사를 실시한 바 있다.

---

31) 같은 책, 40쪽.

32) B. Ackerman and J. Fishkin, *Deliberation Day*(New Haven: Yale University Press, 2004), pp.46~47.

33) J. Fishkin. and R. Luskin, "Experimenting with a Democratic Ideal: Deliberative Polling and Public Opinion," Presented at the Swiss Chair's Conference on Deliberation(2004), p.6.

심의 민주주의의 강력한 장점은 현존하는 민주주의를 강화하는 데 활용될 수 있다는 점이다. 필자가 주목하는 점 역시 이익정치와 심의 민주주의의 결합 가능성이다. 만약 심의의 참여자들이 자기-이익(self-interest)을 명확히 정리하고 정확하게 표출하지 않는다면 우리 자신은 물론 다른 사람들을 이해할 수 없고 많은 갈등의 해결책을 만들 수도 없다. 심의 민주주의를 통해 개별적이고 집단적인 이익들이 더 큰 사회적 규범과 공존하게 되며, 공동선에 대한 고려 속에서 자기-이익의 적절한 변형이 가능하게 된다.[34] 나아가 심의 민주주의는 결사체와 경제조직들로 확대되어, 심의의 합당한 조건으로서 참여를 진작시키고 불평등 문제를 상기시킴으로써 대규모 사회의 복합 조직에 급진적인 민주 이념을 불어넣을 수 있다.[35]

3. 시민참여 책임정치의 모색

필자가 이익정치의 한국적 대안으로 상정하고 있는 시민참여 책임정치는 네 가지의 원리 또는 하위 요소로 구성되어 있다.

첫째, 시민참여 책임정치는 이익정치를 조정하고 조율할 정당과 정부의 주도권을 정당한 것으로 승인한다는 점에서 책임정치, 더 구체적으로는 민주적 책임정당정부를 지향한다.[36] 우리가 제안하고 지향하는

---

34) Jane Mansbridge, "Practice-Thought-Practice," p.176.

35) April Carter, "Associative Democracy," April Carter and Geoffrey Stokes. *Democratic Theory Today*(Polity Press, 2002), p.11.

36) 선거를 통해 시민의 의사를 위임받은 정당이 정부를 구성할 뿐 아니라, 집행부와 의회를 융합하면서 정책을 힘 있게 실현하고 그 결과에 대해 다음 선거를 통해 시민에 책임지는 것이 민주주의 운영의 핵심이라 할 수 있다. 책임정당정치 또는 정당정부는, 민주주의 초기의 엘리트주의적 간접 민주주의를 극복하고, 선거를

구체적 정당 모델은 '사회균열에 기반을 둔 정치적 대표체제의 구축과 정책 경쟁'을 핵심으로 하는 유럽식의 민주적 대중정당 모델이다. 이렇듯 대중정당을 강조하는 첫 번째 이유는 정당의 저발전이 오늘날 이익갈등의 안정적 제도화를 가로막은 가장 큰 원인으로 작용하고 있다는 현실적 인식 때문이다. 민주주의란 "정당만으로 되는 것은 아니지만, 정당이 국가와 시민사회를 매개하는 가장 중요한 메커니즘이기 때문에, 그리고 정당이 정부를 만들고 정책적 수단을 통하여 사회를 변화시키는 중심적 메커니즘이기 때문에 정당정치를 중심으로 하는 체제"라 할 수 있다.[37)]

구체적으로는 정당-정부-이익집단 사이의 정책 협의와 안건 조율을 통한 정치적 연계가 강화되어야 한다. 최근 정치권 일각에서는 정강 정책과 지지를 서로 주고받는 스몰딜 운동, 또는 국민참여형 정강정책수립운동을 제안한 바 있다. 대중단체, 시민단체, 지역단체, 직능조직과의 다양한 형태의 정책협의에 대해 당원과 지구당, 즉 아래로부터의 공동토론과 공약 수립, 인준투표를 거쳐 중앙당의 주요 정책과 강령을 만들어가자는 것이 골자이다.[38)] 이러한 제안은 선거에 임박한 위로부터의 조직 동원이 아닌 더욱 투명하고 공개적인 수평적 정책협의라는 점에서 진일보한 것이며, 시민참여 책임정치의 구체적인 형태라 할 수 있다.

둘째, 시민참여 책임정치는 기존의 조합주의의 한계를 극복하고 조

통해 나타난 유권자의 정치적 의사를 더욱 직접적으로 정치과정에 반영시킴으로써 국가정책 및 정치권력에 대한 주권자의 통제를 가능케 하는 핵심적 장치이다. 즉, 책임정당정치는 민주주의 기본인 인민(populus) 주권을 현실에서 가능케 하는 메커니즘이라 할 수 있다.

37) 최장집, 『한국민주주의의 이론』(한길사, 1993).

38) 민병두, 「정당의 현대화와 시민과의 결합: 대중조직·시민단체·이익단체와의 스몰딜을 통해 빅딜로」, 열린우리당 백원우 의원실 주최 '완전 국민경선제 관련 토론회'(2006).

건이 미성숙한 한국에서 창의적 경로 탐색을 위해 '유연하고 경쟁적인 사회조합주의'를 지향한다. 먼저, 경쟁적 조합주의(competitive corporatism)는 세계화의 외압과 국내의 구조 변화에 직면하여 국가 경쟁력을 강화하기 위하여서는 상이한 사회계급 간 조정과 협력의 구축이 필수적이라는 인식을 전제한다. 아일랜드의 사회협약 사례를 설명하기 위해 로즈(Rhodes)가 고안한 개념인 경쟁적 조합주의는 기존의 사회조합주의와 몇 가지 점에서 뚜렷한 차이를 보인다. 첫째, 경쟁적 조합주의에서는 사회계급 간의 정치적 교환을 가능케 하는 제도적 환경, 이를테면 사민당이나 비례대표제 그리고 여기에 기반한 온건한 계급정치 등을 필수조건으로 간주하지 않는다. 둘째, 경쟁적 조합주의에서는 사회협약 체결과정에서 전통적 당사자라고 할 수 있는 기업연합과 노조연합뿐만 아니라 실직자 연합, 농민 연합, 시민단체 등을 비롯한 다양한 사회집단들이 사회협약에 참여한다는 특징을 보인다. 셋째, 경쟁적 조합주의에서는 사회협약의 체결 및 집행과정에서 국가가 협약 당사자들에게 강제력을 행사하거나 유인책을 제공함으로써 더 적극적인 역할을 수행한다.[39]

동시에 시민참여 책임정치는 유연한 조합주의를 지향한다. 전국 수준에서 당장 사회조합주의 모델의 성과를 기대하기 어렵다는 현실을 고려하여 상대적으로 장기에 걸쳐 형성된 안면관계와 신뢰라는 사회자본을 이용하여 지역차원에서의 실험, 즉 지역사회협약을 동시에 시도하여 성공의 경험들을 축적할 필요가 있다. 이러한 실험은 전국단위, 중앙차원의, 거대 집단이 주체가 되는 조합주의 모델에 대비해서, 지역수준에서 다양한 수준의 시민사회 현안들을 중심으로 만들어지는 타협모델

39) 신동면, 「아일랜드 발전모델: 사회협약과 경쟁적 조합주의」, ≪한국정치학회보≫, 39집 1호(2005), 303쪽.

이라는 점에서 '유연한 조합주의(soft corporatism)'라고 부를 수 있을 것이다.

셋째, 시민참여 책임정치는 이익정치의 새로운 요소로서 자율적 시민과 사회단체의 자발적 참여를 고무한다. 왜냐하면, 이익정치가 규정하는 정당과 선거, 그리고 그것의 반영물로서 공공 정책은 일반 시민이 아니라 상대적으로 많은 자원을 갖고 잘 조직화되어 있는 집단과 그 구성원에 의해 왜곡될 가능성이 상존하기 때문이다. 개별 시민과 사회단체의 참여와 견제는 그러한 편향성을 억제하는 구조적 힘(counter-valence)으로 작동하여 이익정치의 추를 더 균형적으로 잡아줄 것이다. 아울러 시민과 사회단체의 참여는 관료주의적 습성과 점증주의적 타성 때문에 항상 대중의 욕구와 기대를 충족시키지 못하는 제도 지체의 문제를 해결해 준다. 따라서, 정치제도의 능력과 활력을 위해서는 자율적 시민들의 자발적 참여에 기초한 부단한 혁신운동이 필수적이다. 액커먼(Bruce Ackerman)은 미국헌법의 전통을 정부에 의한 일상적 정치결정과 특별히 고양된 순간의 민중에 의해 결정되는 이원적 민주주의로 정의하였는데, 이 개념은 민중적 참여의 결과가 궁극적으로 헌법적 내용을 혁신해 나가는 역동적 과정을 포착하고 있다.[40] 본 연구는 액커먼의 문제의식에서 더 나아가 예외적 상황이 아닌 일상적 정치에서도 시민들의 다양한 공적 참여를 강조하고자 한다.

넷째, 시민참여 책임정치는 사회조합주의 이론을 기본 틀로 삼되 현대 민주주의 이론, 특히 심의 민주주의, 결사체 민주주의, 거버넌스 이론을 적극 수용한다. 즉, 결사체, 심의, 거버넌스 이론을 사회조합주의와 대립되는 새로운 대체 이론으로 간주하는 것이 아니라 그것의 한계를 보정할 보완 이론으로 활용한다. 먼저, 심의 민주주의가 새롭게 강조

---

40) 안병진, 『노무현과 클린튼의 탄핵 정치학』(푸른길, 2004), 40~51쪽.

하는 두 가지 요소를 적극 수용할 필요가 있다. 하나는 정부와 이익집단, 이익집단과 이익집단 사이의 협의 및 협상과정에서 '동등하며 효과적인 참여의 기회'가 중요하다는 사실이며, 다른 하나는 심사숙고의 질적 수준이 민주주의의 정통성을 결정하는 척도가 되어, 질적으로 높은 심사숙고는 더 높은 수준의 시민 동의를 의미하며, 더 높은 민주적 정통성을 의미한다는 사실이다.[41] 심의 민주주의의 수용을 통해 기존의 이익정치 과정 즉 이해당사자 사이의 물질적 이익의 단순한 교환과정이 시민과 시민사회의 참여와 역할을 포함하는 범사회적인 광범위한 심사숙고의 제도화 과정으로 발전할 수 있다.

거버넌스 역시 시민참여 책임정치를 구성하는 중요한 이론적 자원이다. 거버넌스는 사회조합주의와 결사체 민주주의의 중요한 가치와 덕목을 수렴하고 있다. 거버넌스는 책임감 있는 행위주체들의 자율적인 협의·조정과정을 중시한다는 점에서 사회조합주의의 원리를 수용한다. 한편, 국가와 집단의 관계를 일방적 통제가 아니라 수평적인 파트너 혹은 네트워크 관계로 본다는 점에서 결사체 민주주의의 분권과 분산 원리를 존중하고 있다. 무엇보다도 거버넌스와 기존 모델의 차이는 시민사회에 대한 인식에 있다. 즉, 거버넌스는 노·사·정의 전통적 협력모델의 한계를 인식하고 역동적 시민참여와 자율적 시민단체의 역할을 바람직할 뿐만 아니라 필수적 요소로 간주한다.[42]

끝으로 결사체 민주주의 이론과의 결합 가능성이다. 일견 정부와 정당의 주도성을 강조한다는 점에서 시민참여 책임정치는 결사체 민주주의와 정면으로 대립하는 것으로 보인다. 그렇지만 시민참여 책임정치는 이익정치의 영역에서 결사체 민주주의가 지닌 최대의 매력을 장기적

---

41) G. Stokes, "Democracy and Citizenship," A. Carter and G. Stokes(eds.), *Democracy Theory Today*(Cambridge, Polity Press, 2002), p.40.

42) 주성수, 『시민사회와 NGO 논쟁』(한양대학교 출판부, 2001), 170쪽.

비전으로 공유하고 있다. 하나는 결사체주의가 고귀한 열정이나 선구자적 통찰력이 아니라 시민이나 결사체의 자기이익(self-interest)이 민주주의의 출발점이라는 소박하지만 오래된 진리 위에 서 있다는 점이다.[43] 다른 하나는 뒤르켐과 슈미터가 공유하였던 정치적 신념, 즉 결사체 활동을 통해서도 공공선과 공익의 확보가 가능하다는 인간의 이성과 능력에 대한 건강한 믿음 때문이다. 기존의 모든 정치적 대안들은 사적 결사체와 그 활동을 억제(curb)의 대상으로 간주하였거나 그 반대로 정치적 평등이나 국가의 문제를 도외시하였다. 결사체 민주주의는 분권과 자율이라는 급진적 가치의 심화와 발전을 통해 국가와 시민사회 모두의 공적 기능을 활성화하고자 한다. 뒤르켐의 표현을 빌자면, 그것은 '경제활동의 사회화'를 지향하는 것이고,[44] 한편으로는 결사체를 통해 시민들을 정치에 복귀시킴으로써 결과적으로 실천적 공공영역을 재구축하는 것이다.[45]

정리하자면, 시민참여 책임정치는 대립하는 이익과 경쟁하는 정당을 정치의 중심에 두었다는 점에서 고전적이다. 정당과 정부는 이익의 통합과 조정에 있어서 여전히 가장 핵심적 제도이다. 그렇지만 시민과 사회단체의 참여를 보완적 차원을 넘어 정치 발전의 필수적 요소로 간주한다는 점에서 다원주의나 조합주의와는 뚜렷이 구분된다. 사적 이익이나 집단이익의 표출을 고유한 정치 활동으로 존중하며, 사익과 공익을 선악에 기초한 배타적 구분이 아니라 정치의 기능에 따라 조화로운 공존이 가능한 통합의 세계로 인식한다. 정당과 이익집단, 정부와 시민사

---

43) Phillipe C. Schmitter, "The Irony of Modern Democracy and the Viability of Efforts to Reform its Practice," Cohen & Rogers, *Secondary Associations and Democratic Governance: The Real Utopia Project*(London: Verso, 1995), p.181.

44) 에밀 뒤르켐, 『직업윤리와 시민도덕』, 권기돈 옮김(새물결, 1998), 85쪽.

45) 안승국, 「결사체 민주주의와 정치공동체: 국가-시민사회 관계의 대전환 모색」, 76~77쪽.

회가 엄격히 분리된 탈정치의 세계가 아니라 이익과 정책을 매개로 상호 연계된 네트워크 정치를 지향한다. 이러한 시민참여 책임정치는 사회협약이라는 구체적 수단을 통해 정당과 이익집단을 포함한 시민사회의 연계를 강화하며, 궁극적으로는 정책의 선순환적 환류를 가능하게 할 것이다.

참고문헌

강명세. 1999.「사회협약의 이론」.『경제위기와 사회협약』. 세종연구소..

김의영. 2001.「세계화와 한국정치경제의 가버넌스: 결사체 가버넌스를 중심으로」. ≪국제정치논총≫, 41집 2호.

_____. 2003.「국민건강보험 분야의 결사체 거버넌스와 NGO」. ≪시민정치학회보≫, 제6권.

_____. 2005.「결사체 민주주의에 대한 소고」. 한국정치학회. ≪한국정치학회보≫, 39집 3호.

문대현·성상문·고대웅·정양묵. 2001.『로비스트 제도 도입 방안』. 국회사무처.

민병두. 2006.8.「정당의 현대화와 시민과의 결합: 대중조직·시민단체·이익단체와의 스몰딜을 통해 빅딜로」. 열린우리당 백원우 의원실 주최 '완전 국민경선제 관련 토론회'.

박 동. 2005.『한국 노동체제의 변화와 사회협약의 정치』.동도원.

박명준. 2005.12.「노동시장 양극화 해결과 사회협약정치의 활용: 유연한 고복지 국가를 향한 선택」. ≪노동사회≫.

선학태. 2002.「신생민주주의공고화의 가능성과 한계: 김대중정권하의 메크로코포라티스적 사회협약정치의 실험」. ≪한국정치학회보≫, 36집 4호.

_____. 2004.『갈등과 통합의 정치』. 심산.

신동면. 2005.「아일랜드 발전모델: 사회협약과 경쟁적 조합주의」. ≪한국정치학회보≫, 39집 1호.

안병진. 2004.『노무현과 클린튼의 탄핵 정치학』. 푸른길.

오현철. 2006.「토의민주주의: 이론 및 과제」. 주성수·정상호 편.『민주주의 대 민주주의』. 아르케.

은수미. 2005.「지역수준 '사회적 합의'가 노사관계에 가지는 함의: 울산건설플랜트와 현대하이스코를 중심으로」. 시민포럼-대안과실천, 울산지역노사관계대전환을 위한 기획토론회, 2005.11.29.

이승희. 2005. 「로비스트 등록과 활동공개에 관한 법률을 제정하면서」. 『로비스트 법제화 꼭 필요한가』. 2005.5.14. 로비스트 법제화를 위한 제1차 토론회.

이우영. 2006. 「한국의 로비활동 법제화 노력에 대한 입법학적 관점에서의 분석」. 서울대학교 『法學』, 46권 3호.

임혁백. 1995. 『시장, 국가, 민주주의』. 사회비평사.

조승민. 2005. 『로비의 제도화』. 삼성경제연구소

조형제. 2005. 「건설플랜트 노조 파업 사태와 '사회적 협약' 타결」. 2005.11.29. 시민포럼-대안과실천, 울산지역노사관계대전환을 위한 기획토론회.

주성수. 2001.『시민사회와 NGO 논쟁』. 한양대학교 출판부.

_____. 2004. 「시민참여, 자치권능, 심의 민주주의 제도: 정책갈등 해결방안의 탐색」. ≪경제와 사회≫, 제63호, 124~145쪽.

_____. 2005. 「국가정책결정에 국민여론이 저항하면? 심의 민주주의 참여제도의 탐색」. ≪한국정치학회보≫, 39/3, 147~165쪽.

지속가능발전위원회. 2003. 『국가 지속가능 발전전략 기본구상 연구』. 대통령자문 지속가능발전위원회.

참여연대. 2000. 「음성로비 근절을 위한 "로비활동공개법"의 올바른 입법방향 모색」. 2005.5.16. 1차 토론회 자료집.

최장집. 1993. 『한국민주주의의 이론』. 한길사.

Ackerman, B. and J. Fishkin. 2004. *Deliberation Day*. New Haven: Yale University Press.

Carter, April and Geoffrey Stokes(eds.). 2002. *Democratic Theory Today-Challenges for the 21st Century*. Polity.

Fishkin, J. and R. Luskin. 2004. "Experimenting with a Democratic Ideal: Deliberative Polling and Public Opinion." Presented at the Swiss Chair's Conference on Deliberation.

Im Hyug Baik. 1999. "From affiliation to association: The challenge of democratic consolidation in Korean industrial relations." D. L. Mcnamara(ed.). *Corporatism and Korean Capitalism*. London: Routledge.

Schmitter, Phillipe C. 1995. "The Irony of Modern Democracy and the Viability of Efforts to Reform its Practice." Cohen & Rogers. *Secondary Associations and Democratic Governance: The Real Utopia Project*. London: Verso.

Stokes, G. 2002. "Democracy and Citizenship." Carter, A. and Stokes, G.(eds.). *Democracy Theory Today*. Cambridge, Polity Press.

Verba, S. et. 2002. *Voice and Equality*. Cambridge: Harvard University Press.

■ 지은이

정상호

한양대학교 정치외교학과 학사, 석사, 고려대학교 정치외교학과 박사

현재, 한국정치연구회 연구위원, 대통령자문정책기획위원회 위원

한양대학교 제3섹터연구소 연구교수

주요 논문: 「한국의 이익집단 연구의 분석적 개괄」(≪한국정치학회보≫, 2006.3.), 「시민사회연구의 과제: 공익적 시민운동을 넘어서」(≪경제와 사회≫, 2003.12.), 「한국중소기업집단의 이익정치: 중기협을 중심으로」(≪한국정치학회보≫, 2002.12.)

주요 저서: 『민주주의 대 민주주의』(공저, 2006), 『유신과 반유신』(공저, 2005), 『유쾌한 정치반란: 노사모』(공저, 2002).

한울아카데미 904

NGO를 넘어서

이익정치의 이론화와 민주화를 위한 탐색

지은이 | 정상호

펴낸이 | 김종수

펴낸곳 | 도서출판 한울

편집책임 | 안광은

편집 | 김은현

초판 1쇄 인쇄 | 2006년 11월 15일

초판 1쇄 발행 | 2006년 11월 30일

주소 | 413-832 파주시 교하읍 문발리 507-2(본사)

121-801 서울시 마포구 공덕동 105-90 서울빌딩 3층(서울 사무소)

전화 | 영업 02-326-0095, 편집 02-336-6183

팩스 | 02-333-7543

홈페이지 | www.hanulbooks.co.kr (도서출판 한울)

등록 | 1980년 3월 13일, 제406-2003-051호

Printed in Korea.

ISBN 89-460-3635-4 93330 (양장)

89-460-3636-2 93330 (학생판)

* 가격은 겉표지에 있습니다.

* 이 도서는 강의를 위한 학생판 교재를 따로 준비하였습니다.

강의 교재로 사용하실 때에는 본사로 연락해 주십시오.